새로운 유아부모교육

이신동 · 구자억 · 이정기 · 윤성경 · 고운정 · 조은영 · 이애리
주소영 · 이정아 · 김현미 · 송명숙 · 이현옥 · 유성희 · 김영주

창지사

머리말

부모는 누구나 될 수 있지만, 좋은 부모는 누구나 될 수 있는 것이 아니다. 아이는 세상에 나온 후, 비로소 만들어지는 것이다.

부모란 아이에게 가장 처음 만나는 사람이며 가장 영향력을 가지는 사람이다. 세상 누구도 부모 없이 태어나는 경우는 없다. 그러나 부모라고 해서 다 같은 것이 아니다. 부모들 간 영향력의 차이는 엄청나게 크다. 유아에게는 지적, 정서적, 의지적 영향이 주어지게 된다. 이 세 가지 영향력의 요소들이 융합되어 유아의 발달을 결정짓는다. 이들의 복합적인 영향은 따로따로 설명하기 어렵지만 이 세 가지 이외의 어떤 것들보다 지대한 영향을 행사한다.

유아들에게 부모는 교육의 주체이다. 즉, 유아의 성장과 발달을 선도하는 리더이다. 발달이란 시간에 따라 변화한다는 의미이다. 그런데 이런 변화는 빠를 수도, 늦을 수도 있다. 빠르게 변화하는 아이를 속진아라 하고, 늦게 변화하는 아이를 지진아라 한다. 부모들은 누구나 자신의 아이들이 다른 아이들보다 더 빠르게 학습하고, 더 빠르게 성장하기를 기대한다. 다시 말해 지진아가 되기보다는 속진아로 성장하기를 기대한다. 이렇게 어떤 아이가 다른 아이보다 더 빠르게 학습하고 성장하는 데 필요한 것이 바로 부모의 영향이자 교육이다.

"유아부모교육"이란 제목의 책들은 이미 많이 있다. 그런데도 이 책을 출판하려고 계획한 것은 두 가지 이유 때문이다. 첫째는 기존의 책들이 너무 이론적이어서 실제 유아교육 현장에서 활용할 내용이 절대적으로 부족하다는 점이다. 둘째는 기존의 책들이 출판된 지 너무 오래되어 새로운 아이디어와 변화된 내용이 보완되지 않았다. 따라서 좀 더 현 시점에 맞고, 변화된 내용들을 추가로 보충하려는 의도가 있었다.

이 책은 주로 유아교육을 전공하는 학생들의 교재로 사용할 수 있도록 내용이 맞춰져 있다. 물론 유아 자녀를 두고 있거나, 유아 부모들의 교육에 관심이 있는 독자들에게도 적절할 것이라 생각한다. 가급적 내용을 쉽게 쓰려고 노력했고, 비전공자들도 읽기 쉽도록 간략하게 내용을 정리했기 때문이다. 물론 독자에 따라서는 어렵다고 생각하는 내용들도 있을 것이다.

이 책의 내용들을 살펴보면 다음과 같다. 우선 이 책은 이론편과 프로그램편으로 구분된다. 1장부터 7장까지는 이론편이고, 8장부터 13장까지는 프로그램편으로 구성되어 있다. 1장은 현대사회와 부모교육, 2장은 발달단계별 부모교육, 3장은 부모교육 이론, 4장은 부모교육 프로그램 개발과 절차, 5장은 가족 유형별 부모교육, 6장은 특별한 교육적 요구와 부모교육, 7장은 아버지를 위한 부모교육으로 구성되어 있으며, 8장은 교과 기반, 9장은 인성 강화 증진, 10장은 의사소통 증진, 11장은 체험활동 기반, 12장은 콘텐츠 중심, 13장은 협업 강화 부모교육 프로그램으로 이루어져 있다.

이 책이 가지는 특징은 유아교육 현장에서 풍부한 경험을 쌓아 온 현장 전문가들이 많이 참여하여 현장에서 일어나는 구체적인 문제점을 뽑아 다루었다는 점이다. 그뿐만 아니라 실제 현장에서 활용할 수 있는 유아부모교육 프로그램들을 다수 포함하고 있다는 점이 이 책의 최대 강점이라 생각한다.

마지막으로 이 책이 나오기까지 많은 도움을 주신 창지사 김기섭 사장님과 집필 및 편집에 많은 시간을 할애해 준 고려대 조은영 교수에게 심심한 감사의 마음을 전한다.

2022년 9월

대표 저자 이신동

차례

PART II 프로그램편

PART Ⅰ 이론편

CHAPTER 01

현대사회와 부모교육

학습목표

1. 현대사회에 왜 부모교육이 중요한지 이해한다.
2. 부모교육의 구조와 외국의 부모교육 사례를 안다.

교육은 '백년지대계(百年之大計)'[1]로 먼 장래까지 내다보아야 하는 커다란 계획이다. 그러나 4차 산업혁명의 등장은 교육이 백년지대계라는 말을 무색하게 만들고 있다. 과학기술의 급속한 발전은 사회의 근간을 흔들 정도로 숨 가쁘게 변화하는 양상을 만들어 냈다. 이것은 교육에도 영향을 미쳐 거시적인 차원에서 교육문제를 바라봐야만 하는 상황에 직면하였다.

우리가 살고 있는 현대사회는 이미 정보화사회를 지나 초연결, 초지능 사회인 4차 산업혁명 시대로 진입하였다. 4차 산업혁명(the fourth industrial revolution)은 가상물리시스템(Cyber Physical System: CPS) 기술[2]을 토대로 탄생한 혁명[3]이다. 이 4차 산업혁명에 대한 논의와 예측을 통해 우리는 앞으로 어떤 교육을 해야 할 것인가를 예측하고 준비할 수 있다.

현대 교육이 해야 할 일은 바로 4차 산업혁명 시대에 적합한 인재를 양성하는 일이다. 이에 적합한 인재는 지식과 정보를 잘 암기하는 지식소비형 인재가 아니다. 새로운 상황에 잘 적응하고, 창의적으로 사고하며, 다양한 분야의 사람들과 협업할 수 있는 역량을 지닌 인재이다(손상혁, 2016).

그러나 한국의 교육 현실은 여전히 정보화 이전의 산업사회 패러다임에 맞춰져 있다. 당연히 현대사회의 변화에 대한 적응력이 부족하다고 할 수 있다. 새로운 교육 혁신이 요구되는 상황에서 우리 교육은 어떻게 해야 할까.

보통 아이의 교육에 영향을 끼치는 집단은 교사, 부모, 아이를 둘러싼 주변 환경 등이 있다. 그중에서 가장 큰 영향을 미치는 집단은 부모이다. 부모는 한집에서 생활하고, 부모의 교육관이 그대로 아이의 교육에 투영된다. 부모가 어떤 양육관과 교육관, 세계관을 가지고 교육시키느냐에 따라 아이의 미래 모습이 달라질

---

1) '백년지대계'란 백년을 내다보는 먼 장래를 기대하고 세우는 큰 계획으로, 하루아침에 교육이 이루어지기 어려운 상황을 말할뿐더러 길게 기다려야 하는 의미를 담고 있다.

2) 우리 인간이 살아가는 물리세계와 사이버세계와의 융합을 추구하는 새로운 패러다임. 융합의 또 다른 이름이다(손상혁, 지식의 지평21, 비평, 2016, 1-17 참고).

3) 제4차 산업혁명은 CPS, 사물인터넷(IoT), 클라우딩컴퓨팅, 인공지능(AI), 3D 프린팅, 생명공학 등 첨단 정보통신기술을 활용하여 실세계 모든 사물의 지능화와 초연결을 지향한다.

수 있다. 앞에서도 언급했듯이 오늘날의 세상은 우리가 쫓아가지 못할 정도로 급속하게 변화하고 있다. 4차 산업혁명이니 5차 산업혁명이니 하는 사회의 패러다임을 변화시키는 과학기술혁명의 시대에 살고 있다. 이런 상황 속에서 부모들이 과거의 지식 중심 사고에 얽매여 아이들 교육을 그쪽에 치중한다면, 아이들은 미래가 요구하는 역량을 기르는 데 실패할 수 있다. 당연히 미래를 담보하는 역량을 키울 수 없다. 특히 미래사회는 디지털 마인드와 디지털사회에 적합한 사고양식을 필요로 한다. 이러한 사회에 적합하도록 교육을 시켜야 아이들이 사회에서 뒤처지지 않을 수 있다.

부모교육이 중요한 이유는 부모가 아이들에게 무한의 영향을 미치기 때문이다. 따라서 부모의 교육관에 따라 아이의 성장이나 발달도 큰 차이가 난다. 특히 현대사회와 4차 산업혁명이 가져오는 교육에 대한 기대와 요구는 '부모교육'에도 영향을 끼치지 않을 수 없다. 이러한 변화는 4차 산업혁명이 요구하는 인재상과 역량을 부모들이 인지하고 있어야 함을 의미한다. 또 그에 필요한 정보 및 지식에 대한 대응태도와 가치관을 부모들이 새롭게 가질 필요가 있음을 뜻한다. 당연히 부모교육에도 새로운 교육 혁신 패러다임이 요구되고 있으며, 이에 적합하게 부모교육도 변화되어야 할 것이다. 이에 따라 선진 각국은 부모교육을 하나의 중요한 교육 영역으로 간주해 다양한 교육활동을 펼치고 있다.

1. 현대사회에서 필요한 부모교육

우리 모두는 태어나면서부터 교육을 받는다. 태어나서는 부모로부터 알게 모르게 영향을 받게 되고, 두 살부터 여섯 살까지는 어린이집이나 유치원에서 교육을 받는다. 이런 교육은 아직 성인이라고 부르기 어려운 아동과 청소년을 대상으로 이루어진다. 이렇게 미성년을 대상으로 공교육 체제에서 이루어지는 것을 보통 '유아교육 및 학교교육'이라고 부른다. 그리고 성인이 새로운 정보와 지식을 습득하기 위하여 받는 교육은 '평생교육'이라고 할 수 있다.

보통 우리는 학교를 통해 인생에서 필요한 여러 가지 지식이나 행동양식에 대한 교육을 받는다. 학교를 통해 사회에서 필요한 지식이나 가치관, 덕목 등을 교육받는 것이다. 이렇게 학교의 역할도 중요하지만, 부모의 양육태도는 아이의 발달에 더 큰 영향을 미친다. 따라서 가정에서의 부모의 양육방식, 교육관 등은 매우 중요하다. 가정교육과 학교교육이 조화롭게 이루어질 때 아이가 올바로 성장하는 토대가 될 수 있다.

현대로 들어서면서 사회는 점점 다원화되고, 지식과 정보가 급속하게 생성, 변화, 발전하고 있다. 과거에는 부모가 가정에서 비교적 용이하게 자녀를 교육시킬 수 있었다. 그러나 이제는 부모가 가정에서 아이를 잘 양육하고 교육시킨다는 것이 과거보다 어려워졌다. 따라서 정부 혹은 공공기관, 민간기관 등을 통한 체계적인 부모교육이 요구되고 있다.

그럼에도 불구하고 한국의 경우 부모교육에 대한 사회적인 인식이 보편화되어 있지 않다. 당연히 대부분의 부모도 부모 역할을 수행하기 위해 사전교육을 받아야 한다고 생각하지 않는다. 그러나 현대사회에서 부모가 자녀를 훌륭하게 양육하기 위해서는 부모의 올바른 가치관, 자녀에 대한 이해, 변화하는 사회에 대한 지식 등이 필요하다. 이런 지식들은 부모가 자녀를 교육할 때 기초가 되고 또 올바르게 자녀를 양육할 수 있는 토대가 된다.

부모에게는 한 가지 책임이 있다. 그것은 바로 자녀를 올바로 기르는 것이다. 즉, 자녀 양육에 대한 지식과 기술을 함양하여 개인적으로나 사회적 혹은 국가적으로 유용한 인재로 성장할 수 있도록 해야 하는 것이다. 이를 위해서 부모는 자녀의 성장기별 발달 과정을 이해하고, 그들의 욕구를 충족시켜야 한다. 또 자녀의 성장에 적합한 교육 환경을 제공하고, 변화하는 사회에 적응할 수 있도록 안내하는 역할을 수행해야 한다.

한국에서는 아직 부모교육에 대한 관심이 폭발적인 것은 아니다. 하지만 점점 부모 역할을 잘 수행할 수 있도록 부모들에 대한 교육이 필요하다는 인식이 확산하고 있다. 또 부모교육의 필요성에 대한 공감대도 커지고 있다. 부모교육은 성인 교육으로서 체계적으로 부모에게 지식과 정보 그리고 기술을 알려 주기 위해 계획된 일련의 프로그램 혹은 활동이다. 즉, '부모교육(parent education)'이란 부모의 역할을 수행하는 데 있어서 효과적인 변화를 위한 모든 종류의 교육적 기술이나 작용을 제공하는 것이라고 할 수 있다.

1) 부모교육의 역사

부모교육의 역사는 이미 100년이 넘었다. 1910년대까지의 부모교육은 저소득층 어머니들을 위한 부모교육이 중심이었다. 당시의 사회 상황 속에서 어려운 계층에 속하는 어머니들을 교육시켜 자녀들을 제대로 양육하도록 하는 데 초점을 맞춘 교육이었다. 1920년대부터는 중류계층의 부모들이 자녀 양육에 관심을 표명하면서 부모와 자녀관계에 대한 연구가 시작되었다. 또 학부모회가 최초로 조직되기 시작하였다. 1950년대 이후의 부모교육은 부모들을 교육기능의 조력자 혹은 후원자로 보면서, 인간 중심적 접근방법으로 변화를 모색하였다. 그러다가 부모교육이 본격적으로 도입된 것은 1965년 이후라고 할 수 있다. 미국에서 가정형편이 어려운 가정을 위한 헤드스타트(Head Start) 프로그램이 시작되면서, 취학 전 아동과 부모를 위한 교육 프로그램이 개발되고 발전하였다. 어찌 보면, 1965년은 부모교육이 활발하게 전개되는 시작점이라고 볼 수 있다.

한국에서의 부모교육 역사는 한국 사회의 역사적 변천을 반영하고 있다. 한국의 전통사회는 유교적 관점에 입각해 있었다. 따라서 근대화 이전의 전통사회에서는 효와 예의 유교적 윤리를 바탕으로 가족관계를 중시한 부모교육이 주를 이루었다. 부모와 자녀의 관계도 신분과 가계를 위주로 이루어졌기 때문에 현대적 의미의 부모교육이 존재했다고 보기는 어렵다. 특히 일본의 침략은 부모교육이 보편화되지 못한 한 원인이 되었다. 1948년 일본이 패망해 한국에 새로운 정부가 수립되고 나서는 아직 정부수립 초기여서 부모교육에까지 관심을 가질 처지가 아니었다. 그런 상황 속에서 1950년 6·25 전쟁이 일어나면서 한국에서 부모교육이 활발히 전개될 수 있는 기회를 잃어버렸다. 물론 전쟁 탓도 있었지만, 사회 전반에 걸쳐 유아교육과 부모교육에 대한 인식과 호응이 부족한 상황이었다. 1960년대 들어와 유아교육에서 부모 역할의 중요성에 대한 인식이 강조되기 시작하였다. 여성의 사회 진출이 증가하면서, 가정의 교육기능이 약화되었다. 그렇게 되면서 자녀교육에 대한 책임이 유아교육기관으로 분산되었다. 정기적이고 계획적으로 실시되는 부모교육 프로그램은 별로 없었다. 1980년대 들어 유아교육에 대한 일반인의 관심이 높아지고, 국가정책에서도 중요한 변화가 생기기 시작하였다. 그러면서 유치원에서 다양한 부모교육 프로그램이 시도되었다. 이 시기는 한국사회가 농촌사회에서 산업사회로 넘어가는 전환기가 된 시점이다. 이때부터 시작된 급격한 산업화는 우리가 전통적으로 간직해 왔던 가족 유형의 변화를 초래하였다. 유치원과 어린이집에 다니는 아이 수가 증가하였고, 부모교육의 필요성과 중요성이 새롭게 인식되기 시작하였다.

2) 부모교육의 개념

부모교육은 부모훈련(parent training), 부모참여(parent participation), 부모개입(parent involvement), 부모역할하기(parenting identity) 등 다양한 용어로 사용되고 있다.

이런 부모교육에 대해 어떤 의미를 부여할 것인가? 이에 대해서는 여러 가지 견해가 있다. 가정은 인간이 사회의 한 구성원으로서 성장과 발달을 시작하는 최초의 생활 환경이다. 생활 환경 중에서도 부모는 아이가 만나는 최초의 환경이 된다. 당연히 부모는 자녀의 양육에 지대한 영향을 미치는 중요한 역할을 담당한다. 따라서 학자들은 자녀의 성장 및 발달에 많은 영향을 끼치는 부모의 역할에 대해 오랫동안 연구를 수행해 왔다. 더 나아가 학자들은 부모교육이 포함하는 함의가 무엇인지에 대해 끊임없는 질문을 해 왔다. 이런 부모교육에 대한 개념은 시대의 흐름에 따라 다소 차이가 있다.

초기의 부모교육의 개념은 체계적인 프로그램을 통해 부모에게 지식, 정보, 기술을 알려 주기 위한 의도적으로 계획된 활동이라고 정의했다(Fine, 1980). 이러한 초기의 부모교육 개념은 전문가들이 부모를 가르치고, 부모는 이들에게 배우는 방식으로써 교사와 학습자로서의 특성이 강조된 것이었다.

이후 1965년 시작된 미국의 조기 교육정책인 헤드스타트(Head Start) 운동[4]은 부모교육에 획기적 전환기가 된 정책이라고 할 수 있다. 이때 많은 유아교육 프로그램이 가정과의 연계성을 강조하여, 성공적인 영유아 보육 프로그램 운영을 위한 부모교육을 실시하게 되었다. 그러면서 부모 참여가 확대되고 강조되기 시작하였다. 이 시기 부모교육에 대한 인식은 부모가 교육활동에 참여함으로써 효율적인 교육이 가능하다는, 즉 교사와 부모가 함께 아동교육을 담당한다는 쌍방적인 관점으로 변화하였다.

최근의 부모교육 개념을 살펴보면, '부모교육'이란 '부모의 자녀에 대한 이해와 지식을 증진시켜 사고, 감정, 행동에서 습관적인 방법을 검토해 보도록 함과 동시에 자녀를 양육하는 새로운 방법을 습득하도록 도와주는 다양한 교육적 경험'이라고 정의한다(이재연 · 김경희, 1989).

이러한 부모교육은 '가정, 교육기관의 환경, 그 속에서 이루어지는 교육 간의 상호작용 및 연결을 의미'하는 것으로, 부모 역할을 돕기 위한 부모교육에도 여러 형태가 있고 그것을 시행하는 사람이나 기관도 다양하다. 따라서 부모교육의 유형은 부모의 참여 수준, 사용하는 매체와 자료의 종류, 실시 장소, 교육 대상, 실시 방법 등에 따라 다양하게 구분할 수 있다(이경화 · 김연진 · 고진영, 2008).

4) 취학 전 빈곤아동에게 언어, 보건, 정서 등 다방면에 걸친 포괄적 서비스를 제공해 빈곤의 악순환을 끊겠다는 취지로 만들어진 아동교육 프로그램(http:westart.or.kr 참고).

이러한 부모교육에 대해서 학자들은 다양한 관점을 가지고 있다.

브림(1965)은 부모가 역할 수행을 하는 데 변화를 주기 위한 교육적 활동이라고 하고 있으며, 카달도(1987)는 아동 양육의 일환으로 아동의 성장 발달을 도와주는 방법이 부모교육이라고 하였다. 크로우크와 글로버(1977)는 자녀와 상호작용하는 방식을 부모교육이라고 보았으며, 화인(1980)은 부모 역할을 하는 방법에 대한 지침으로, 체계적이고 개념에 기초한 조직화된 프로그램으로 보았다. 유아교육사전(유아교육학회, 2013)에서 '부모교육(parent education)'이란 "이미 성인이 된 사람들이나 예비부모들을 위한 일종의 성인교육으로, 자녀의 양육이나 교육, 가정생활의 개선 등에 관한 지식을 얻거나 소양을 높이기 위한 것을 목적으로 한다."고 명시하고 있다. 김영옥(2017)은 "부모교육은 부모교육을 목적으로 부모로서의 효과적인 태도, 기술, 행동을 개발함으로써 유아의 발달을 최적화하는 것으로, 성인으로 하여금 보다 훌륭한 부모가 될 수 있도록 정선된 교육활동을 제공하는 것"으로 정의하였다. 이렇게 다양하게 정의되고 있으나, 부모교육은 부모의 문제해결 능력을 향상시켜 자녀가 당면한 문제를 해결하는 것뿐만 아니라 예방적인 의미로도 사용되고 있다.

종합해 보면, 부모교육의 목적은 부모가 보다 나은 역할을 수행하여, 부모-자녀관계를 긍정적으로 유지하고 발전시킬 수 있도록 돕는 데 있다. 더 나아가 부모의 다양한 협력과 지원을 이끌어 내어 교육의 효과를 높이려는 데 그 목적이 있다고 할 수 있다.

3) 부모교육의 필요성

근래 들어 부모교육의 필요성이 많이 부각되고 있다. 이런 부모교육의 필요성은 크게 세 가지 관점, 즉 자녀의 관점, 부모의 관점, 사회적 관점에서 이야기할 수 있다.

첫째, 자녀의 관점에서 보면 부모는 자녀의 발달에 가장 큰 영향을 미친다. 어떤 부모를 만나느냐에 따라서 자녀의 인생이 달라질 수 있기 때문이다. 자녀의 사회적, 정서적, 인지적 발달은 부모의 양육태도 및 방법에 영향을 받는데, 이는 자녀의 신체 발달을 조장하거나 저해하기 때문이다.

둘째, 부모의 관점에서는 부모 또한 미성숙한 인간이므로 성숙한 인간이 되기 위하여서는 부모교육이 필요하다. 현대사회 부모들은 부모 역할에 대한 준비나 교육 없이 부모가 되고 있다. 또한 핵가족화로 젊은 세대들은 자녀 양육에 대한 모델링이 부족하다. 더 나아가 현대여성들은 취업의 증가로 직업과 자녀 양육이라는 이중 역할의 문제에 직면해 있다. 이는 곧 자녀 양육을 부담스러워하는 현상으로 이어질 수 있다. 따라서 자녀 양육에 대한 바른 신념을 가지고 효율적으로 부모 역할을 수행할 수 있도록 도와주어야 한다.

셋째, 사회적 관점으로는 국가나 사회의 역할을 강조한 것이다. 국가 발전의 원동력이 사람이므로 부모가 유아의 발달에 적절한 환경을 제공해 주도록 국가나 사회가 부모교육에 관심을 가져야 한다는 관점이다. 특히 부모교육을 통해 영유아기에 바른 인성을 가질 수 있도록 해야, 사회복지 측면에서도 빈곤의 악순환을 예방할 수 있다고 본다(신은영, 2018).

2. 부모교육의 구조

1) 부모교육의 목적

부모교육은 부모로 하여금 자녀 발달과 교육에 대해 올바르게 이해하고 인식하도록 돕고자 하는 것이다. 따라서 부모들이 적절한 지식과 능력을 갖추어 아동과의 상호작용을 개선하고 바람직한 가정과 가족관계를 이루어 나가도록 돕는 것에 목적이 있다.

부모교육은 사회의 변화에 따라 그 목적과 내용이 달라진다. 자녀 양육을 위한 부모교육의 중요성을 강조한 17세기의 코메니우스(Comenius) 이후 20세기에 이르기까지 부모교육에 대해 지속적인 인식 변화가 있어 왔다. 이 가운데 파인과 헨리(Fine & Henry, 1989) 및 황옥자(1991)가 설명하는 부모교육의 목적을 제시해 보고자 한다. 이들은 부모교육의 목적을 크게 다음과 같은 네 가지로 나누었다.

그것은 바로 정보 나누기, 신념과 통찰력의 변화, 기술 습득, 문제해결이다. 정보 나누기를 통해 부모들은 정보를 습득하고, 자신의 신념과 통찰력을 변화시키며, 부모교육기술을 습득해, 문제를 해결하게 된다.

과정	내용	과정
Ⓐ 정보 제공 • 강연 • 집단토의 • 관련 서적 읽기 • 부모집단 모임	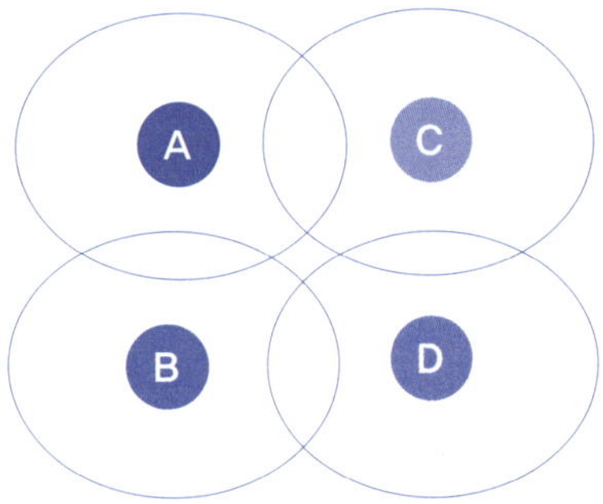	Ⓒ 기술 습득 • 시범, 연습, 피드백 • 관련 서적 읽기 • 토의
Ⓑ 신념과 통찰력의 변화 • 집단토의 • 개별 집단활동 • 자기분석 연습 • 일기 쓰기와 기록		Ⓓ 문제해결 • 과제에 대한 피드백 • 관찰에 대한 피드백 • 토의 • 추후 검토

[그림 1-1] 부모교육의 목적

출처: Fine & Henry(1989); 황옥자(1991); 한국심리학회 심리학용어사전(2014).

첫째, 정보 나누기(A)이다. 부모에게 도움이 되는 강연, 집단토의, 관련 서적 읽기, 부모 집단 모임 등을 통해 부모교육이 이루어지는 형태이다. 정보를 습득하게 되면 아무래도 자녀에 대한 이해가 깊어지게 된다. 또한, 자녀들 각각의 행동에 대해 어떻게 대처해야 할지 또 어떤 양육방식을 가져야 할지 고민하는 계기가 된다.

둘째, 부모의 신념과 통찰력의 변화이다. 집단토의, 개별 집단활동, 자기분석 연습, 일기 쓰기와 기록 등을 통해서 부모가 자기인식(self-awareness)을 증진하도록 변화시키는 것이다(B). 가족치료에 많이 사용되는 이런 기법들이 부모들의 자기인식을 증진시키고 전통적인 자녀 교육관을 변화시킬 수 있다.

셋째, 기술 습득 기회 제공이다(C). 구체적인 부모훈련 프로그램을 통해 자녀 양육을 위한 부모 역할을 가르친다. 훈련하는 기술은 시범 보이기, 연습법, 피드백, 관련 서적 읽기 등이다.

넷째, 문제해결(D)로서 자녀 양육과 관련된 문제들을 해결하는 기본적인 방법과 중재할 수 있는 능력을 지도한다. 이에는 과제에 대한 피드백, 관찰에 대한 피드백, 토의 등이 포함된다.

2) 부모교육 방식

부모교육은 부모 특성에 따라 다양하게 이루어질 수 있다. 한자리에 모여 부모교육을 받는 것이 아니라, 부모 특성을 고려하여 다양한 방식으로 교육을 진행할 필요가 있다. 부모교육의 방식은 맞벌이 부모, 다문화 부모, 한부모 가정, 도시 저소득층 부모 등의 특성에 맞게 효과적으로 진행되어야 한다.

첫째, 맞벌이 부모를 대상으로 해서는 온라인 교육과 직장 부모교육을 활용하는 것이 바람직하다. 맞벌이 부모는 평일에 자녀와 함께 보내는 시간이 적은 만큼 주말에라도 자녀와 함께 시간을 보내고 싶어 한다. 따라서 자녀와 함께 참여하는 주말 프로그램 도입을 통해 부모교육을 실시하는 것도 좋은 방법이다. 조부모교육도 중요하다. 맞벌이 부부는 조부모가 아이를 키우는 경우가 많다. 따라서 아이를 위해서는 조부모를 위한 부모교육이 필요하다. 이때 부모교육은 장년기 또는 노년기 조부모들이 흥미를 갖고 즐겁게 배울 수 있는 내용으로 구성되어야 한다. 마지막으로 매체를 활용한 교육도 중요하다. 맞벌이 부모들은 별도로 시간을 내어 부모교육에 참여하는 것이 어렵다. 이런 점을 감안해 출퇴근, 점심시간 등을 고려하여 개별적으로 부모교육을 접할 수 있도록 해 주는 방법도 필요하다.

둘째, 다문화 부모의 교육방법이다. 다문화 가정을 위한 부모교육방법으로는 육아 도움 다문화 핫라인 개설, 육아정보지 및 육아도서의 번역 · 보급, 아버지 및 가족 구성원 전체 대상 교육 등이 있다.

셋째, 한부모 가정을 위해서는 매체 활용을 통한 부모교육방법 다양화, 전화 상담 핫라인 개설, 특화된 교육내용 제공 등이 필요하다.

넷째, 도시 저소득층 부모를 위한 부모교육은 소득계층에 따른 부모교육 비용 지원과 영아 일시보육 서비스를 포함한 부모교육 프로그램이 필요하다(이호준, 2007).

3) 부모교육의 대상 및 내용

부모교육의 대상은 부모, 자녀, 가족을 모두 포함할 수 있는 개념이나, 구체적으로는 예비부모(부부)와 자녀를 둔 부모로도 구분할 수 있다. 유아교육기관이나 보육시설에서는 주로 자녀를 둔 부모를 대상으로 하고 있다.

부모교육의 내용은 부모로서의 소양과 가치관, 부모로서의 삶과 자녀 양육, 영유아의 사고와 발달에 대한 이해, 자녀와의 효과적인 의사소통 및 대화기술, 영유아기의 놀이와 학습, 문제행동의 예방과 수정으로 구분된다. 이러한 부모교육의 대상과 내용을 정리하여 도식화하면 다음과 같다.

<table>
<tr><td>예비부모교육

대상 : 예비부부 및 임산부가 있는 가정
내용 : 부모가 될 마음의 준비와 자세</td><td>• 부모(부부)의 중요성 알기
• 화목한 가정을 이루는 방법
• 배우자와의 만남, 선택, 결혼
• 성에 대한 올바른 지식(자녀 계획)
• 임신~출산까지의 과정
• 태교(올바른 태교법)
• 인간 발달에 대한 특성 이해
(영아, 유아를 중심으로)</td></tr>
</table>

<table>
<tr><td rowspan="4">자녀를 둔
부모교육

대상: 자녀를 둔 모든 부모
내용: 유아에 대한 이해와 지원, 올바른 양육 태도와 기술</td><td>부모로서의
소양과 가치관</td><td>부모로서의 삶과
자녀 양육</td><td>영유아의 사고와
발달에 대한 이해</td></tr>
<tr><td>• 성숙한 부모 되기
• 긍정적 가치관 형성</td><td>• 부모로서의 보람
• 바람직한 양육태도</td><td>• 영유아 발달에 대한 이해
• 발달에 적합한 지도 방법</td></tr>
<tr><td>자녀와의 효과적인
의사소통 및 대화기술</td><td>영유아기의
놀이와 학습</td><td>문제행동의
예방과 수정</td></tr>
<tr><td>• 효과적인 상과 벌(훈육)
• 나-메시지(i-Message) 전달법
• 표현의 기술</td><td>• 연령에 적절한 활동과 놀이
• 효과적 놀이 지도</td><td>• 문제행동의 발견
• 상담 및 치료기술</td></tr>
</table>

[그림 1-2] 부모교육의 대상과 내용

출처: 김영옥(2016). p. 24.

우선 예비부모교육은 예비부모 및 임산부가 받게 되는 교육을 말한다. 부모가 될 마음의 준비와 자세에 대해 교육을 받는 것으로서 부모교육의 기초단계라고 할 수 있다. 자녀를 둔 부모교육은 자녀를 잘 양육하기 위한 모든 내용을 교육받는 과정이다. 유아나 아동에 대한 이해와 지원, 올바른 양육태도와 기술 등 부모로서 알아야만 할 내용들을 부모교육을 통해 알도록 하는 것이다. 따라서 이때의 부모교육내용에는 부모로서의 소양과 가치관, 부모로서의 삶과 자녀 양육, 영유아의 사고와 발달에 대한 이해, 자녀와의 효과적인 의사소통 및 대화기술, 영유아기의 놀이와 학습, 문제행동의 예방과 수정 등이 포괄적으로 다루어진다.

4) 부모교육의 효과

그럼 이런 부모교육은 과연 어떠한 효과를 가지고 있는가? 효과의 정도에 차이는 있지만, 대부분의 연구는 부모교육이 아동은 물론 참여한 부모에게도 효과를 기대할 수 있다고 하고 있다. 또 이들을 둘러싼 주변 환경에도 긍정적인 효과를 가져온다고 말하고 있다.

부모교육을 실시한 효과는 크게 세 가지로 말할 수 있다. 아동을 통해 나타나는 효과, 참여한 부모를 통해 나타나는 효과, 그리고 수직적 · 수평적 파급 효과가 그것이다.

첫째, 아동을 통해 나타나는 효과는 아동의 언어 발달, 인지 발달, 학업성취 능력이 향상된다는 점이다. 베렛(Berrett, 1975)은 아들러 학파의 교육집단에서 10주간 교육을 받은 부모의 자녀들에게서 좋지 않은 행위가 줄어들었음을 발견했다. 또, 교육집단에서 토론된 원리들이 자녀들의 귀찮은 행동(bothersome behavior)을 줄이는 데 유용하다는 결론을 내렸다. 와이카트 등(Weikart & Lambie, 1969)은 반나절의 유아학교 프로그램과 함께 훈련된 교육자를 활용하여 부모에게 자녀교육을 지원하는 방법을 가르쳤다. 그 결과 이 프로그램을 통해 아동의 지능지수를 평균 30점 끌어올리는 효과를 거두었다고 보고했다. 참여한 아동에게서 나타나는 또 다른 사회 · 정서적 발달이다. 이를 뒷받침하는 연구 결과로서 코건과 고든(Kogan & Gordon, 1975)은 부모교육 프로그램에 참여했던 부모의 자녀들이 새로운 사물에 대해 호기심이 더 많아지고, 낯선 놀이 환경을 독립적으로 탐구하며, 부모와 함께 협동놀이를 하려는 경향을 보였다고 설명했다.

둘째, 부모교육에 참여한 부모에게서는 다음과 같은 효과가 나타난 것으로 밝혀졌다. 정문자(1992)는 8~15개월 자녀를 둔 어머니들을 대상으로 6개월간 가정 방문 프로그램을 실시했다. 그 결과 이 프로그램이 자녀의 지적 발달에는 효과가 없었지만 아동 발달에 대한 어머니의 이해도를 높였으며, 특히 여아의 어머니에게 효과적이었음을 발견했다. 디키와 거버(Dickie & Gerber, 1980)는 12개월 미만 자녀를 둔 중산층 백인 부모를 대상으로 8주간 교육을 실시한 후 변화를 측정했다. 그 결과 아동과의 상호작용에 대해 교육을 받지 않은 집단에 비해 교육을 받은 집단이 언어적 자극과 비언어적 자극이 더 많아졌고, 자녀의 요구에 민감해졌으며, 배우자와의 관계에서도 유능해졌다고 보고했다.

셋째, 부모교육이 초래하는 수직적 · 수평적인 파급 효과는, 부모교육을 통해 목표 아동의 형제자매에게도 긍정적인 효과가 나타났다는 사실이다. 부모교육 프로그램의 대상 주변에 있는 가족, 친구, 이웃, 지역사회, 유아교육기관과 교사에 이르기까지 파급 효과를 초래한다는 것이다.

3. 해외 부모교육 프로그램

1) 미국의 부모교육

미국의 부모교육은 여타 다른 나라보다 역사가 길고 다양하게 이루어지고 있다. 기록으로만 보면 2세기에 걸쳐 부모교육이 이루어진 것으로 나타나고 있다. 미국의 부모교육은 아동 발달, 부모의 역할, 여성과 가족에 대한 태도와 관련한 여러 개념과 연구의 결과를 반영하고 있다(김은설 외, 2011).

미국의 부모교육은 크게 두 가지 관점에서 살펴볼 수 있는데, 그것은 프로그램의 내용과 대상 그리고 프로그램의 효과적인 전달에 관한 것이다.

첫째, 프로그램 내용 및 대상과 관련해서는 다음과 같은 관점이 중심이 된다(김은설 외, 2011).

① 부모는 자녀를 일차적으로 사회화하는 사람이다.
② 부모의 태도, 지식, 기술, 행동은 부모교육 노력에 의해 긍정적으로 영향을 받을 수 있다.
③ 부모뿐 아니라 자녀의 요구도 충족되어야 한다.
④ 부모자녀관계는 여러 사회적·문화적 체계 안에 있으며 이들의 영향을 받는다.
⑤ 양육은 교육과 경험을 통해 강화할 수 있는 학습된 능력이다.
⑥ 부모교육의 목표는 부모가 타인을 배려함과 동시에 유능하며 건강한 자녀 발달을 촉진할 수 있도록 이들을 강화 및 교육하는 것이다.

둘째, 프로그램의 효과적인 전달과 관련해서는 다음과 같은 관점을 가지고 있다(김은설 외, 2011).

① 부모교육은 부모가 부모교육 프로그램에 적극적으로 참여 및 기여할 때 효과가 배가된다.
② 프로그램은 부모의 다양성에 부응해야 한다.
③ 효과적인 부모교육은 다양한 방식으로 수행될 수 있다.

이러한 미국 부모교육 프로그램의 대표적 사례는 다음과 같다.

(1) 가정방문 프로그램 (Maternal, Infant and Early Childhood Home Visiting Program: MIECHV)

이 프로그램은 1962년부터 켐퍼(Kempe)와 그의 동료들이 지역사회의 공공보건 개념을 강화한 제도이다. 이 프로그램은 특수교육을 받은 담당보건사가 가정을 방문하여 각 가정의 여러 문제를 해결할 수 있도록 필요한 정보를 제공하거나 아동 학대 유무를 찾아내는 것이다. 담당 보건사의 역할은 병원에서 출산한 부모와 방문 약속을 정하고(퇴원 후 1주일 이내) 영양, 도움을 요청하는 방법, 육아법 등의 브로슈어를 배포한다. 또 부모가 원하면 횟수에 제한 없이 가정방문을 하여 상담 또는 의논 상대자가 되어 주는 것이다. 1979년부터 미국에서는 어머니들 자신이 상호 가정방문자 역할을 하였다. 그들은 최저 임금을 받고 1주에 20시간 정도 교사, 친구, 지역사회의 연락원으로 활동한다. 이 프로그램은 '아동학대 예방 프로그램'으로 효과를 보이고 있다(정미리, 2018).

(2) 미국: 익명의 부모회(Parents Anonymous)

'익명의 부모회'는 1969년 캘리포니아 졸리(Jolly)가 창설하였다. 고립된 고독한 부모들을 위한 프로그램으로, 미시간 주에서 'Drop-in-Center(잠깐 들르는 센터)'로 시작되었다. 이는 아동학대의 1차 방어를 위한 프로그램으로 1주일에 2~3번, 1회 3시간씩 자원봉사자 중심으로 운영한다. 주로 자유놀이, 음악, 미술, 이야기 등의 영유아들 프로그램과 이웃집 방문하기, 레시피 공유, 양육 관련 이야기 등의 부모 프로그램으로 구성되었다.

'익명의 부모회'는 미국 최초의 국가적 가족 강화 기구로서, 2차 방어조직의 역할을 한다. 부모들은 비밀성과 익명성의 보장하에 주 1회 만나고 회비는 없다. '익명의 부모회'를 찾아간 부모는 그룹에 속하게 되고, 그 그룹 내에서 지도자를 선출하고, 지도자는 전문가와 함께 해당 그룹을 운영한다. 신체 학대, 신체적 소홀, 성적 학대, 언어적 학대, 정서적 학대, 정서적 무관심 등을 함께 다룬다. 대부분의 모임은 저녁에 이루어지며, 원활한 진행을 위해 탁아도 제공한다. 모임에 나오는 것을 꺼리는 부모들을 위해 전국 부모 상담 전화가 24시간 무료로 운영되고 있으며, 페이스북도 운영한다(정미리, 2018).

2) 독일의 부모교육

독일의 헌법(Grundgesetz) 제6조 2항에는 자녀 양육에 대한 부모의 권리와 국가의 역할을 명시하고 있다. 구체적인 헌법 내용을 보면 "자녀를 양육하고 교육시키는 것은 부모의 기본권이자 가장 중요한 의무이기도 하지만, 부모의 양육권은 국가가 감시한다."고 명시하고 있다.

독일의 부모교육은 부모교육을 지원하는 아동청소년복지지원법으로부터 출발한다. 부모의 양육권은 기본적으로 아동청소년복지지원법(KJHG) 4) 제1, 2조에 의거하며, 가족의 의무와 과제로 명시하고 있다. 이 법의 제2조 4항에서는 아동청소년보호의 업무로 교육 지원을 강조하고 있다. 또 제27조 1항에는 아동과 청소년의 교육을 담당하는 양육자에 대한 교육요구권, 즉 학습권이 명시되어 있다. 특히 아동청소년의 행복권(Wohl des Kindes) 보장을 위하여 적절한 교육 지원이 불가능한 경우에는 아동청소년의 발달을 위하여 국가의 의무로서 기초적이며 적절한 지원을 하도록 하고 있다(Meller & Nix, 1991). 즉, 아동청소년 양육권자는 아동청소년의 쾌적한 행복감이 보장되지 않는다고 판단되면 가족복지 지원을 요구할 수 있는 교육과 복지 권리를 갖고 있다(박성희, 2010).

독일의 부모교육에 있어 중요한 역할을 하는 조직이나 명칭은 어머니센터, 아버지교육학교, 이동 가족교육학교 등이 있다.

(1) 어머니센터(Mütterzentrum)

독일의 '어머니센터(Mütterzentrum)'는 1980년대에 처음 만들어졌다. 주로 저소득층의 학부모들이 미용, 재봉, 신체 가꾸기, 아이 보기, 수업, 교육 등의 서비스를 서로 교환할 수 있는 장소였다. 그러다가 참여자들의 요구가 많아지면서 '어머니센터'는 자유롭게 만나기를 원하는 사람들을 위한 열린 공간이 되었다. 어머니센터의 본래 취지인 '자조운동'의 의미가 퇴색되지 않도록 가족 구성원 누구나 참여할 수 있다.

(2) 아버지교육학교

1980년대 이후 독일 가족교육기관들은 시대적 요구에 부응하기 위해 남성 학부모들이 참여하는 프로그램을 운영하였다. 이들 프로그램들 중에서 아버지들의 참석률이 가장 높았던 프로그램은 '가족과 함께하는 목공 프로그램'이었다. 이는 독일 남성들이 가장 선호하는 취미활동으로 선정된 목공 프로그램을 아버지교육에 접목한 것이다. 이 프로그램을 통해 아버지를 중심으로 가족 간의 소통을 간접방식으로 전달하게 되었고, 가족관계가 좋아지는 긍정적인 효과를 얻게 되었다.

(3) 이동 가족교육(Mobile Familienbildung)학교

사회적 흐름에 맞추어서 '이동 어머니학교(Wandermütterschule)' 명칭은 '이동 부모학교'로, 다시 이동 가족교육으로 변화하였다. 이동 가족교육은 부모가족교육기관이나 보육시설, 청소년센터, 도서관, 학교, 직장, 교회 등을 찾아가서 협력 작업을 진행한다. 또 부모-자녀놀이 서클, 베이비시터 코스, 영아그룹, 한부모 그룹, 다문화 그룹, 가족 주말, 가족 여가, 아버지 세미나 등을 위해 프로그램을 실시한다(정미리, 2018).

3) 싱가포르의 부모교육

싱가포르는 작은 나라이지만 다민족이 어울려 살아야만 하는 다민족국가이다. 이 때문에 국가는 자기와 다른 상대를 서로 이해하고 상호교류를 할 수 있는 건강한 가족 구성과 성장이 중요한 국가교육사업의 하나로 다루어지고 있다.

싱가포르의 부모교육 프로그램은 양육 정보, 지식, 기술을 제공하여 부모가 부모역할을 더 잘 수행할 수 있게 하고, 자녀와의 관계를 더욱 강화시킬 수 있도록 하는 데 목표를 두고 있다. 취학 전 육아지원기관에서의 부모교육(PEPS)과 학부모교육(SFE) 프로그램은 학교 기반 가족 생애교육 프로그램으로서 부모와 가족생활교육의 연속 프로그램이다. 학교를 통한 부모교육은 초등학교와 중등학교 시기에도 앞에서 언급한 학부모교육(SFE)을 통해 계속된다. 이 프로그램에서 학부모는 부모 촉진자가 되기 위한 교육을 받고 효과적인 양육기술을 갖추게 된다(김은설 외, 2011).

유아기나 아동기는 신체적, 인지적, 사회 · 정서적 성장과 발달의 결정적 시기이다. 따라서 이 시기 부모의 자질과 역할은 아이의 성장에 큰 영향을 미친다. 그러나 부모 역할이 중요한 것을 아는데도 불구하고 부모들은 자녀들을 지도하는 역할 수행에 많은 어려움을 겪고 있다. 그 이유는 여러 가지가 있을 것이다. 사회 변화에 따른 부모의 역할에 대한 변화 요구에 적응하지 못하는 경우도 있을 것이다. 또 부모 역할에 필요한 지식이나 기술이 부족하기 때문이기도 할 것이다. 아니면 자녀 특성에 대한 이해 부족에서 비롯될 수도 있다.

그러나 현대사회와 같이 복잡하고 빠르게 변화하는 사회에서는 자녀 양육에 필요한 부모교육의 중요성은 갈수록 커지고 있다. 일반적 자녀 양육에 대한 정보에서 더 나아가 이제는 개인적, 특수한 정보나 문제해결을 위한 능력도 필요하다. 이에 따라 부모와 사회의 요구에 부응하는 효율적인 부모교육 방안의 모색이 필요하다.

이제 부모교육의 방법과 내용도 결국은 부모교육 수요자의 요구에 대해 마련되어야 한다. 당연히 학부모 당사자가 처한 상황과 양육 환경의 차이에 따라서도 달라질 수 있다. 그러므로 부모교육의 방법과 내용은 이러한 차이를 모두 포괄할 수 있어야 할 것이다.

토론하기

〈1〉 사회가 발전할수록 부모교육이 중요해지는 이유에 대해 토론해 보자.

〈2〉 부모교육 방식이 부모 특성에 따라 어떻게 달라질 수 있는지 토론해 보자.

〈3〉 미국, 독일, 싱가포르 등 국가별 부모교육에 어떤 차이가 있는지 토론해 보자.

CHAPTER 02

발달단계별 부모교육

학습목표

1. 태내기, 신생아기, 영아기, 유아기의 영역별 발달 특성을 정리할 수 있다.
2. 태내기, 신생아기, 영아기, 유아기의 발달 특성에 따른 부모 역할을 알 수 있다.

부모가 된다는 것은 삶의 여정을 자녀와 함께한다는 의미이다. 대부분의 부모가 이 여정에서 보람과 충족감을 느끼기도 하지만 모든 순간이 평화롭고 만족스럽지만은 않다는 점도 알고 있다. 하지만 막상 현실에서 자녀 양육 갈등에 직면하게 되면 부모는 자기 역할을 제대로 하지 못하는 것 같아 과도한 불안과 막막함을 느끼기도 한다. 자녀가 성장하는 과정은 부모 요인뿐만 아니라 자녀 요인과 환경적 요인 모두가 맞물려 역동적으로 돌아가기 때문에 부모 역할을 완벽하게 대비하는 것은 불가능하다. 더구나 거대 네트워크를 기반으로 한 인공지능 시대에 비인간과 함께 공존해야 하는 포스트휴먼에 대한 논의가 활발히 진행되고 있는 시점에서 자녀의 행복한 삶을 위해 부모가 무엇을 어떻게 해야 할지 누구도 확신하기는 어렵다.

잘 모르는 가운데 걸어가야 하는 길은 두렵고 떨리기 마련이지만, 부모가 자녀의 발달단계별 특징을 이해하고 이를 바탕으로 부모 역할을 수행할 때 만족감이 높아질 수 있다. 부모가 자신의 양육방식을 어떻게 생각하고 있는지를 양육 인지(parenting cognition)라고 하는데, 긍정적으로 자기 역할을 인식할 때 불필요한 긴장을 줄이고 생활 전반의 만족도를 높일 수 있다. 어머니가 양육에 있어서 능력이 있다고 생각할수록 부모 역할에 만족감을 느끼고 많은 시간과 노력을 양육 역할을 수행하는 데 투자하는 것으로 나타났다(Leung & Shek, 2015). 자녀의 삶에 동참하는 부모는 정답을 모르기 때문에 변화무쌍한 일상 가운데 매 순간 깨어서 최선의 길을 찾아가야 한다. 이 여정은 배움의 길과 다르지 않다. 부모는 아이를 가르치는 존재이기도 하지만 동시에, 부모 자신이 아이의 성장에 따른 발달적 특성을 이해하고 이에 적합한 역할을 하기 위해 배우고 변화하여 부모 역할에 만족감을 느끼는 것이 중요하다.

유아를 양육할 책임을 지고 있는 부모가 발달을 어떻게 지원할 것인지에 대한 방향을 설정하는 데 필요한 유아의 전반적 발달에 대한 지식 과정을 양육지식(Goodnow, 1998)이라 한다. 양육지식은 양육효능감에 영향을 미치고, 양육지식의 향상이 부모의 양육효능감을 향상하는 데 중요한 요소로 작용한다고 볼 수 있다(방은주, 2018). 이러한 점에서 자녀에 대한 부모의 사랑이 일상에서 실현되기 위해서는 자녀의 발달단계별 특성을 이해하고, 나아가 자녀가 성장 발달함에 따라 부모의 양육태도와 기술이 변화하고 성장해야 함을 인식할 필요가 있다.

자녀 성장, 발달단계에 따라 부모 역할이 변화해야 한다는 갈린스키(Galinsky)의 부모 발달 6단계 이론에 따르면, 1단계는 자녀를 출산하기 전으로 부부가 대화하며 부모상을 정립하고, 2단계는 자녀가 3세까지의 양육단계로 부부가 함께 애착과 신뢰감을 형성하며, 3단계는 자녀가 7세까지의 권위형성단계로 자녀의 주도성 발달과 허용되는 행동의 한계를 설정하고 부모의 권위를 형성하며, 4단계는 초등학생 시기로 자녀와의 갈등을 대화로 해결해 나가며, 5단계는 중 · 고등학생 시기로 자녀의 사춘기를 이해하고 권위를 확보한 부모로서의 역할을 수행하며, 6단계는 자녀가 성인이 되어 자녀를 부모로부터 떠나보내는 단계로 부모 자신의 삶과 다양한 관계에 힘써야 한다(최해옥, 김성길, 2015). 자녀가 발달함에 따라 부모 역할이 변화하는 가운데 유아 발달에 대한 지식을 갖추고 합리적 태도로 양육을 하더라도 부모가 놓치지 말아야 할 것이 바로 아이의 마음이다. 부모가 아이의 마음을 외면한 채 합리적 태도만을 추구한다면 자녀와의 온정적 관계를 맺는 데 어려움을 겪을 소지가 있고, 나아가 아이가 성장할수록 부모-자녀관계가 소원해질 수 있다. 건강한 부모-자녀관계를 맺기 위해서는 영유아기 발달적 특성에 맞추어 부모의 계속적인 변화와 성장이 요청된다.

1. 태아기 자녀 부모의 역할

수정의 순간을 거쳐 출산에 이르기까지의 태내 발달이 출생 이후의 발달에도 영향을 미친다는 점에서 태내 환경의 중요성이 강조되고 있다. 태아는 유전적 요인과 모체의 영양, 질병, 약물, 흡연 및 음주, 정서 상태, 유독물질, 미세먼지 등의 환경적 요인에 영향을 받는다. 태내기 발달 과정을 이해함으로써 임신 기간 중 태아가 건강하게 발달하는 데 적절한 환경을 조성하기 위한 부모의 역할이 무엇인지 살펴보고자 한다.

1) 태내 발달 및 출산

(1) 태내 발달

여성의 배란기를 전후하여 정자와 난자의 핵이 서로 결합하여 수정란이 자궁벽에 착상하는 약 2주 정도를 발아기(germinal period)라고 한다. 이후 8주까지는 신체 주요 기관과 조직이 형성되고 분화되는 배아기(embryonic period)이다. 내배엽은 소화기관과 호흡기관으로, 중배엽은 순환기관, 뼈, 근육, 생식기관으로, 외배엽은 신경조직, 눈, 코와 같은 감각기관이며, 머리, 손, 손톱 등의 순서로 발달한다. 배아기는 신체의 주요 기관이 형성되는 시기이므로 태내 환경에 주의를 기울여야 한다(연미희 외, 2020). 배아기는 모체의 질병이나 영양결핍, 약물, 유해 환경의 영향을 민감하게 받는다(김승희, 2020).

배아기 이후 태아는 가속적인 성장을 하는 태아기(fetal period)로 진입하는데, 3개월에는 태아의 성별 구분이 가능하다. 염색체 23개 중 22개는 상염색체로서 개체의 특성과 관련되며, 1개는 성염색체로서 태아의 성별을 결정짓는 유전인자를 갖고 있다. 여성의 난자는 X염색체만 있으나 남성의 정자는 X염색체와 Y염색체 등 두 가지 종류가 있으므로 정자의 염색체에 따라 성별이 결정된다. 난자가 X염색체를 가진 정자와 만나 XX조합을 이루면 여아가 되고 난자가 Y염색체를 가진 정자와 결합하여 XY조합을 구성하면 남아가 태어난다(권민균 외, 2016).

12주 정도에는 움직이기 시작하여 16~20주에는 모체가 태동을 느낄 수 있다. 이 시기의 태아는 급속하게 성장하여 5개월에는 출생 시 신장의 절반 정도가 되고 태반이 완성되어 유산의 위험이 줄어든다. 24주에는 눈을 감고 뜨기도 하고, 입으로 엄지손가락을 빨기도 한다. 태아는 주변의 소음을 들을 수 있고, 큰 소리나 음악에 반응하여 움직인다.

임신 후반기는 기본적인 신체조직이 완성되는 시기이면서, 이미 형성된 신경계통이 성숙하고 근육은 피하지방으로 형성되어 한 인간의 모습을 갖추어 가는 시기이다. 태아는 태반을 통해 모체로부터 영양분과 산소를 공급받고 태아에 생긴 탄산가스와 노폐물을 배출한다. 또한 태반을 통해 어머니로부터 면역성을 얻어 출생 후 질병에 대한 면역성도 지니게 된다(연미희 외, 2020). 21~24주가 지나면 눈과 눈썹의 형성이 마무리되지만 폐는 아직 미성숙하고 뇌에서 호흡과 체온을 조절하지 못하므로 태아가 이 시기에 태어나면 생존 가능성이 거의 없다. 25~28주가 되면 뇌와 신경계의 발달이 급속도로 이루어지면서 폐는 공기를 들이마실 수 있는 정도로 발달하고, 이 시기에 태어나면 인큐베이터 내부에서의 생존이 가능하다(김승희, 2020).

2) 태아에게 영향을 미치는 요인 및 부모 역할

(1) 모체의 영양

태내기 동안 아기들은 전적으로 어머니의 영양에 의존한다. 임신 초기 대부분의 임산부는 입덧 현상이 나타나 충분한 영양 섭취가 어렵다. 그러나 임산부가 점차 임신에 적응하고 적절한 영양을 섭취할 경우 태아가 임신 기간 동안 안정적이며 건강한 아이로 태어날 가능성이 크다.

10~13.5kg 정도의 임산부 체중 증가는 어머니와 아기의 건강에 도움을 준다. 태내기의 영양실조가 중추신경계에 심각한 손상을 입힐 수 있으며, 어머니의 영양이 나쁠수록 뇌의 무게는 특히 마지막 3분기에 더 작아진다. 뇌가 급속히 커지는 그 시기에 완전한 잠재력에 도달하려면 어머니는 모든 영양소가 풍부한 식사를 하여야 한다(Morgane et al., 1993). 임신 중 부적절한 식사는 평생토록 성인기 심장혈관 질환과 당뇨와 같은 건강 문제를 일으키는 간, 신장, 췌장을 포함하는 다른 기관의 구조에 이상을 가져올 수 있다(Baker, 2008; Whincup et al., 2008). 챈드라(Chandra, 1991)에 의하면 부실한 영양은 면역체계의 발달을 억제하기 때문에 태내기 영양 결손은 호흡기 질환을 자주 유발한다(Laura E. Berk, 2015).

임신 중의 충분한 영양 섭취는 임신 합병증을 감소시키고 정상적인 태아의 성장 발달을 촉진시킨다는 점을 인식하면서도, 임산부는 임신에 따른 체중 증가로 인해 막연한 불안감을 느끼기도 한다. 이로 인한 영양부족과 영양불균형은 태아에게 심각한 영향을 미칠 수 있다. 임신 중 영양 상태와 신생아 출생 시 체중은 밀접한 관련이 있는데, 출생 시 저체중은 뇌성마비의 원인 요소이며 저체중아 집단은 정상집단에 비해 질병, 시력·청력장애, 행동장애, 학습 문제를 더 많이 경험한다고 알려져 있다(임지영 외, 2017). 임신 기간 중 영양 섭취는 〈표 2-1〉에 제시한 것과 같이 태아의 성장에 필요한 영양소를 균형적으로 섭취하면서 과도한 열량 증가에 따른 비만을 방지하는 노력이 필요하다.

임산부의 적절한 운동은 영양 섭취와 함께 태아의 성장을 촉진한다. 건강하고 신체적으로 튼튼한 여성의 경우, 걷기, 수영, 자전거 타기, 에어로빅 등 정기적으로 적당한 운동을 하는 것은 출생 시 신생아의 체중 증가와 관련이 있고, 임신으로 인한 산모의 당뇨와 고혈압과 같은 임신 중 문제 발생의 위험을 감소시키는 것과 관련이 있다(Kalisiak & Spitznagle, 2009; Olson et al., 2009). 그러나 일주일에 4~5번 30분 이상, 땀이 날 정도의 격렬한 운동을 자주 하면 특히 임신 말기에는 건강한 집단보다 출산 시 저체중아를 낳게 된다(Clapp et al., 2002; Leet & Flick, 2003). 순환계의 어려움 혹은 유산의 경험 등 건강 문제가 있는 임산부는 운동계획을 시작하거나 계속하여야 할지를 의사와 상담하여야 한다.

〈표 2-1〉 임산부에게 필요한 영양소

영양소	내용
칼슘	태아 체조직의 생성 및 발육에 필수이며, 적게 섭취할 경우 골다공증이 나타나기 쉽다.
마그네슘	칼슘, 인과 함께 골격의 구성성분을 이루기 때문에 견과류, 우유, 정제되지 않은 곡류, 콩, 채소, 과일, 육류 등의 섭취로 얻을 수 있다.
철	태반의 형성이나 태아와 모체의 헤모글로빈 생성에 필요한 필수영양소이다. 식품을 통한 섭취만으로 어렵기 때문에 철분 영양제로 보충해야 한다.
아연	아연 결핍 시 선천성 기형이나 뇌 발달 장애가 초래될 수 있다.
요오드	요오드가 부족한 모체에서 태어난 경우 흔히 크레틴병 현상이 나타난다. 신체적인 성장 부진과 지능이 떨어지게 된다.
각종 비타민	비타민 A는 저항력과 시력에 관계되며, 비타민 K는 신생아 출혈과 황달을 예방하고, 비타민 B는 수분대사 및 모유분비에 중요하다. 또한 비타민 C는 호르몬 분비기능에 중요하다.

출처: 정희영, 최영해, 장은희, 이선경, 신현정, 정다운, 정희정(2014).

(2) 질병

태아가 건강하게 성장할 수 있는 최적의 태내 환경을 제공하는 것이 중요하다. 특히 임산부의 질병은 태아에게 치명적인 영향을 미치는데, 대표적 질병으로 홍역이나 수두, 풍진, 매독, 후천성면역결핍증 등이 있다. 임신 초기에 홍역에 걸리면 태아의 시각이나 청각에 장애가 생기며 심장이나 뇌손상이 나타날 수 있다(김승희, 2020).

풍진은 태반을 통해 태아의 혈액으로 바이러스가 침입하여 농, 맹, 심장 기형, 중추신경계 손상, 정신지체 등을 유발한다(안선희 외, 2017). 특히 배아기에 풍진에 감염된 경우 더 큰 손상이 일어나는데 태아의 50% 이상이 청력 손상, 백내장을 포함하는 눈의 기형, 심장, 생식기, 요도와 장, 골격, 치아의 이상 그리고 지적장애를 보였다(Eberhart-Phillips, Frederick, & Baron, 1993). 임산부는 임신을 계획할 때 본인과 배우자의 예방접종 유무를 확인하여 필요한 접종을 해야 한다. 접종을 마친 경우라 하더라도 홍역이나 풍진에 감염되는 사례가 있으므로 풍진이 유행하는 시기에는 임산부뿐만 아니라 함께 생활하는 배우자 역시 감염되지 않도록 개인위생을 철저하게 지켜야 한다.

매독은 성관계를 통해 감염되는 질병으로 매독균이 태아에게 전달되어 대부분 유산이나 사산되며, 태어나더라도 청각이 상실되거나 안면기형, 지적장애 등의 결함을 가진다(Moore & Persaud, 1998). 임산부가 헤르페스(herpes) 바이러스를 가진 경우 태아가 산도를 통해 출산하는 과정이나 태반을 통해 감염될 수 있고, 심한 경우 사망에 이를 수 있으므로 이를 피하기 위해 제왕절개 수술을 시행한다(Berk, 1996).

박테리아와 기생충에 의한 질환으로 가장 대표적인 것이 톡소포자충증으로, 임산부가 덜 익은 고기나 날고기를 먹거나 감염된 고양이의 변에 의해 감염될 수 있다. 초기에 감염된 태아는 눈과 두뇌 손상을 입을 수 있고, 이후 감염은 약간의 시각적 인지적 손상과 관련된다. 분명한 손상이 나타나지 않더라도 감염된 신생아들 중 약 80%는 나중에 학습과 시각장애를 보일 수 있다. 고양이를 기르는 임산부는 고양이에게 기생충이 의심될 때 다른 가족들이 변을 치우게 하고 특히 고기를 잘 익혀서 먹어야 한다(Laura E. Berk, 2015).

임산부와 배우자는 아이를 갖기 전에 풍진항체검사, 매독혈청반응검사, 빈혈검사, 간염검사, 당뇨병, 자궁근종 난소종양 검사, 유전검사를 받기를 권장하고, 임신 중에 혈액검사, 초음파검사, 양수검사, 융모검사 등을 통해 건강한 아이를 출산할 수 있도록 준비한다(최혜순, 2011).

(3) 정서 상태

임산부가 느끼는 과도한 불안, 긴장, 억압, 분노, 두려움과 같은 감정은 자율신경계에 영향을 미쳐 부신호르몬의 분비를 촉진하고 이는 태반을 통해 태아에게 영향을 미친다.

임신 중 스트레스는 태아의 시냅스 형성을 저해하고 뇌세포를 파괴하는 등 태아의 뇌 발달에 부정적인 영향을 미치는 호르몬을 분비하기 때문에, 임신 초기부터 정신적인 안정을 취하고 섭생에 각별하게 신경을 써야 한다(양옥승 외, 2017). 특히 임신 초기의 강한 불안은 더 높은 유산율, 출산 시 저체중, 영아 순환기 질환, 소화기 이상, 콜릭(지속적 울음), 수면장애, 첫 3년 동안 더 보채기 등과 관련된다고 다수의 연구에서 보고하였다(Laura E. Berk, 2015). 스트레스 호르몬은 임신 중 왕성하게 발육하는 뇌에 치명적일 수 있으므로 임산부의 심리적 정서적 안정과 행복감이 중요하다(최혜순, 2011).

과도한 스트레스를 겪은 임산부의 자녀는 출생 이후 어려움을 겪게 되고 이후 스트레스를 관리하는 생물학적 능력이 저하될 가능성이 높으며, 새로운 일이나 도전적인 경험 상황에서 또래보다 더 흥분하는 경향이 있고, 성인이 되어서도 높은 스트레스 반응을 보이는 경향이 있다. 임신 기간 동안 스트레스 관리를 통한 정서적 안정감을 유지하는 것은 중요하다. 예비부모는 지역사회의 자원을 활용하여 임산부가 지지받을 수 있는 프로그램에 참여하는 등 스트레스를 완화하는 방법을 적극적으로 모색하여 정서적 안정감을 유지하도록 노력한다.

(4) 약물, 흡연, 음주

임신 5~7개월이면 개인이 평생 사용할 뇌세포가 거의 만들어지므로 출생 전후 뇌세포가 가장 많다. 뇌의 피질부를 구성하는 120~140억 개의 뉴런(neuron)은 대부분 태내기에 만들어진다. 임신 6개월을 전후하여 세포분열을 통한 뉴런의 증식이 완료되는 것으로(성현란 외, 2001) 보고 있으므로, 약물중독, 알코올 섭취, 스트레스 등의 유해한 태내 환경은 뉴런의 생성에 작용할 수 있다(조복희, 2014). 임산부가 복용하는 약물은 태반을 통해 태아에게 그대로 전달되므로 각별히 신경을 써야 하고, 특히 임신 초기에는 더욱 심각하게 영향을 미친다. 흡연이나 음주 등과 함께 약물복용이 이루어질 경우, 태아에게 언어, 인지, 사회성 발달의 심각한 결함을 초래하게 된다(연미희, 2020).

흡연은 태반순환을 감소시켜 태아의 자궁 내 성장 지연, 조산, 저체중아 출산, 사산, 영아돌연사 증후군, 선천성 기형, 신생아 사망률 증가에 영향이 있는 것으로 알려져 있다. 담배는 많은 종류의 중독성 물질을 포함하고 있으며, 일산화탄소가 헤모글로빈의 산소 운반 능력을 감소시키고 니코틴은 혈관수축을 일으켜 자궁의 조직관류를 감소시키는 아드레날린 자극을 증진시킨다. 임산부의 직접흡연뿐만 아니라 간접흡연에 의해서도 태아의 저체중, 조산의 위험이 높아진다(임지영 외, 2017). 이러한 점에서 임산부뿐만 아니라 가족 구성원의 흡연 유무가 태아의 성장발달에 영향을 미친다는 점을 예비부모가 인식하는 것이 필요하다.

알코올은 초기의 신경관 세포의 복제와 수초화를 방해한다. FMRI와 EEG 연구들은 두뇌의 한 부분에서 다른 부분으로 메시지를 전달하는 데에 포함되는 전기적 · 화학적 활동 등의 두뇌 기능의 이상을 보여 준다(Haycock, 2009). 또한 신체는 알코올을 대사하기 위해 더 많은 산소를 사용하게 되므로 임산부가 과도한 음주를 하는 것은 발달하는 유기체의 세포 성장을 위해 사용해야 할 산소를 빼앗아 갈 수 있다(Laura E. Berk, 2015). 음주는 작은 머리, 비정상적인 얼굴, 심장장애, 체중미달, 지적발달지체와 관련된다. 여성이 임신 중 더 많은 음주를 할수록 유아기와 학령기에 자녀의 운동협응력, 정보처리 속도, 주의. 기억, 추론, 지능과 성취검사의 점수가 낮다(Laura E. Berk, 2015). 임산부가 외부로부터 받는 스트레스나 불안한 상태가 어머니로 하여금 담배나 음주 행동과 연관될 수 있다는(안선희 외, 2017) 점에서 가족과 사회에서의 존중과 사랑을 통해 임산부의 신체적, 심리적 건강을 증진함으로써 부모로서 역할 수행에 의미를 부여하고 스스로 만족할 수 있는 다양한 방안을 찾는 것이 필요하다.

(5) 방사선, 유독물질, 초미세먼지

현대사회에서 인간은 급속한 산업화로 인해 건강한 삶에 심각한 위협이 되는 유해 환경에 노출되고 있다. 유독성 화학사고, 신종 전염병 등과 함께 기후, 환경의 변화와 맞물려 초미세먼지, 최장기간 장마, 태풍, 해일이 과거 경험하지 못한 규모로 발생하고 있다. 게다가 산업 현장과 생활 터전에서 발생하는 각종 오염은 인류 생존을 위협하기에 이르렀고, 특히 태내 환경에 직접적인 영향을 미치고 있다. 근래 우리나라 신생아 가운데 유전적 원인에 의한 장애는 20~25%에 불과하고 나머지는 환경오염, 질병, 약물남용 등의 외부 환경적인 요인에 의해 발생한다(최혜순, 2011). 임산부는 태아가 건강하게 성장하기 위해 이러한 문제를 해결할 수 있는 근본적인 노력과 함께 위급 상황에서 적절히 대처할 수 있도록 준비가 필요하다.

고농도 미세먼지는 기저 질환이 있는 사람이 아니더라도 유아와 어린이, 임산부, 노인 등을 민감군으로 분류한다. 임산부가 코로 들이마신 미세먼지가 혈류를 통해 태반까지 도달하여 호흡기나 안구 또는 피부로 침투해 여러 질환을 일으키는 것으로 밝혀졌다(연미희 외, 2020). 임산부는 미세먼지 정보를 확인하는 것이 중요한데, 홈페이지나 모바일 앱 등 다양한 방법을 통해 정보를 제공받을 수 있다. 미세먼지 주의보 및 경보 시 개인이 할 수 있는 일반적인 대응 요령이 제안되어 있으며, 미세먼지 주의보 및 경보 여부에 따라 구분되어 있으므로 안내된 사항을 준수하는 것이 필요하다(왕순주, 윤성용, 2019).

살충제, 제초제, 화학용품, 시너, 가구광택제 등 유독성 화학물질은 태아에게 심각한 결함을 줄 수 있기 때문에 피해야 한다. 자동차 매연에 노출되었거나 납 중독이 되었을 경우 미숙아, 저체중아, 뇌손상, 신체적 결함을 지닐 수 있다(Berk, 2000). 쓰레기 소각으로 배출되는 유독물질인 다이옥신에 대한 태내기 노출은 아기의 두뇌, 면역체계, 갑상선 손상과 관련이 있다(Laura E. Berk, 2015).

(6) 아버지의 영향

부모가 되는 기쁨이나 설렘으로 새로운 생명을 맞이할 준비를 충실하게 하는 아버지도 있지만, 몸으로 직접 겪는 어머니와 달리 부모 역할을 하는 것에 대한 막연한 부담을 느끼기도 한다. 이 시기 아내가 겪는 신체적 · 정신적 변화에 공감하고 부모가 될 준비를 함께 해 나가면서 아내를 격려하고 지지하는 것은 태아의 건강한 발달에 중요한 요인이 된다.

아버지의 연령이 20세 이하이거나 55세 이상인 경우 다운증후군의 발병률이 높게 나타나고, 아버지의 연령이 많을수록 자녀의 자폐증 발병 위험도 높아지는 것으로 나타나 아버지의 연령이 태아의 건강에 영향을 미친다(Merewood, 1998).

3) 출산

엄마의 자궁에서 38주를 무사히 보낸 아기는 스스로 위치를 바꾸어 이 세상으로 나올 준비를 마친다. 부모는 분만 상황에서 일어날 수 있는 문제에 대한 실질적인 대비책을 마련하고 태아가 세상에 나오면서 겪는 신체적, 심리적 변화에 따른 스트레스를 줄여 새로운 환경에 적응할 수 있도록 세심한 준비를 한다.

분만의 진행은 진통이 느껴지기 시작하면서 규칙적으로 일어나던 진통의 간격이 짧아지고 강도가 점차 세지는 가운데 자궁경부가 완전히 열릴 때까지의 단계이다. 루안 브리젠딘(Louann Brizendin, 2007)에 의하면 출산 시에 엄마의 뇌는 옥시토신의 폭포로 인해 즉시 출산 모드로 넘어간다. 아기가 태어날 준비를 완료했다는 신호와 함께 프로게스테론 수치는 갑자기 뚝 떨어지고 옥시토신이 산모의 뇌와 몸에 흘러넘치면서 자궁을 수축시켜 분만이 좀 더 쉽게 이루어지게 도와준다. 만약 산모가 분만 상황에 대한 공포심을 가진 경우 근육이 지나치게 긴장하게 되면서 자궁경부가 팽창하지 않아 산모와 아기가 더 심한 통증을 느끼고 분만이 지연될 수 있다. 르부아에(Leboyer, 1975)는 출산 시에 태아가 최적의 환경에서 세상에 나올 수 있도록 조도가 낮고 조용한 분위기에서 출산을 시도하고, 탯줄을 끊지 않은 상태에서 어머니의 체온을 느낄 수 있도록 배려해야 한다고 하였다. 임산부는 분만에 대한 다양한 정보를 얻고 자기에게 적합한 출산방법을 선택하고 준비함으로써 아가와의 첫 만남의 순간에 주도적으로 참여할 수 있다. 임신 기간 동안 임산부는 배우자와 함께 출산 과정에 대해 과학적으로 이해하고 준비할 필요가 있다. 산모와 아가의 고통을 줄이고 출산할 수 있는 다양한 분만방법 관련 정보를 수집하여 자기에게 맞는 대안을 탐색함으로써 출산 고통에 대한 막연한 공포심에 휩싸이지 않도록 한다. 임신과 출산은 임산부가 홀로 겪어야 하는 과정이 아니라 배우자가 임신과 출산 과정에 주도적으로 참여함으로써 한 생명을 탄생시키는 과정이 부부간의 신뢰와 존중을 바탕으로 협력과 배려의 시간이 되도록 한다.

2. 영아기

1) 신생아기 발달 및 부모 역할

신생아기는 출생 이후 한 달 동안을 말하며, 부모는 기다리던 아이를 설렘과 감동으로 만나게 된다. 태내 환경과 전혀 다른 세상으로 나온 아기는 호흡과 배설, 체온 조절, 영양 섭취를 통해 새로운 환경에 적응한다. 부모가 임신 기간 중 아기와 만날 심리적 준비와 양육에 필요한 물리적 환경을 충분히 마련했다 하더라도 부모 역할이 익숙하지 않은 시기이다. 특히 첫 자녀일 경우 신생아의 요구에 즉각적이고 적절하게 반응하는 데 어려움을 겪기도 하고, 이로 인해 막연한 불안을 느낄 수 있다. 신생아는 주로 울음을 통해 졸림, 배변, 배고픔 등의 해결을 요구하므로 부모는 아기의 울음을 이해하지 못할 때 당황스럽다. 부모는 신생아의 울음에 대해 적절하게 반응함으로써 신생아와 의사소통의 첫걸음을 내딛게 된다.

루안 브리젠딘(Louann Brizendin, 2007)에 따르면 갓 태어난 신생아의 머리에서 쏟아져 나오는 사랑스런 냄새, 피부, 똥, 먹다 토해 낸 우유, 몸에서 나오는 체액들은 엄마의 뇌에 모성이라는 화학적 각인으로 남는다. 그래서 엄마들은 여러 아기들 중에서 자신의 아기 냄새를 90퍼센트 이상 정확하게 구별해 낼 수 있게 된다.

아기의 울음, 몸놀림, 작은 손가락 · 발가락 모양, 숨넘어갈 듯한 울음 등은 엄마의 뇌에 문신처럼 새겨진다. 이러한 생물학적 변화로 인해 아기를 보살피고 보호하려는 강인한 의지와 힘이 엄마의 뇌회로를 지배하게 된다. 아기가 보내는 신호에 민감하게 반응하는 상호작용 과정을 통해 신생아기 부모의 역할에 적합하도록 엄마의 뇌가 변화하면서 양육자로서 안정감을 찾아가는 시기이다.

신생아의 호흡은 1분당 30~40회 정도로 빠른 편이며, 복식호흡을 많이 한다. 재채기, 딸꾹질, 하품 등은 일종의 반사활동으로 생존에 중요한 역할을 한다. 신생아는 성인에 비해 심장박동이 빠르다. 맥박은 1분에 120~160회 정도로 빠르고 불규칙적이다. 신생아의 체온은 성인보다 다소 높은 37~37.5℃로 체온을 조절할 수 있는 기능이 미숙하여 외부의 온도 변화에 영향을 받으므로 몸을 따뜻하게 유지시켜 주는 것이 필요하다(Berk, 1996).

반사는 특별한 형태의 자극에 대해 반응하는 타고난 자동 반응이다. 신생아의 반사는 매우 뚜렷하고 조직화된 행동패턴이 있다. 몇몇 반사는 나중에 발달할 복잡한 운동기술을 위한 기초가 된다(Laura E. Berk, 2015).

반사행동은 신생아의 생존과 직결되는 생존반사와 인류의 진행 과정으로 보이는 원시반사로 구분한다. 생존반사는 호흡반사(breathing reflex), 근원반사(rooting reflex), 빨기반사(sucking reflex), 삼키기반사(swallowing reflex), 눈깜박거리기반사(eye-blink reflex) 등이 있다. 원시반사는 모로반사(Moro reflex), 파악반사(grasping reflex), 바빈스키반사(Babinski reflex), 걷기반사(stepping reflex), 수영반사(swimming reflex) 등으로 수개월 내에 사라지는데, 이는 신경조직이 발달하기 때문이다. 신생아의 대뇌피질이 발달하면서 반사운동은 점차로 의식적이고 목적 있는 행동으로 나타나게 된다(연미희 외, 2020). 반사가 약하거나 없을 경우 혹은 과도하게 경직되거나 과장된 반사, 그리고 정상적으로 사라져야 하는 발달 시점에도 반사가 여전히 계속되면 대뇌피질에 손상이 있는 조짐이다. 따라서 부모는 신생아의 반사행동을 면밀하게 파악하고 필요에 따라 신생아행동평가척도(NBAS)와 같은 검사를 통해 신생아의 조직화된 기능을 평가한다(Laura E. Berk, 2015).

모건과 깁슨(Morgan & Gibson, 1991)에 따르면 두뇌 발달은 신생아기에 급격히 이루어지는데, 태어날 때 뇌의 무게는 300~400g으로 성인의 25% 정도에 그치지만 생후 6개월 경에는 거의 50%가 되고 2세가 되면 75%가 된다. 생후 2년간 두뇌세포가 가장 급격히 증가하며 이를 두뇌 발달의 급증기라 일컫는다. 뇌는 복잡한 구조로 되어 있어 영양, 경험 등의 외부 환경과 생리 신경계의 쌍방향적 관계가 작용한다고 보고하고 있다.

신생아들은 하루 중 가장 많은 시간인 16~18시간을 잠을 자면서 보낸다. 이는 태아가 엄마의 휴식과 활동 주기에 맞춰 함께 움직이는 경향이 있기 때문이다. 심지어 4~6주 된 미숙아조차도 낮보다는 밤에 잠을 더 많이 잔다(Heraghty et al., 2008; Rivkees, 2003). 그럼에도 불구하고 어린 아기들의 수면각성 주기는 밤-낮에 의해서보다는 배고픔과 배부름에 의해 더 많은 영향을 받는다고 보고되고 있다(Laura E. Berk, 2015). 부모는 신생아의 배고픔 상태를 면밀히 관찰하여 아이의 수면이 충분히 이루어지도록 정해진 시간에 수유할 수 있게 준비한다.

2) 영아기 발달과 부모 역할

영아기는 출생 후 신생아기를 포함하여 만 2세까지이며, 부모에게 전적으로 의존하여 성장하는 시기이다. 부모와 자녀 간의 상호작용이 가장 활발하게 일어나고, 부모-자녀관계의 기초를 형성하기 때문에 부모 역할의 중요성이 더욱 강조된다. 이 시기는 영아의 신체와 뇌가 급성장하는 시기로 높은 활동성을 보이고, 탐색 욕구가 강해지며, 자아가 발달하면서 자기주장이 강해진다. 주변 환경과 상호작용을 통해 신체 운동적, 인지적, 사회적, 정서적 발달의 기초를 이루는 중요한 시기로, 부모가 자녀의 발달에 중대한 영향을 미친다. 영아기는 부모가 부모로서의 역할에 적응하면서 동시에 양육자, 감각자극 제공자, 신뢰감과 자율감 발달의 촉진자로서 자녀와 상호작용하는 시기이다.

영아는 발달 특성상 많은 요구를 보이게 되는데, 부모는 의사소통의 기술이 미숙한 자녀의 요구를 정확하게 파악하고 신속하게 해결해야 하는 과정에서 양육 스트레스를 받기도 한다. 또한 아이가 태어난 지 몇 주 후, 특히 첫 자녀 탄생 후 어머니의 80% 정도는 경도의 우울증상이 나타나고, 이 중에서 약 30% 정도는 정신과에서 진단을 받을 정도의 우울증으로 발전하기도 한다. 산후 우울증 및 신체적, 심리적 피로의 누적으로 생긴 양육 스트레스는 배우자 및 자녀와의 관계에 부정적 영향을 미치고 이는 양육효능감[1] 저하로 이어진다. 0~3세 아이를 둔 엄마들이 힘들 수밖에 없는 이유 가운데 하나는 아이를 키우다 보면 부모의 의지와 상관없이 예측 불가능한 일이 언제 어디서 터질지 모르기 때문에 24시간 내내 온 신경을 곤두세우고 있어야 하기 때문이다. 그런데 그런 날이 언제 끝날지 모른다고 생각하면 심리적 부담을 느끼게 된다(신의진, 2009).

양육에 관한 지식과 양육방식에 대한 부모 자신의 평가는 다시 자신의 양육행동에 영향을 미치게 되므로 영아기 자녀를 둔 부모는 자녀 양육에서 발생하는 스트레스의 원인을 객관적으로 파악하고 대처하는 노력이 요청된다. 이 시기의 부모는 영아기 자녀의 영역별 발달 특성을 이해하여 아이의 요구를 제대로 읽어 내고 적절하게 반응하기 위해 노력하는 과정에서 겪는 시행착오를 통해 상황에 대처하는 능력을 증진하게 된다.

(1) 신체 및 운동 발달과 부모 역할

영아는 생후 1년이 되면 신장은 출생 시의 1.5배, 체중은 3배 정도로 증가하며, 생후 2년이 되면 신장은 성인의 1/2, 체중은 출생 시의 4배가 된다. 영아의 신체는 중심에서 말초 방향으로 발달하므로 몸통이 먼저 발달한 다음 팔과 다리가 발달하고 마지막으로 손과 발이 발달한다(김승희, 2020). 인간은 모든 근육섬유를 가지

---

1) 양육효능감이란 아동의 적절한 발달과 관련된 가치 있는 행동을 수행하는 부모의 능력에 대한 믿음과, 부모로서 유능하고 효과적으로 수행할 수 있는 정도에 대한 부모의 기대와 효율적으로 양육의 과업을 완수하는 능력에 대한 부모의 믿음을 말한다(홍정아, 2010).

고 태어나기 때문에 출생 후에는 새로운 근육세포가 형성되지는 않는다. 이미 존재하는 근육섬유의 섬유조직 속에 있는 수분의 비율이 감소하고 염분과 단백질이 증가하게 되어 힘이 세지는 변화가 일어난다. 출생 시 신생아의 뼈는 부드러운 연골조직으로 되어 있으며, 뼈와 뼈 사이의 공간이 넓은 상태에서 무기질이 체내에 축적됨에 따라 뼈가 단단해지고 뼈 사이의 공간도 좁아져 사물을 집어 올리거나 걸음마를 배울 수 있게 된다(안선희 외, 2017).

이 시기의 영아는 신체 급등기이므로 양육자가 충분한 영양을 공급하여야 한다. 영양은 모든 발달 시기에 중요하지만 최초 2년 동안이 결정적이다. 이 기간에 두뇌와 신체가 급속히 성장하기 때문이다. 영아가 필요로 하는 에너지는 성인의 2배이다. 아기들은 충분한 음식뿐만 아니라 올바른 종류의 음식이 필요하다. 영아기 초기에 모유 수유는 영아의 필요에 가장 적합하고 조제분유는 모유를 모방한 것에 불과하다는 생각으로 인해 모유 수유를 원하지 않거나 할 수 없는 여성들은 아기들의 건강한 발달에 있어 중요한 경험을 박탈하는 것은 아닌지 걱정한다. 그러나 산업화된 국가에서 모유 수유를 하는 엄마들이 아기에 더 애착되지 않았고 모유 수유한 아동과 인공 수유한 아동 사이의 정서적 적응은 차이가 없다고 연구된 바 있다(Laura E. Berk, 2015).

(2) 두뇌 발달과 부모 역할

영아기에는 기본적인 감각운동피질, 기본적인 언어기술, 공간적 주의와 관련된 측두 및 두정피질의 시냅스가 왕성하게 형성될 수 있는 환경을 제공해 주어야 한다. 이에 따라 영아기부터 초보적인 주의, 작동기억 등의 능력이 발현되고, 뇌가 발달함에 따라 자신의 인지와 정서를 효과적으로 조절할 수 있게 된다(양옥승, 2017). 생후 1세까지는 대부분의 뇌 영역이 활발하게 발달하는 양상을 보이므로 부모는 어느 한쪽에 편중된 자극을 주기보다 보기, 듣기, 만지기 등의 다양한 감각을 경험해 볼 수 있는 기회를 제공해야 한다(곽윤정, 2013). 또한 이 시기는 영아가 외부 환경에 반응하면서 이해 영역과 말 생성 영역을 연결하는 신경세포가 수초화되는 시기(양옥승 등, 2012)이므로, 성인들은 영아들과 지속적으로 언어적 상호작용을 할 필요가 있다.

인지와 정서 조절은 뇌 안에서 크게 두 가지 기제를 통해 나타난다. 즉, 정서가 만들어지는 신경회로를 포함한 뇌 부분들(brain sites)이 그 첫 기제이며, 신경회로의 연결부인 시냅스에서 감성 전달의 역할을 하는 신경전달물질(neurotransmitter)이 두 번째 기제(Perlman & Pelphrey, 2010)이다. 시냅스는 평생을 통해 발달하고 계속해서 형성되지만, 활성화가 이루어지지 않고 반복으로 사용되지 않으면 소멸한다. 일생 동안 만 3세까지 가장 활발하게 일어나는 시냅스 형성을 좌우하는 것은 경험으로서 다양하고도 복잡한 시냅스 형성과 활성화를 위한 정보와 자극을 지속으로 제공하여야 한다(곽윤정, 2013).

아기가 배고플 때 그 욕구를 충족시켜 주고 기저귀를 갈아 주면서 안아 주는 등의 관계가 긍정적이면 뉴런의 연결망이 풍부하게 활성화된다. 반대로 배고픔이나 두려움과 같은 스트레스를 유발하는 경험은 코티졸과 같은 생존 호르몬의 활성화로 높은 수준의 사고와 관련된 두뇌 부분을 손상시켜 새로운 자극에 대한 경로를 발달시키지 못하는 것으로 밝혀졌다. 초기의 부정적인 양육 경험이나 학대와 두려움의 경험은 두뇌의 발달과 분명한 관련이 있는 것으로 여러 연구에서 나타난다. 뇌의 발달은 영양, 경험 등의 외부 환경과 타고난 생리 신경계의 양방향적 관계가 있다고 보고 있다(Morgan & Gibson, 1991). 이 시기에 부모가 영아의 욕구를 무시하고 상호작용 할 때 일관성이 없으면 영아는 주변 환경을 예측하기 어렵게 됨으로써 신뢰감보다 불신감이 형성될 가능성이 높다. 그러므로 부모는 영아가 무엇을 요구하는지 알아차릴 수 있도록 평소 아이의 상황을 세심하게 체크하고 영아가 보내는 신호를 주의 깊게 관찰하여 부드럽고 온정적인 반응을 하는 것이 중요하다.

(3) 인지 발달과 부모 역할

영아가 주변 환경에 얼마나 적응하고 있는지를 측정할 수 있는 가장 대표적인 검사가 베일리(Bayley)척도이다. 이 검사는 정상 영유아의 발달을 분류하고 기술하는 전통적 입장에서 개발되었지만, 영유아를 같은 연령의 또래와 비교할 수 있는 정보를 얻을 수 있으므로 검사를 바탕으로 중재 전략을 계획할 수 있으며, 영유아 발달에 대한 부모교육 도구로 사용될 수 있다(조복희, 2014).

〈표 2-2〉 한국 베일리 영유아 발달 검사의 표본 항목

<table>
<tr><th>연령
(개월)</th><th>지적 척도 항목</th><th>연령
(개월)</th><th>운동 척도 항목</th></tr>
<tr><td>0.1</td><td>딸랑이 소리에 반응한다.</td><td>0.1</td><td>안았을 때 어깨 위에서 머리를 든다</td></tr>
<tr><td>1.5</td><td>사회적 미소를 보인다.</td><td>1.8</td><td>옆에서 뒤로 몸을 돌린다.</td></tr>
<tr><td>2.0</td><td>시각적으로 엄마를 인식한다.</td><td>2.3</td><td>받쳐 주면 앉는다.</td></tr>
<tr><td>3.8</td><td>주사위(cube) 소리가 나는 쪽으로 머리를 돌린다.</td><td>3.2</td><td>뒤에서 옆으로 몸을 돌린다.</td></tr>
<tr><td>4.1</td><td>주사위로 다가간다.</td><td rowspan="3">6.4</td><td rowspan="3">등에서 배쪽으로 뒤집는다.</td></tr>
<tr><td>4.8</td><td>낯선 사람을 구별한다.</td></tr>
<tr><td>6.0</td><td>떨어진 숟가락을 찾는다.</td></tr>
<tr><td rowspan="2">7.0</td><td rowspan="2">네 가지의 다른 음절을 음성화 할 수 있다.</td><td>8.1</td><td>계속 서 있을 수 있다.</td></tr>
<tr><td>9.6</td><td>도와주면 걷는다.</td></tr>
<tr><td>9.1</td><td>언어적 요구에 반응한다.</td><td rowspan="2">11.7</td><td rowspan="2">혼자 걷는다.</td></tr>
<tr><td>14.2</td><td>두 단어를 말할 수 있다.</td></tr>
<tr><td>18.8</td><td>원하는 것을 알기 위해서 단어를 사용한다.</td><td>14.6</td><td>도와주면 위로 걸어 올라간다.</td></tr>
<tr><td>19.3</td><td>그림에 이름을 붙일 수 있다.</td><td>23.4</td><td>바닥에서 뛰어오른다.</td></tr>
</table>

출처: 조복희, 박혜원(2004).

(4) 언어 발달과 부모 역할

영아 초기에는 타인의 언어를 듣고 따라하다가 영아 후반기부터는 타인과의 대화까지도 가능해진다. 이때 부모가 영아에게 이야기를 더 많이 해 주거나 책을 자주 읽어 주는 등의 언어적 자극과 반응을 적절하게 해 준다면 영아의 언어 발달은 더욱 증진될 것이다. 또한 누군가와 소통하고 싶다는 동기가 생기고 대화가 즐겁고 행복할수록 영아는 언어를 통해 소통하고자 하는 의지를 키워 갈 것이다(태진미 외, 2020).

(5) 사회성, 정서 발달과 부모 역할

이 시기의 영아는 양육자로부터 민감하고 적절한 보호를 통해 세상이 안전하다는 믿음인 신뢰감을 형성하게 되고, 신체적으로 성숙함에 따라 스스로 주변 환경을 탐색하는 과정에서 주위로부터 지지를 받으면 자율성을 획득하게 된다. 이때 부모와 상호작용의 질은 강한 정서적 유대인 애착을 형성하는 원천이 된다. 이 시기 영아의 사회, 정서적 발달은 자기와 타인을 이해하는 인간관계의 기초가 된다.

아기가 보내는 생득적 메시지로서 웃음, 울기, 빨기, 매달리기 등에 대해 부모가 온정적으로 일관된 반응을 함으로써 안정애착을 형성하게 된다. 애착이 부모와 자녀관계의 기본 특성이라는 보울비(Bowlby, 1969)의 견해를 바탕으로 낯선 상황 실험을 통해 애착 유형을 구분한 에인스워스(Ainsworth, 1979)는, 애착 대상과의 분리와 재결합 상황에 나타난 영아의 반응에 따라 애착 유형을 구분하였다. 그의 연구에 따르면, 낯선 상황에서 어머니와 함께 있을 때 잘 놀다가 분리되면 당황하던 영아에게 어머니가 돌아오면 금방 진정되고 평온해지는 안정애착, 어머니와 분리될 때 별로 고통스러워하지 않으며 다시 돌아와도 접촉하기를 피하는 불안정 회피애착, 어머니와 분리될 때 극심한 불안을 보이던 영아가 어머니가 돌아오면 밀쳐내는 행동을 보이는 불안정 저항애착, 회피와 저항이 복합된 반응을 보이는 불안정 혼돈애착으로 나타났다(김경희 외, 2014). 부모가 아이가 보내는 신호를 민감하게 알아채기 위해 주변 환경과 영아의 행동에 관심을 가지고 친밀하고 애정적인 태도로 일관되게 반응할 때 영아가 신뢰감을 가질 수 있다. 어머니와 애착이 잘된 아동은 어머니에게 도움을 요청하거나 질문을 하는 경우가 많았다(신혜원 외, 2005). 이에 반해 그렇지 못한 아동은 정서적 불안으로 외부세계를 탐색하고자 하는 욕구가 낮은 것으로 관찰되었다는 점에서 안정애착이 형성된 아동은 주변 탐색을 위한 안전기지로 애착대상을 사용하며 위험 시에는 피난처로 사용한다는 점을 알 수 있다(조복희, 2014).

정서를 조절하려면 자신에 대한 인식과 함께 자신이 지금 경험하고 있는 정서가 무엇인지를 인식할 수 있어야 한다. 신경전달물질은 영유아가 가지게 되는 자아인식에 영향을 주는데, 긍정적인 경험을 많이 한 영유아의 뇌에서는 세로토닌, 엔도르핀, 도파민 등이 대량 생성됨으로써 긍정적인 자아인식뿐만 아니라 뇌의 인지적 활동의 효율성도 높여 준다. 또한 영아의 자기조절력이 주의통제의 발달과 밀접한 연관이 있다고 본 칼킨스와 리커스(Calkins & Leekers, 2013)는 생애 첫해에 걸친 주의 집중 능력의 질적 변화는 초기의 정서적 자기조절의 질적 변화에 영향을 미칠 수 있으며, 영아의 주의 발달에 대한 이해는 정서 조절의 기원을 이해하는 데 중요한 의미가 있다고 설명한다(Laura E. Berk, 2015). 자기조절력(self-regulation)의 발달은 전인적 성장과 인지, 정서, 사회성 등 모든 발달의 초석이 되어 이후 청소년기와 성인기까지 그 영향이 지속된다. 내외 자극에 의한 감각신경의 발달과 관련되며, 이 과정에서 부모, 주양육자 혹은 교사와 같은 성인의 민감한 반응 지원이 유아의 자기조절력 발달에 긍정적인 영향(Landry, Zucker, Taylor, Swank, Williams, Assel, et al., 2014)을 줄 수 있다는 것이다(양옥승 외, 2017).

(6) 아버지의 역할

유아기 자녀를 둔 아버지의 역할은 현대사회에 이르러서 매우 다양화되고 있다. 기혼여성의 사회 진출로 인하여 자녀를 둔 아버지의 양육 참여에 대한 요구가 증가하던 시대와 달리, 이제는 어머니 고유의 역할로만 여겨졌던 자녀 양육에 대한 이해가 변화되고 있다. 이러한 변화는 아버지의 부모 역할에 대한 범위를 확장하고 있으며, 특히 양육의 손길이 교육의 손길 못지않게 중요한 영유아기 자녀를 둔 아버지의 경우는 더욱 그 중요성이 강조되고 있다(양진희, 2018). 부부 중심의 생활에서 배우자의 임신과 출산을 통해 아버지가 되면서 부모로서의 역할 적응이 필요하다. 아버지도 자녀 양육의 주체임을 인식하고 자녀와 유대감을 형성하기 위해 일상에서 육아에 지속적으로 참여하는 것이 중요하다. 기저귀 갈기, 목욕 시키기, 우유 먹이기, 재우기, 놀아 주기 등의 과정에서 빈번하게 일어나는 신체접촉을 통해 아버지와 자녀는 친밀감과 유대감을 형성한다. 또한 배우자의 양육 부담을 덜게 되면서 부부가 서로 지지하고 응원하는 협력적 관계를 마련하게 된다.

통계청의 2015년 보고서에서는 가정 내 성 역할 태도에 대해 "아버지도 어머니와 같이 자녀를 돌볼 책임이 있다."는 인식이 남성과 여성 모두 '대체로 그렇다'로 높은 것으로 나타났다. 하지만 통계청의 보고서 안에서 부모들은 기관을 이용하지 않는 유아의 주 돌봄자로서 역할에 대해 어머니가 81.3%, 아버지는 1.5%가 인식하고 있는 것으로 나타났다(통계청, 2016. 10. 5.). 이는 아버지가 자녀 양육에 책임이 있다는 것은 인식하고 있지만 육아 과정에서 아버지의 돌봄 행동이 적극적으로 행해지지는 않는다는 점을 드러낸다. 우리 사회에서 육아가 오롯이 어머니의 몫으로 귀결되는 현상이 '독박 육아'라는 표현으로 회자되었고, 이는 육아를 어머니의 역할로 인식하는 기존 사회통념에 문제를 제기하고 육아 분담에 있어 아버지 역할의 필요성을 이끄는 계기가 되기도 하였다. 현실적으로 아버지가 육아를 분담할 수 있도록 직장 내 육아휴직에 대한 제도 및 인식 개선을 비롯하여 실질적인 정책과 사회적 인식 변화가 요청된다. 아버지의 자녀 돌봄이 활성화되기 위해서는 인식 전환의 속도만큼 아버지를 대상으로 하는 돌봄에 필요한 지식, 기술, 태도를 공유하는 프로그램이 활성화되고, 부모교육에 참여할 수 있는 기회를 확대하는 방법이 더 적극적으로 마련될 필요가 있다.

3. 유아기

유아기는 2세 이후부터 만 6세까지의 시기이다. 유아는 뇌와 신경계가 발달함에 따라 운동 능력과 인지 능력, 언어 발달, 사회정서 발달이 일어난다. 신체가 발달함에 따라 걷고, 뛰고, 달리고, 던지고, 타기를 통한 활발한 움직임을 통해 대근육이 발달하고, 옷을 입거나 지퍼를 잠그거나 색칠하기 등을 통해 소근육 운동 기술이 발달한다. 인지적으로 표상 능력이 발달하여 상징놀이를 할 수 있고, 주변 세계에 대한 호기심을 가지고 주도적으로 탐색하면서 많은 어휘를 습득하게 되고 의사소통 능력이 증진된다. 성에 대한 궁금증이 생기고, 동성 부모와의 동일시를 통해 성 역할을 학습하고 부모의 관심과 인정을 받기 위해 부모의 삶의 태도와 가치관을 내면화하는 시기이다. 유아기의 부모 역할은 자녀의 인격 형성에 결정적이며, 유아기 발달단계상 부모와의 관계를 바탕으로 자기개념 및 자아 존중감이 형성되는 중요한 시기이므로 이 시기 부모 역할의 중요성은 더 말할 나위 없다(신효미 외, 2015).

대부분의 부모가 유아기 부모 역할의 중요성을 인식하고 있으나 그 이전에 나타나지 않던 발달적 특징이 자녀에게 나타나면서 최적의 방법으로 유아와 상호작용을 하고 있는지 확신할 수 없어 양육행동에 대한 만족감이 낮아지기도 한다. 자녀 발달을 촉진하기 위해 애쓰는 부모 마음과는 별개로 활동성이 증가하는 유아기 자녀를 안전하게 돌보는 데 신체적 에너지가 많이 쓰여 육체적 피로감이 누적되기도 하고, 다양한 영역의 발달적 요구를 지원하는 양육기술이 부족함을 느끼기도 한다. 무한한 잠재성을 지닌 자녀가 신체적 · 심리적으로 건강하게 성장하여 행복한 삶을 살기를 염원하는 부모는 자녀에게 적절한 지원을 못 한다고 느낄 때 스트레스가 증가한다. 이러한 점에서 유아기 자녀를 둔 부모에게 육아 관련 지식, 기술을 제공하고 나아가 양육자로서 자기 행동의 의미를 이해하는 기회가 제공되어 심리적 만족감을 향상하는 것이 중요하다. 신효미 등(2011)에 따르면 자기 성찰은 대인관계의 기술을 향상시켜 주며, 개인의 주관적 안녕감이나 행복감 등 심리적인 만족감을 향상시킨다고 하였다. 자기 성찰이 높은 사람은 의미 있는 대상과 정서적 친밀감을 나눌 수 있기 때문에 부모의 자기 성찰은 심리적 건강성을 증진한다고 보았다.

더욱이 직장생활을 병행하는 엄마들의 경우에는 혼자서 모든 것을 떠맡는 것이 결코 쉬운 일이 아니다. 아이의 관점에서 볼 때는 엄마가 아무리 사랑을 많이 주고 안정감을 준다 하더라도 구체적인 양육행위가 없으면 부족함을 느끼게 된다. 즉, 유치원에 데려다주고 간식을 챙겨 주고 함께 놀아 주는 등의 행위를 필요로 한다(루안 브리젠딘, 2007). 아이에게 좀 더 많은 양육을 제공하기 위해 지역사회 자원을 활용하거나 이웃과 연대하여 양육을 분담하여 협력하고, 직장에서의 스케줄도 좀 더 유연하게 조절하는 방법을 고려할 수 있다.

이 시기의 유아는 운동기능이 발달하여 움직임이 활발해지고 호기심을 가지고 세상을 탐색하고자 하므로 아이가 안전하고 자유롭게 탐색할 수 있는 환경을 제공하는 보호자로서 부모의 역할이 중요하다. 부모는 유아가 배변, 수면, 식사, 기본생활습관 등을 익힐 수 있도록 지도하고, 활동의 범위가 넓어짐에 따라 자녀의 행동을 제한하거나 통제함으로써 허용되는 것과 허용되지 않는 것을 유아가 구분하도록 가르치는 훈육자로서의 역할을 수행한다. 또한 유아가 탐색 욕구를 충족할 수 있도록 주변 환경을 능동적이고 주도적으로 체험할 수 있게 함으로써 긍정적 자아개념을 형성하여 자율성과 주도성이 발달하도록 조력한다. 유아가 호기심을 해결하는 과정에 지적 자극을 통한 다양한 경험의 기회를 제공함으로 인지적, 사회적, 정서적 발달을 촉진하는 학습경험 제공자로서의 역할을 한다. 언어적 상호작용 기회를 증진시키는 언어 발달 촉진자로서의 역할도 요청된다.

1) 신체운동 발달과 부모 역할

유아기는 신체의 크기나 모습에서 변화가 일어나고 골격과 치아의 발달과 함께

뇌와 신경계의 성숙으로 운동 능력이 급속도로 발달한다. 유아기는 대근육뿐만 아니라 소근육 운동기술이 발달하는 시기이므로 일상생활에서 유아가 소근육을 발달시킬 수 있는 경험의 기회를 제공하여야 한다.

체중의 중심이 높아서 균형을 잡기 어려웠던 영아기를 지나면서 신체의 비율이 변화하고, 걷기와 달리기, 계단 오르내리기, 공 던지기와 잡기, 균형 잡기 등의 대근육 운동이 발달한다(안선희 외, 2017). 이 시기에 부모는 유아의 대근육 발달을 촉진할 수 있도록 규칙이 있는 공놀이, 장난감 차를 이용한 움직임, 적정량의 무게가 나가는 물건 들고 나르기, 줄넘기, 세발자전거 타기, 블레이드 타기 등의 활동 기회를 제공한다. 유아의 소근육 협응이 향상되기 위해 그림 그리기, 종이 자르기, 블록 쌓기, 구슬 꿰기, 단추 끼우기, 종이접기, 점토나 클레이 등의 다양한 재료를 이용한 모형 빚기, 글자 쓰기 등의 기회를 제공한다. 유아들에게 놀이활동은 신체 발달을 촉진하고 소꿉놀이, 세발자전거 타기 등의 놀이를 통해 새로운 기술을 연습할 수 있는 기회가 된다(조복희, 2014).

신체 발달은 유전적 요인에 영향을 받기도 하지만 환경적 요인으로부터 많은 영향을 받는다. 질병을 예방하고 적당한 수면과 휴식을 취하도록 일과를 조절하고 균형 잡힌 영양을 섭취할 수 있도록 한다. 유아가 어른의 생활 패턴으로 인해 취침 시간이 늦어지지 않도록 자녀가 잠드는 시간대에 실내의 조도를 낮추고 조용한 환경을 조성하는 한편, TV 시청, 게임 하기, 만화 보기 등으로 늦게 잠들지 않도록 지도한다.

유아기에 영양 섭취는 신체 발육과 두뇌의 세포 성장을 이끌고 이후의 성장에도 영향을 미친다. 가정에서 서구화된 식생활과 간편식 소비가 늘어나면서 과도한 열량 섭취와 지속적인 영양 불균형에 노출된 유아에게 소아성인병이 나타나기도 한다. 부모는 규칙적이고 균형 잡힌 식사 환경을 제공하여 영양실조나 비만 그리고 편식을 줄이고 유아가 건강한 식습관을 형성하도록 지도한다. 하지만 식사에 대해 부모가 너무 지나치게 통제하면 아동이 자기조절을 발달시킬 기회를 빼앗는 결과를 초래하게 되기도 한다. 실험에서 부모가 "네가 야채를 다 먹으면 쿠키를 더

줄게."라고 하면 아동은 건강에 좋은 음식인 야채를 덜 좋아하고 보상으로 제시한 쿠키를 더 좋아하는 경향이 있다고 보고한다(Laura E. Berk, 2015). 이와 같은 연구에서 추론할 수 있듯이 균형 잡힌 영양을 섭취하기 위해 부모가 유아의 식생활을 지나치게 통제한다면 외적 통제가 없거나 보상이 주어지지 않을 때 오히려 건강하지 않은 식생활을 하게 될 소지가 있다. 이러한 점을 염두에 두어 식사 시간에 필요한 영양소를 골고루 섭취하는 것뿐만 아니라 유아에게는 기다려지는 시간이 되도록 부모는 다양한 레시피를 활용하고 유아가 식사 준비에 참여하도록 배려함으로써 즐거운 식사가 되도록 한다. 또한 특정한 음식에 대한 거부와 저항을 줄이기 위해 아이들의 호기심을 이끌어 낼 수 있는 음식 관련 이야기나 동요, 동영상 시청을 통해 자녀가 즐겁게 식사하도록 돕는다. 아이가 억압이나 통제의 방법보다 자율적으로 식습관을 형성하도록 식생활 지도를 하는 것이 필요하다.

2) 인지 발달과 부모 역할

유아기는 지적 능력이 발달하는 시기이므로 유아의 호기심을 충족할 수 있는 경험의 기회를 증진하고 학습이 일어날 수 있는 촉진적 환경을 조성하는 것이 필요하다. 피아제(Piaget)의 인지 발달 이론에 따르면 유아는 경험세계에서 만나는 대상에 대한 동화와 조절을 통해 평형화를 이루면서 도식이 발달한다고 보았다. 유아는 내적으로 일어나는 지적 갈등을 통해 지식을 구성해 나간다고 보았기 때문에 부모가 환경과의 자발적인 상호작용이 일어날 수 있도록 다양한 활동 경험을 제공해 주는 것이 중요하다.

전조작적 사고의 특성인 자기중심적 사고, 보존개념의 결여와 분류개념이 부족한 직관적 사고, 상징적 사고, 물활론적 사고를 하는 유아는 사물이나 상황을 이해하는 방식이 어른과 다르다는 점을 부모가 인식하여야 한다. 유아가 어른과 다른 방식으로 사고하는 것을 '미숙하다'는 의미로 받아들이게 될 때 현재 유아가 하는 생각은 어른과 같은 방식으로 바뀌어야 할 불완전한 생각으로 규정될 수 있다. 이러한 관점에서는 유아의 생각이나 의견이 하찮거나 가치없는 것, 하루빨리 성숙해야 하는 온전하지 못한 것으로 인식될 소지가 있다. 이는 유아의 내적 준비도를 고려하지 않은 채 지적 발달을 불필요하게 가속화시키는 결과로 이어지기도 한다. 부모는 유아가 세상을 이해하는 방식을 이 시기의 고유한 발달적 특성으로 이해하고 존중하여 유아의 지적 발달이 자유롭게 일어날 수 있는 환경을 조성한다.

유아의 인지적 발달을 촉진하는 부모는 아이의 내적 발달을 존중함과 동시에 아직 발휘되지는 않았으나 노력하면 도달할 수 있는 범위를 설정하고 기회를 제공하는 것도 중요하다. 비고츠키(Vygotsky)는 사회문화적 맥락에서 영유아가 자신의 지식을 구성한다는 점을 강조하고, 언어 발달이 사고 발달에 중대한 영향을 미친다고 보았다. 유아가 현재 혼자 할 수는 없으나 또래나 성인의 도움으로 할 수 있게 되는 잠재적 발달 수준인 근접 발달 영역을 제시하고, 유아의 효과적인 발달을 위해 부모가 비계를 설정하는 것이 중요하다. 처음에 유아는 주위의 도움을 받아 문제를 해결하다가 혼자 할 수 있게 될 때 비계는 더 이상 필요하지 않게 된다. 부모는 세심한 관찰을 통해 자녀의 잠재적 발달 영역을 측정하고 적절한 자극을 제공하여 유아가 사회문화적 맥락 안에서 스스로 할 수 있는 환경을 조성한다.

아이들이 세상을 탐색하는 방법은 놀이를 통해서이다. 놀이는 주변 환경, 사물, 사람에 대한 정보를 얻는 탐구의 기능이 있다. 구체적 사물을 가지고 놀면서 물리적 특성을 이해하고 탐색활동을 통해 학습한다(조복희, 2014). 발달 이론의 관점에서 놀이는 아동 자신의 인지구조 속에 현실세계를 동화시키는 역할을 한다. 피아제(Piaget)에 의하면 놀이를 통해 대상이나 사건 등의 개념 형성을 하게 되는데 이것은 사고 발달이 필수 요건이 된다. 전조작기에 획득되는 상징, 상상, 자아 중심 개념 등은 놀이활동을 통해 정교화되고 사회적으로 용납되는 사고로 발달한다는 것이다. 그는 상징놀이의 중요성을 강조하였고 게임을 통해 사회 구조를 이해하게 된다고 보았다(조복희, 2014). 유아기에는 다양한 상황에 대해서 대화 등과 같은 언어적 상호작용을 통해 자신의 감정을 표현하고 타인의 입장을 고려해 보는 등의 경험을 제공할 수 있으며, 놀이를 할 때에 단순히 놀이하기보다 어떤 놀이를 어떻게 할 것인지 계획해 보고, 자신의 계획대로 놀이가 잘 이루어지는지 평가해 보는 것도 좋은 경험이 된다(양옥승, 2017).

3) 언어 발달과 부모 역할

유아는 가정에서 부모를 시작으로 자기와 가까운 사람과 상호작용을 통해 언어를 몸에 익혀 가므로 가정에서의 언어 환경이 무엇보다 중요하다. 가정에서 책을 읽어 주는 것을 포함하여 옷을 갈아입거나 산책할 때, 낮잠 잘 때, 식사할 때 등의 시간에 유아와 눈을 맞추고 말을 거는 것, 이야기를 나누며 소리 내어 웃는 것 등이 유아의 언어 환경을 풍부하게 만들어 주는 것이다(윤혜경, 2014). 유아기는 신체적 방법보다 언어를 사용한 자녀 양육의 방법이 중요해지는 시기이다. 말을 배워 감정을 표현하게 되면서 고집을 부리기도 하고 짜증을 내기도 하고 질문이 많아지므로 부모는 적절한 행동, 가치, 태도를 가르치기 위해 자녀와 더욱 활발하게 상호작용을 하게 된다(김정원 외, 2016).

유아는 의사소통, 즉 상호작용의 능력을 점진적으로 습득하게 되는데, 소통은 혼자 말을 하는 것이 아닌 상대의 말을 듣고 언어적, 비언어적으로 대화를 이어 가는 방식이다. 따라서 영유아기에 언어 능력이 잘 발달하기 위해서는 누군가와 소통하려는 동기와 경험의 모델링이 잘 이루어질 수 있는 양육 환경을 조성하는 것이 중요하다(태진미 외, 2020). 유아가 주변 대상이나 상황에 대해 궁금한 점을 질문할 때 부모는 질문에 대한 답을 알려 주는 것도 중요하지만 유아의 질문을 반영하여 부모의 언어로 다시 들려 주어 상황에 맞는 언어를 사용할 수 있도록 돕는다.

4) 사회성, 정서 발달과 부모 역할

유아기는 신체적, 인지적, 사회적 발달이 활발하게 이루어지는 시기이므로 유아가 사회생활에 필요한 지식과 기술, 태도, 가치 등을 습득할 수 있도록 충분한 학습 경험이 제공되어야 하는데, 유아는 또래관계를 통해 놀면서 사회적 기술을 습득한다(김승희, 2020). 놀이는 즐겁게 에너지를 방출하는 수단이며, 언어의 사용이 자유롭지 못한 시기에 감정을 표출하는 적당한 방법이다. 놀이를 하면서 유아는 사회를 이해하고 성인생활을 위한 학습을 하게 된다. 친구들과 놀이를 하면서 친구의 생각이나 정서를 이해하고 협동이나 순서 지키기 등의 사회인으로서의 역할을 이해하는 기회가 된다(조복희, 2014).

공감의 모방적 특성이 유아기에서 출발한다고 본 프로이트에 의하면, 미각, 후각 등의 감각기관을 통해 엄마와 자녀 간에 형성되는 유대는 심리적인 탯줄을 제공하고 이 탯줄을 통해 엄마의 심리적인 상태가 자녀에게 전달되어 자녀의 유아기 시절의 심리 상태를 구성하게 된다. 그 결과 형성된 유아의 심리 상태는 어머니의 정서와 일치하는 공감현상을 불러일으키는데 이러한 현상을 정서감염(emotional contagion)이라고 한다. 인지 능력이 발달하지 않은 영유아가 애매하거나 잘못 지각된 상태에서 단순히 전염적으로 일어나는 정서 반응이 정서감염이기 때문에 공감 능력의 원형 또는 원시적 반응이라고 한다(곽윤정 외, 2013). 평소에 자기 감정을 공감받지 못하고 성장한 아이는 부정적인 자아상을 지니기 쉽고 감정을 조절하는 능력이 부족하다는 점에서 부모가 자녀에게 공감하는 것은 일찍 시작할수록 좋다(곽윤정 외, 2013). 부모가 자녀를 공감하기 위해서는 자녀가 자기 마음을 솔직하게 표현할 수 있어야 하는데 이때 부모의 수용적 태도는 중요하다. 부모의 감정과 부모가 처한 상황에 따라 자녀 행동에 대한 수용 수준이 다를 수 있는데, 수용 수준이 높을수록 유아의 말을 경청하고 아이의 감정을 읽을 수 있다. 유아가 속상한 감정이나 화를 낼 때 아이의 화난 감정을 부모가 제대로 수용해 주지 않으면 자녀는 부모가 자기 마음을 모른다고 생각하게 되고 감정을 솔직하게 표현하지 않게 된다. 부모는 유아의 행동 이면에 있는 감정을 읽어 줌으로써 감정을 적절하게 표현하고 조절하는 방법을 가르칠 수 있다. 예를 들면, 유아에게 정서 조절의 모델로서 불쾌한 상황이나 사건이 발생했을 때 짜증을 내고 화내는 대신, 긍정적인 방법으로 정서를 조절하는 모습을 보여 줄 필요가 있다(양옥승, 2017).

5) 자기 성찰과 부모 역할

부모의 자기 성찰 능력은 자신의 양육 경험을 이해하도록 하는 개인 내적인 능력과 더불어 개인 간의 관계에서 정서를 조절하는 데 핵심적인 역할을 한다(Fonagy et al., 2002). 부모가 자기 성찰을 통해 자신을 인지하는 것은 스스로 감정을 조절 및 통제하도록 도울 뿐만 아니라, 유아도 자신의 감정을 조절하는 것을 배우게 된다고 하였다(Fonagy et al., 2002; Slade, 2006). 이근애와 전효정(2019)에 의하면 양육 스트레스는 부모가 인지하는 것만으로도 자녀에 대한 양육행동에 영향을 미치며 이는 아동의 건강한 발달에 부정적인 영향을 미치게 된다. 어머니의 양육 스트레스에 영향을 미치는 다양한 요인 중 어머니의 개인적 특성을 중요하게 고려할 필요가 있으므로, 어머니의 정신적 적응과 관련한 공허함, 그리고 자신에 대한 인식과 관련한 진정성 등과 같은 변인 등이 모두 어머니의 양육 스트레스에 영향을 미친다고 보고하였다.

부모-자녀관계는 말 그대로 부모와 자녀 두 존재의 상호작용으로 이루어지는데, 우리나라에서 자녀를 양육하는 대부분의 엄마는 자신에 대한 이해는 철저히 배제한 채 자녀에 대한 정보 파악에 힘을 다하고 있는 실정이다. 이와 같은 현실에서는 부모가 아무리 좋은 양육기술들을 배워도 지속적으로 적용하기 어렵다. 아이의 행복이 엄마의 행복을 결정짓는 것이 아니라 엄마가 먼저 행복해져야 아이 역시 행복해진다는 것을 부모가 알 필요가 있다(EBS 〈마더쇼크〉 제작팀, 2011).

슬레이드(Slade, 2006)의 연구에서는 높은 수준의 성찰적 기능을 갖춘 어머니는 자녀를 독립적인 개체로 바라보고 어머니 자신의 사고, 감정, 의도, 욕구를 자녀의 것과 분리해서 지각할 수 있으며, 자녀의 욕구를 민감하게 인식 및 공감함으로써 긍정적 양육행동을 향상시키고 부정적인 양육행동을 감소시킨다고 하였다. 또한 자녀의 인지 발달 및 행동 조율 기능을 향상시킨다고 하였다. 유아기 자녀를 둔 부모는 자녀에 관한 정보와 지식을 갖추는 것도 필요하지만, 부모이기 이전에

한 인간으로서 자기 존재를 성찰하고 이해하여 부모로서의 정체감을 형성해 나가야 하는 시기이다.

4. 아동기

학령기는 초등학교에 다니는 시기로, 지금까지 주된 생활의 중심이었던 가정에서 벗어나 학교라는 집단생활로 변화를 맞게 된다. 이는 부모-자녀관계에 있어서도 이전과는 다르게 상호작용을 해야 함을 시사한다. 하지만 현대사회를 살아가는 핵가족 구조의 부모들은 아동의 발달단계에 따른 적절한 부모 역할의 변화에 대해 제대로 인식하지 못하는 경우가 많고, 이에 적절한 부모 역할에 대해 알고자 하여 부모교육을 받고자 하는 욕구 또한 높은 것이 현실이다(이사라 외, 2008).

또한 4차 산업혁명 시대로 진입함에 따라 과학기술 생태계뿐만 아니라 일상생활 전반에서 이전에 겪어 보지 못했던 변화가 일어나고 있다. 인공지능과 가상 현실이 일상화된 세상에서 디지털 네이티브(Digital native) 세대인 아이들을 지도하고 소통하기 위해서는 부모 역할 역시 새로운 관점에서 검토될 필요가 있다.

아동기 신체 발달은 영유아기에 비해 완만한 속도로 이루어지고 소근육이 정교하게 발달하며 균형감, 유연성, 정교성, 민첩성, 협응 능력 등이 발달하여 운동 능력이 증진된다. 주로 실내에서 디지털 매체를 통해 생활하는 시간이 긴 현대의 아동에게는 균형 잡힌 영양 섭취와 적절한 운동을 통해 건강을 유지하는 습관을 기르도록 지도한다. 또한 주도적 활동이 증가하는 시기이므로 안전사고를 예방하는 자조 능력을 길러 주어야 한다. 인지적 측면에서 아동은 가역적 사고가 가능해짐에 따라 보존 개념이 획득되고 사물이나 대상의 속성에 따라 범주화하는 능력이 발달한다. 정확한 문법을 배워 나가고 의사소통이 점점 더 원활해지며 타인조망수용 능력이 발달되어 또래관계나 학업성취 정도, 주변의 수용 정도에 따라 자아 개념이 영향을 받는 시기이다. 제2차 성징을 통한 신체적 변화와 심리적 변화를 겪기 시작하는 시기로 사회적 관점을 반영하여 성 역할 고정관념이 확장되기도 한다.

이 시기의 부모는 아이의 심리적 변화를 민감하게 관찰하여 정서적 유대와 안정감을 제공하고 소통을 위한 방식을 재점검해야 한다. 훈육자로서의 역할을 유지하면서 아동이 주도적으로 과제를 수행하고 세계를 탐색하는 환경을 갖추는 방안을 부모 스스로 모색할 필요가 있다. 정확한 정보에 기초하여 아동의 성장에 필요한 자료와 정보를 제공하고, 아이의 활동 과정을 격려하고 응원하는 태도를 실천하기 위해 부모가 노력해야 하는 시기이다. 아동기 자녀는 부모로부터 존중받는 경험을 통해 자신과 타인을 존중하는 태도를 내면화하게 된다. 자녀가 인간답게 성장하는 태도를 기르도록 조력하는 부모가 되기 위해 부모 의식의 성장이 요청된다.

토론하기

〈1〉 건강한 태아 발달을 위해 임산부를 지원할 수 있는 방안이 무엇인지 태내 환경에 영향을 미치는 요인에 근거하여 토론해 보자.

〈2〉 영아기 부모 역할을 수행하는 데 있어 예상되는 어려움을 제시하고 이를 해결하기 위한 방안에 대해 토론해 보자.

〈3〉 유아기 자녀를 둔 부모의 역할 가운데 강조되어야 할 점이 무엇인지 유아기 발달 특성에 근거하여 토론해 보자.

〈4〉 자녀가 성장함에 따라 부모 역할이 변화하지 않는다면 부모-자녀관계에서 어떤 문제나 갈등이 발생할 수 있는지 구체적 사례를 제시하여 토론해 보자.

CHAPTER 03

부모교육 이론

학습목표

1. 부모교육 이론의 종류와 각 이론의 기저 이론을 이해하고 설명할 수 있다.
2. 부모교육 이론의 특징과 부모교육의 목적, 교육의 내용을 각각 이해하고 설명할 수 있다.
3. 각 부모교육 이론의 차이점을 설명할 수 있다.

1. 민주적 부모교육 이론

민주적 부모교육 이론은 드라이커스(Dreikurs, 1964)가 자신의 스승이었던 아들러(Adler)의 개인심리학을 기반으로 정립한 부모교육 이론이다. 드라이커스는 1939년 부모상담센터를 설치하여 자신의 부모교육 이론을 현장에 적용함으로써 자신의 이론을 널리 보급하였으며 더욱 발전시켰다.

1) 부모-자녀의 관계

민주적 부모교육 이론에서는 인간으로서 부모와 자녀는 동등한 위치에 있다는 것을 기본 가정으로 한다. 이를 바탕으로 한 부모-자녀에 대한 견해는 다음과 같다.

첫째, 모든 인간의 행동은 목적이나 원인에 기인한 것으로 자녀의 행동 또한 사회적인 배경에서 이해할 필요가 있다.

둘째, 인간은 출생에서부터 사회적 집단에 속하려는 기본 욕구를 가지고 태어나며, 이러한 욕구를 충족시키기 위해 노력한다.

셋째, 자녀의 행동을 이해하기 위해서 부모는 자녀가 경험한 사건에 대해 스스로 설명하게 하고 경청해야 한다.

넷째, 부모와 자녀는 인간으로서 동등한 관계임을 인식하고 서로 존중해야 한다.

다섯째, 부모는 자녀를 이해하고 격려하며 자녀의 동기를 유발시켜 스스로 행동할 수 있도록 해야 한다.

여섯째, 부모는 자녀에게 자유를 주되 자유에 뒤따르는 책임도 질 수 있도록 해야 한다.

2) 부모교육의 목적

민주적 부모교육 이론에서는, 자녀는 가정에서 사고, 행동, 가치관, 습관, 책임감과 자율성을 기르고 행동양식을 처음으로 학습하게 되므로 부모는 자녀교육에 대한 지식을 알고 이를 바탕으로 자녀를 지도해야 함을 강조하고 있다. 따라서 부모교육의 목적은 부모와 자녀가 평등하다는 원칙을 기반으로 부모가 민주적 양육태도를 가지며 바람직한 상호작용의 지식을 알고 이를 실천하도록 돕는 데 있다. 이러한 바람직한 상호작용은 궁극적으로 자녀를 자율적이고 책임감 있는 인간으로 성장시킨다.

3) 부모교육의 내용

드라이커스는 자녀들은 가정에서 자신의 소속감을 확인하기 위하여 자신의 심리적 목표를 정하고 행동하기 때문에 부모는 자녀의 심리적 목표가 무엇인지 파악하고 이에 적절한 상호작용 및 행동 통제 전략을 사용하여야 함을 강조하였다. 따라서 부모교육의 주된 내용은 잘못된 행동 목표의 유형과 이에 따른 적절한 대처방법이다.

(1) 잘못된 행동 목표

① 관심 끌기

심리적으로 자신이 가정에 소속되지 못하고 있다고 느끼는 유아는 다른 사람의 관심을 끌어서 자신의 소속감을 확실하게 하고자 한다. 이때 유아는 바람직한 방법으로 관심을 끌지 못할 경우 바람직하지 않은 방법으로라도 관심을 끌고자 시도한다. 예를 들면, 이전에는 그러지 않던 아이가 갑자기 우는 소리를 내며 짜증을 부리는 경우가 그것이다. 아이가 이러한 행동을 보이면 부모는 잘못된 행동은 최대한 무시하고 자녀가 적절한 행동을 보일 때 관심을 보여 줌으로써 행동을 교정할 수 있다.

② 힘 행사하기(반항하기)

유아가 자신이 하고자 하는 것이나 할 수 있는 것을 부모가 하지 못하게 한다고 생각할 때 자신이 하려던 행동을 끝까지 하거나 부모에게 반항함으로써 가정에서 확고한 위치를 차지하고자 시도하는 것을 말한다. 예를 들면, 외출 준비를 위해 옷을 입으라는 부모의 지시에 '싫어'라고 하며 장난감을 가지고 노는 것이 그 예이다. 자녀가 이러한 행동을 보일 때 부모는 절대로 화를 내거나 흥분하지 않아야 하며, 자녀에게 부드럽게 도움을 요청함으로써 힘을 쓰는 올바른 방법에 대해 알려 주어야 한다.

③ 보복

유아가 자신이 받은 심리적 상처만큼 다른 사람도 심리적 상처를 받아야 한다고 생각하여 못되거나 밉게 행동함으로써 자신의 위치를 확고히 하고자 시도하는 것이다. 보복 행동은 절도, 폭력, 잔인한 행동, 다른 사람을 괴롭히는 등의 심술궂은 행동으로 나타난다. 어머니께 혼난 아이가 물건을 던지거나 동생에게 화풀이를 하는 행동이 그 예라 할 수 있다. 이때 부모는 체벌이나 강압적인 분위기의 조성으로 자녀의 반항심이나 죄의식을 불러일으키지 않도록 노력해야 한다. 대신 자녀에게 격려와 신뢰관계 속에서 사랑을 표현함으로써 자녀가 사랑받고 있다는 확신을 가질 수 있도록 해야 한다.

④ 부적절함 보이기(무능함 보이기)

위의 세 가지 행동 목표(관심 끌기, 힘 행사하기, 보복)가 효과를 거두지 못했을 경우 나타나는 심리적 행동 목표로 유아가 자신에 대해 실망하고 쉽게 포기하며 사회적 상호관계나 책임을 피하는 등의 부적절한 행동이 나타나는 것을 말한다.

아무것도 하지 않으려 하고 실망, 포기, 퇴행 등의 행동을 보이게 된다. 자녀가 이러한 행동을 보이면 부모는 자녀를 동정하거나 포기해서는 안 되며 작은 일에도 자녀에게 관심을 보여 주고 격려하여야 한다.

(2) 행동 교정 지도 전략

① 인식반응 유도하기

인식반응이란 자녀가 부모와의 대화 과정에서 자신의 행동 목표가 잘못되었음을 인지하고 눈 깜박임, 어색한 미소 등의 반응을 나타내는 것을 말한다. 자녀가 잘못된 행동 목표를 설정하고 행동할 경우 부모는 비난하거나 흥분하지 말고 대화를 통해 자녀 자신이 선택한 목표가 잘못되었음을 스스로 느끼도록 유도해야 한다.

② 자연적 귀결과 논리적 귀결

자연적 귀결은 늦잠을 자면 아침 식사를 하지 못하는 것과 같이 자신의 행동에 따른 결과의 상황을 자연적으로 경험하는 것이다. 부모는 자녀가 일상생활에서 자신이 한 행동의 결과로 일어나는 상황을 자연적으로 깨달을 수 있도록 자연적 귀결의 상황에 개입하지 않아야 한다. 예를 들어, 자녀가 늦게 일어나서 학교에 지각하게 된 경우 자녀를 학교에 데려다줄 것이 아니라 그냥 학교에 늦도록 개입을 하지 않아 부정적인 경험을 하도록 두어야 한다.

논리적 귀결은 자녀 행동의 결과를 부모-자녀 상호 합의를 기반으로 정하는 것이다. 즉, 자녀의 잘못된 행동에 대한 대가를 부모와 자녀가 대화를 통해 결정하는 것이다. 이러한 규칙은 민주적인 원칙 속에서 서로 동등한 위치에서 대화를 통해 정해져야 하고, 모든 가족 구성원이 합의하여야 하며 모두에게 동일하게 적용되고 지켜져야 한다. 또한 논리적 귀결을 정할 때는 단순한 처벌이 되지 않도록 잘못된 행동과 결과가 논리적으로 관계가 있어야 한다. 예를 들어, 자녀가 어머니의 화장품으로 화장대에 낙서를 한 경우, 자녀가 낙서를 깨끗이 지우고 다시 정리해 두어야 하는 것은 논리적 귀결이지만 벌을 서거나 텔레비전을 보지 못하는 것은 논리적 귀결이 아닌 처벌이다.

③ 격려

부모는 상황이나 결과와는 상관없이 자녀의 긍정적인 측면, 성취 등에 초점을 맞춰 격려해야 한다. 격려는 자녀에 대한 무조건적인 수용과 믿음을 의미하며, 긍정적인 언어로 제공해야 한다. 또한 외부적인 기준을 충족시켰을 때 제공되는 것이 아닌 자녀의 노력과 성취를 위한 과정에 대한 격려를 해야 한다.

2. 인본주의 부모교육 이론

인본주의 부모교육 이론은 매슬로우(Maslow), 로저스(Rosers), 액슬린(Axline)의 인본주의 심리학에 근거하여 기노트(Ginott, 1965)가 정립한 부모교육 이론으로, 그는 자녀의 문제행동은 부모가 자녀 양육에 대한 지식이나 경험이 부족하여 자녀를 바르게 양육하는 방법을 모르기 때문이라고 주장하였다. 또한 가정의 분위기를 좌우하는 것은 부모이기에 부모는 너그러운 언어로 자녀와 긍정적인 상호작용을 하여 부모와 자녀 사이의 관계를 개선할 것을 제안하였다.

1) 부모-자녀의 관계

인본주의 부모교육 이론에서 유아는 자기 자신을 이해하고 자신의 행동을 통제하고 조절함으로써 바른 성장을 향해 나아갈 수 있는 힘을 가지고 있는 것으로 기대된다. 따라서 부모가 자녀의 단점을 포함한 자녀의 모든 특성을 받아들이고 진실한 태도로 자녀를 대하며 자녀의 감정과 생각을 그대로 수용할 때 유아가 건강하게 성장한다고 주장한다. 하지만 자녀의 감정에 대해서는 무조건적인 수용이 필수적이지만 용납할 수 없는 자녀의 행동에 대해서는 엄격해야 함을 강조한다. 또한 부모 자신은 자녀 중심적 사고를 기반으로 자녀의 생각과 감정을 주고받도록 노력하고, 문제가 발생했을 경우 그 문제에 감정적으로 반응하지 않고 객관적으로 문제를 처리할 수 있는 습관을 갖도록 노력해야 하며 이러한 습관을 통해 부모-자녀의 관계가 원만해진다고 주장하였다.

2) 부모교육의 목적

부모의 자녀 양육방식에서의 문제점이 유아 행동 문제의 원인이 되므로, 부모교육의 목적은 부모로 하여금 자녀 양육방법과 자녀와의 효과적인 대화의 기술을 습득하도록 하는 것이다. 따라서 부모교육을 통해서 부모는 자녀의 존재에 대해 독립된 인격체로 자녀의 존재 그대로를 수용하는 것을 연습하고, 긍정적인 부모-자녀관계를 형성하는 밑거름인 효과적인 의사소통 기술을 배우도록 한다.

3) 부모교육의 내용

인본주의 부모교육 이론의 주된 내용은 자녀와의 관계를 공고히 할 수 있는 효과적인 의사소통 원리와, 부모가 수용할 수 없는 자녀의 행동에 대한 한계를 설정해 줄 수 있는 행동지도 원리라 할 수 있다.

(1) 의사소통 전략

의사소통에서 가장 기본은 부모가 자녀에 대한 존중과 이에 바탕을 둔 기술을 사용하는 것이다. 부모는 의사소통 과정에서 위협, 뇌물 주기, 빈정댐과 같은 잘못된 행동은 하지 않도록 해야 하며, 부모 자신의 긍정적 감정과 부정적 감정 모두를 자녀에게 솔직하게 표현해야 한다. 기노트(Ginott)는 자녀와의 대화에서 다음의 사항을 지킬 것을 제안하였다.

첫째, 자녀의 말과 행동에 숨겨진 감정을 이해하고 노력해야 한다.

둘째, 자녀를 하나의 인격체로 인정하고, 아이를 양육하는 기술을 습득하여 자녀에게 비난, 비판, 설교는 삼가야 한다.

셋째, 자녀의 행동에 대한 비난이나 비판을 하기보다는 문제 상황에서 자녀의 감정을 이해하고 극복하도록 도와주어야 한다.

넷째, 대화에서 중요한 것은 이해와 감정이입으로, 자녀가 느끼고 있는 감정뿐만 아니라 그 감정이 뜻하는 내용까지도 이해한다는 것을 보여 주어야 한다.

다섯째, 자녀가 상반된 감정(긍정적 감정과 부정적 감정)을 동시에 보일 수 있음을 이해하고, 혼란스러운 감정을 보일 때 이해와 있는 그대로 수용해 주어 자녀가 불안이나 죄의식을 갖지 않도록 도와주어야 한다.

여섯째, 부모는 자녀의 감정을 비추어 주는 거울의 역할에 충실하여 자녀의 감정을 있는 그대로 보여 줌으로써 아이가 자신의 감정을 이해할 수 있도록 도와주어야 한다.

(2) 행동지도 원리

자녀의 행동을 지도할 때 부모는 자신의 감정 상태를 잘 알고 이를 인정해야 하며, 분노의 느낌 또한 솔직하게 표현해야 한다. 자녀의 행동을 지도할 때 부모의 바람직한 태도는 다음과 같다.

첫째, 문제가 일어났을 때, 부모는 자녀에게 비난, 훈계, 설교를 하지 않고 자신의 감정과 생각을 솔직하게 전달하고 자녀의 감정이나 요구를 이해하려고 노력해야 한다. 또한 해결책에 대해 함께 이야기 나눔으로써 자녀를 도와야 한다.

둘째, 아무리 화가 나더라도 자녀에게 심리적 상처를 줄 수 있는 '바보, 멍청이,

게으름뱅이' 등 자녀를 비하하는 표현은 절대 하지 않아야 한다.

셋째, 자녀 자신의 삶에 미치는 일들에 대해서는 발언권과 선택권을 주어 자립심과 책임감을 느낄 수 있도록 한다.

넷째, 올바른 칭찬은 인격에 대한 칭찬이 아닌 구체적인 행동에 대한 것이어야 한다. 또한 올바른 칭찬을 하되 칭찬이 남용되어서는 안 된다.

다섯째, 심리적 손상을 줄 수 있는 체벌은 절대 하지 않아야 한다.

여섯째, 용납할 수 없는 자녀의 행동은 명확한 한계를 정해 주고 제한해야 한다. 행동의 한계를 설정하는 방법은 다음과 같다.

① 부모는 자녀가 원하는 것을 있는 그대로 인정하고 간단하게 반복해서 말해 준다.
② 용납되지 않는 행동에 대한 한계를 명확한 언어로 표현해 준다.
③ 자녀가 원하는 것의 일부라도 얻을 수 있는 방법을 제시한다.
④ 행동에 제약을 받은 자녀의 분노를 비롯한 부정적인 감정을 표현하도록 도와주고 공감해 준다.

3. 부모 효율성 훈련 이론

고든(Gordon, 1975)은 유아들의 정서적 문제는 정신의학적 문제로 다루어질 성질의 것이 아니며, 부모와 자녀 사이의 인간관계의 문제로 보았다. 따라서 부모들이 자녀와의 관계를 형성하는 데 필요한 기술과 방법을 습득하면 부모와 자녀 사이의 관계를 개선할 수 있다고 주장하였다. 이를 바탕으로 그는 부모들을 위한 부모 효율성 훈련 프로그램(Parenta Effectiveness Training Program: PET)을 개발하였다.

1) 부모-자녀의 관계

부모 효율성 훈련 이론에서 부모-자녀의 관계는 사랑과 존중을 바탕으로 하는 따뜻한 관계임을 기본 가정으로 한다. 이러한 관계에 문제가 발생하는 것은 상호간에 효과적인 의사소통이 이루어지지 못했기 때문으로, 체벌이나 비난 등으로는 문제를 해결할 수 없으며 문제를 해결하는 적절한 방안은 의사소통이라고 주장하였다. 따라서 부모는 자녀가 문제에 부딪쳤을 때는 상담자의 역할을 해야 하며, 부모 자신에게 문제가 있거나 자녀와 갈등이 생겼을 경우 효과적인 의사소통 방법으로 자녀에게 표현하고 대화를 나누어야 한다.

2) 부모교육의 목적

부모 효율성 훈련 이론의 목적은 부모들에게 자녀를 양육하는 데 필요한 기술을 가르치는 것이다. 부모로 하여금 자신이 자녀의 모든 행동을 수용할 수 없음을 인식하도록 하고, 자녀의 행동의 의미를 파악할 수 있는 능력과 부모 자신의 감정을 바르게 표현하는 구체적인 대화기술을 습득하도록 하는 것이다.

3) 부모교육의 내용

부모 효율성 훈련 이론에서 강조되는 부모교육의 주요 내용은 수용성 수준 확인, 문제 소유자 확인, 효율적인 대화 기법이다.

(1) 수용성 수준 확인

수용성 수준이란 자녀의 행동에 대해 부모가 수용할 수 있는 정도를 의미하며, 부모에 따라 이러한 수용성 수준은 서로 다르다. 자신의 자녀가 공공장소에서 소란스럽게 할 때 어떤 부모는 문제행동이라고 인식하지 않는 반면, 어떤 부모는 심각한 문제행동으로 인식할 수 있다. 이러한 부모의 수용성 수준은 자녀와의 상호작용의 방식과 질에 직접적인 영향을 미치므로 부모는 자신의 수용성 수준을 정확하게 파악할 필요가 있다. 또한 부모의 수용성 수준은 부모의 현재 기분이나 요구와 같은 신체적 · 심리적 상태인 부모 요인, 자녀의 행동이 일어나는 시간이나 장소와 같은 상황적 요인, 자녀의 특성이나 연령과 같은 자녀 요인에 따라 달라질 수 있다.

비수용형 부모는 수용형 부모에 비해 자신의 자녀를 문제가 있다고 판단하는 경향이 있다. 따라서 부모의 수용성 수준이 너무 낮다고 생각되는 부모는 그 이유를 찾고 조절하기 위해 노력해야 하며, 자녀에게 자신의 감정을 솔직히 표현함으로써 자녀와의 상호작용의 질을 높이려고 노력해야 한다.

(2) 문제 소유자 확인

수용성 수준을 확인했다면 현재의 문제에서 문제의 소유자, 즉 현재의 문제에서 불편감을 느끼거나 관계에서 문제가 있다고 인식하는 사람이 누구인지를 확인하고 적절한 대처 행동을 통해 자녀와 좋은 관계를 유지해야 한다.

〈표 3-1〉 문제 소유 유형에 따른 대처 행동

문제 소유자	문제의 형태	예	대처 행동
자녀	자녀가 욕구 좌절, 불만, 불행 등을 느끼고 이러한 감정이 행동으로 나타나지만, 자녀의 행동이 부모에게는 문제가 되지 않는 경우	친구와 게임을 했는데 져서 속상해하는 경우	반영적 경청을 통해 자녀가 스스로 문제를 해결할 수 있도록 도와야 함

문제 소유자	문제의 형태	예	대처 행동
부모	자녀의 행동이 부모의 권리나 행동을 방해하는 경우, 자녀의 말이나 행동으로 부모가 좌절하거나 갈등을 느끼게 되는 경우	부모가 중요한 통화를 하는 중에 자녀가 옆에서 끼어들며 징징거리고 방해를 함	나-메시지 전달법 등을 활용하여 부모의 감정을 자녀에게 솔직하게 표현하여 자녀가 부모를 이해할 수 있도록 해야 함
부모, 자녀 모두 아님	부모와 자녀 사이에 갈등이나 문제가 없는 경우		좋은 관계를 유지하기 위해 노력해야 함

(3) 효율적인 대화 기법

문제의 소유자를 발견했다면 부모는 효율적인 대화 기법을 통해 자녀와의 관계를 개선하기 위해 노력해야 한다. 고든은 효율적인 대화 기법으로 반영적 경청, 나-메시지(I-Message) 전달법, 무승패법을 제안하였다.

① 반영적 경청

반영적 경청은 자녀가 문제의 소유자일 때 사용하는 방법이다. 부모는 자녀를 진심으로 이해하려는 태도를 바탕으로 자녀의 이야기를 비판이나 판단 없이 그대로 수용해 주고 자녀의 감정을 반영해 주며 듣는다. 이를 통해 자녀들은 자신의 문제를 스스로 파악하고 해결책을 찾아 나가게 된다.

〈표 3-2〉 반영적 경청의 3단계

1단계	자녀가 자신이 문제를 가지고 있음을 말, 행동, 태도 등의 단서로 표현함
2단계	부모는 자녀가 보이는 말, 행동, 태도 등을 관찰하여 자녀의 문제를 발견함
3단계	자녀가 부모의 피드백에 대해 긍정하거나 부정하여 보다 확실하게 자신의 문제를 드러냄

② 나-메시지(I-Message) 전달법

부모가 문제의 소유자일 때 사용하는 방법으로, 자녀를 비난하지 않고 부모가 자신의 생각이나 감정을 솔직하게 표현하는 기술이다. 부모의 솔직한 감정 표현은 자녀에게 죄책감이나 저항을 유발하지 않고 부모를 이해하고 도울 수 있게 할 수 있다. 나-메시지 전달법은 행동, 감정, 결과의 세 가지 단계로 구성되며 나-메시지 전달법의 구성 순서는 상황에 따라 바뀔 수도 있다.

〈표 3-3〉 나-메시지 전달법의 세 가지 단계

단계	내용	구체적 표현	예시
행동	자녀의 행동을 객관적으로 말하기	"네가 ~하면"	네가 방에 장난감을 늘어놓으면
감정	부모 자신이 느끼는 감정을 말하기	"나는 ~라고 느낀다"	엄마는 속상해.
결과	자녀의 행동이 부모 자신에게 미친 영향과 결과를 구체적으로 말하기	"왜냐하면~"	왜냐하면 엄마가 깨끗이 정리하려면 힘이 들거든.

③ 무승패법

무승패법은 반영적 경청과 나-메시지 전달법으로 문제가 해결되지 않았을 때 사용하는 방법이다. 이 방법은 자녀가 자신의 행동을 책임질 능력을 가지고 있으므로 문제의 해결책을 모색하는 과정에서 자녀를 적극적으로 개입시키고 자녀와의 협력 속에서 문제해결 방법을 찾는 과정이다.

〈표 3-4〉 무승패 대화의 단계

	단계	내용
1단계	문제 정의	• 갈등을 일으키는 문제에 대해 부모와 자녀가 같은 의미로 이해하고 있는지 함께 확인하고 문제를 명확하게 정의함

	단계	내용
2단계	해결책 모색	• 자녀와 부모가 가능한 모든 해결책을 찾음 • 자녀의 의견을 비판이나 판단 없이 들은 후 부모의 해결책을 제시함
3단계	해결책 평가	• 실현 가능성이 있는 해결책에 대한 장단점을 확인함 • 부모나 자녀 각자의 입장에서 절대 수용할 수 없는 해결책을 하나씩 제거하여 양쪽 모두 수용할 수 있는 해결책이 무엇인지 평가함
4단계	해결책 결정	• 부모와 자녀 모두를 위한 최상의 해결책을 결정하고 구체적 수행방법을 결정함 • 수용적이고 솔직하게 의사소통하며 서로의 동의 여부에 따라 결정을 하고 결정 과정에 함께하였음을 이해시킴
5단계	해결책 실천	• 해결책을 실행하며 부모는 자녀의 수행 능력에 대한 믿음을 가져야 함 • 잘 이행되지 않으면 나-메시지 전달법을 통해 의사소통을 진행하고 결정된 사항을 구체적으로 기록할 수도 있음
6단계	평가	• 해결책 적용의 충실성을 평가함 • 결정한 방안과 수행방법이 최선이었는지 평가하고 아닌 경우 다시 합의 및 결정의 과정을 반복함

4. 상호교류분석(Transactional Analysis: TA) 이론

번(Berne, 1961)은 프로이트(Freud)의 정신분석 이론과 펜필드(Penfield)의 뇌 연구에 영향을 받아 자신이 개발한 상호교류분석 이론을 부모교육에 적용하였다. 상호교류분석 이론이란 심리치료에서 의사소통과 상호작용에서 일어나는 교류를 분석하는 것이다. 교류분석을 함으로써 분석자는 다른 사람과 관계에서의 교류 패턴을 이해하여 두 사람 간의 관계에서 발생하는 문제를 해결할 수 있도록 도와준다. 부모교육에서 상호교류분석은 부모와 자녀 사이에 일어나는 교류를 분석하여 부모가 자녀를 더욱 폭넓게 이해하고 자녀와의 관계를 개선하는 데 도움을 주고자 한다.

1) 부모-자녀의 관계

상호교류분석 부모교육 이론의 기본 가정은, 모든 인간은 가치 있고 존엄하며 '사람은 누구나 OK이다'라는 것이다. 그러므로 부모가 자기 자신과 자녀를 있는 그대로 수용해야 한다. 그러나 출생 이후 부모가 자녀에게 부정적인 영향력을 행사함으로써 자녀는 잘못된 생활 자세를 가질 수 있으며, 이는 다른 사람과 효과적인 관계를 맺는 데 방해요인이 된다. 하지만 인간은 자신만의 삶의 방식을 선택하고 살아갈 수 있는 존재이기에 얼마든지 변할 수 있다.

2) 부모교육의 목적

상호교류분석 이론에서 부모교육의 목적은 부모가 자신의 자아상태에 대한 이해를 바탕으로 자아상태를 자율적으로 선택할 수 있는 능력을 기르고 이를 바탕으로 자녀와의 올바른 관계를 정립할 수 있도록 하는 것이다. 상호교류분석 이론에서의 부모교육의 구체적인 목표는 다음과 같다(김진영 외, 2000).

첫째, 자신의 자아상태를 파악하여 성인 자아가 아동 자아와 부모 자아의 부정적인 영향력에서부터 자유롭고 독립적으로 기능할 수 있는 능력을 기른다.

둘째, 부모가 세 가지 자아상태들을 상황에 따라 자율적으로 사용할 수 있도록 하여 다른 사람과 원만한 관계를 맺을 수 있도록 한다.

셋째, 부모와 자녀가 과거 경험으로 인해 형성된 부정적인 생활자세를 버리고 자기 긍정-타인 긍정의 삶의 자세를 가지고 바람직한 생활태도를 기를 수 있도록 한다.

3) 부모교육의 내용

상호교류분석 이론의 주된 교육내용은 다음과 같다.

(1) 자아상태

자신의 생각, 감정, 태도, 행동 양식을 분석하는 틀을 자아상태라고 하며, 인간의 자아상태는 부모 자아(P: parent ego state), 아동 자아(C: child ego state), 성인 자아(A: adult ego state) 세 가지로 구분된다.

부모 자아상태는 자녀가 부모를 모방하며 학습된 자아상태로, 주로 규율, 예의, 전통과 같이 사회 구성원으로서 효율적으로 행동할 수 있도록 도와주는 기능을 한다. 부모 자아상태는 양육적 부모 자아(NP), 비판적 부모 자아(CP)로 나뉘며, 양육적 부모 자아는 정신적, 신체적인 지지와 돌봄을 제공하며 관용적이고 수용적이다. 반면 비판적 부모 자아는 칭찬보다는 비판이나 책망을 많이 하며 지배적이어서 자녀의 천성적인 자아상태를 인정하고 격려하기보다는 부모의 기대와 요구에 순응하는 수동성을 갖도록 한다.

아동 자아상태는 태어나면서부터 존재하는 것으로, 성장 과정에서 환경과의 상호작용을 통해 느끼고 이해하며 형성된 정서가 심리적으로 기록된 것이다. 즉, 어린아이 때와 같이 느끼고 사고하는 상태라고 할 수 있다. 아동 자아상태는 자유로운 아동 자아(FC), 순응된 아동 자아(AC)로 나뉜다. 자유로운 아동 자아상태는 본래 타고난 대로 특유의 개성을 지닌 자아상태로 감정에 대해 본능적이고 충동적이며 창의적이고 자유롭게 행동한다. 반면 순응된 아동 자아상태는 부모의 기대에 부응하기 위해 자신을 억제하고 눈치를 보며 부자연스럽게 행동한다.

마지막으로 성인 자아상태는 생활 속에서 일어나는 사건들을 객관적으로 평가, 판단, 처리하는 기능을 한다. 또한 성인 자아상태는 부모 자아상태와 아동 자아상태 사이의 갈등을 중재하는 역할을 한다.

(2) 스트로크(stroke)

모든 인간은 타인으로부터 인정을 받으려는 욕구를 가지고 있다. 영유아기에는 신체적 접촉을 통한 신체적 인정 자극을 받으려는 욕구를 보이며, 신체적 인정 욕구는 성장 과정에서 칭찬이나 승인과 같은 정신적 인정 자극의 욕구로 변한다. 이러한 인정 욕구를 만족시켜 주는 모든 행위(신체적 접촉, 눈길, 말, 몸짓 등)를 스트로크라고 한다.

스트로크는 긍정적 스트로크와 부정적 스트로크로 나뉘며, 긍정적 스트로크는 상대방을 기분 좋게 만들거나 자신이 괜찮다고 느끼게 만드는 것으로 애무, 인정, 경청, 긍정적 평가 등이 있다. 긍정적 스트로크는 크게 두 가지 형태로 제공되며, 첫 번째는 긍정적 무조건 스트로크로 다른 대가를 기대하지 않고 상대방의 존재 자체에 근거하여 스트로크를 제공하는 것이다. 두 번째 긍정적 조건 스트로크는 상대방의 성취나 행동에 기초하여 스트로크를 제공하는 것으로, "네가 동생을 잘 돌봐줘서 좋다."와 같은 칭찬이 이에 해당한다고 할 수 있다.

부정적 스트로크는 상대방의 기분을 나쁘게 하거나 자신이 부족하다고 느끼게 하는 스트로크이다. 부정적 스트로크를 받은 사람은 상대방을 화나게 하거나 상처를 주는 등의 방식으로 관심을 얻으려는 행동을 하게 된다. 부정적 스트로크도 두 가지 방식으로 제공이 되는데, 첫째는 부정적 무조건 스트로크로, "그냥 네가 싫어."와 같이 특정 행동이 아닌 상대방의 존재 자체에 대한 거부를 의미한다. 두 번째 부정적 조건 스트로크는 개인의 특정한 행동에 대한 부정적 스트로크로 "네가 장난감 정리정돈을 잘 하지 않아서 싫어."가 그 예라 할 수 있다.

(3) 생활태도

인간은 살아가면서 자신이나 타인에 대해 자신만의 생활자세와 생활태도를 가지게 된다. 이러한 생활태도는 삶의 자세로 해리스(Harris, 1969)는 'I'm OK.'와 'You're OK.'의 조합으로 4가지의 생활태도 유형을 제시하였다.

〈표 3-5〉 생활태도 유형

	자기 긍정(I'm OK.)	자기 부정(I'm not OK.)
타인 긍정 (You're OK.)	**자기 긍정-타인 긍정** • '나도 옳고, 너도 옳다.' • 자신과 타인 모두를 인정하고 존중하는 상태 • 심리적으로 가장 건강한 상태	**자기 부정-타인 긍정** • '나는 옳지 않다. 너는 옳다.' • 자신이 무능력하거나 부적절하다고 느끼는 상태 • 열등감, 절망감, 소외감 등을 느낄 수 있음
타인 부정 (You're not OK)	**자기 긍정-타인 부정** • '나는 옳다. 너는 옳지 않다.' • 자신에 비해 타인을 부적절하고 가치 없는 사람으로 봄 • 분노, 불신, 타인 배척, 타인을 무시하는 태도를 보임	**자기 부정-타인 부정** • '나는 옳지 않다. 너도 옳지 않다.' • 인간관계에 대해 근본적으로 부정적이며 삶 전체를 무가치한 것으로 봄 • 반항, 분노, 절망 등의 심리 상태를 보이며 반사회적 행동을 보이기도 함

(4) 인생 각본

인생 각본이란 생의 초기부터 부모와 환경과의 상호작용을 바탕으로 발달하여 그 후 대인관계를 포함한 인생 경험에 의해 강화된 것으로 생애 동안 중요한 국면에서 행동을 좌우하는 것이다(Berne, 1972). 자녀는 부모로부터 받는 스트로크에 따라 특정한 생활태도를 형성하며 이를 바탕으로 인생 각본을 형성하게 되고 형성된 인생 각본에 따라 살아가게 된다. 인생 각본은 크게 세 가지 유형으로, 성공적인 승자 각본, 파괴적인 패자 각본, 평범한 각본이 그것이다.

성공적인 승자 각본은 스스로 인생의 목표를 정립하고 실현하는 각본을 가지고 이를 위해 최선을 다해 실행하며 이러한 자신의 인생에 만족하는 각본이다. 이에 비해 파괴적인 패자 각본은 자신을 나약한 존재로 여기며 목표 달성을 할 수 없을 뿐만 아니라 자신이 원하는 대로 되지 않을 것이라는 각본이다. 따라서 이러한 각본을 가진 경우 열등감을 비롯한 사회에 부적응적인 모습을 보인다. 평범한 각본은 비교적 성실, 근면한 태도로 생활을 하며 문제를 일으키지는 않으나 목표의식은 약하기에 자신의 역량을 충분히 발휘하지 못한다.

(5) 상호교류 양식 분석

상호교류 양식을 분석함으로써 부모는 자신의 자아상태와 자녀의 자아상태를 이해하게 되어 자녀에게 적절한 상호작용을 제공하여 관계를 증진할 수 있다. 상호교류 양식의 유형은 세 가지로 상보적 교류, 교차적 교류, 암시적 교류가 있다.

① 상보적 교류(complementary transaction)

의사소통에서 자극과 반응이 평형을 이루는 형태로, 보내는 메시지에 대해 기대한 반응이 되돌아오는 것이다. 원만한 상호작용이 이루어진다고 할 수 있다.

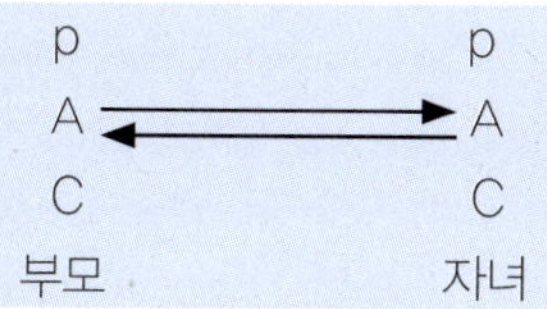

부모: 오늘 유치원에서 누구랑 놀았니?
자녀: 하윤이요.

② 교차적 교류(crossed transaction)

의사소통에서 두 가지 자아상태가 교류하지만 기대한 반응과는 전혀 다른 반응이 돌아오는 경우로 의사소통에서 갈등이 유발될 수 있는 경우이다. 잦은 교차적 교류의 발생은 부모와 자녀 사이가 원만하지 않음을 나타낸다.

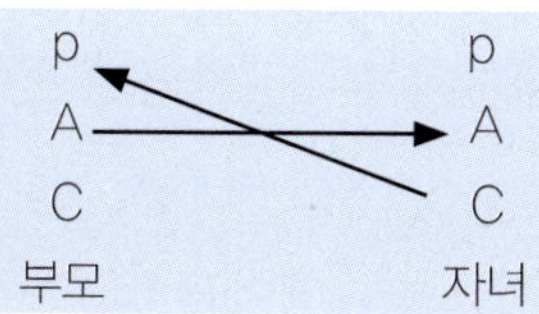

부모: 오늘 유치원에서 누구랑 놀았니?
자녀: 지난번에 말했잖아요!

③ 이면적 교류(ulterior transaction)

대화에 참여하고 있는 사람은 두 명이지만 대화에 참여하는 자아는 3명 이상으로 겉으로 드러나는 자아와 실제 내부의 심리적 메시지의 자아가 다른 경우이다.

즉, 이면에는 겉으로 드러나는 메시지와는 다른 욕구와 의도가 숨겨져 있는 경우라고 할 수 있다. 이는 위선적인 상호작용 같이 보이기도 하지만 때로는 원만한 인간관계를 위해 필요하기도 한 교류 방식이다.

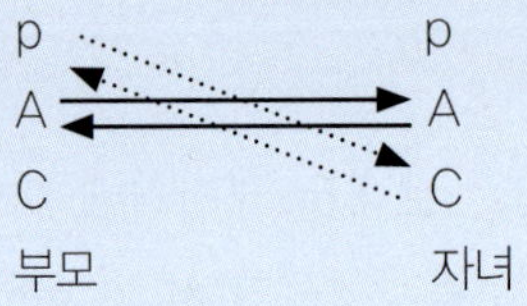

부모
(표면: 성인 자아) 오늘 유치원에서 누구랑 놀았니?
(내면: 부모 자아) 또 친구랑 싸운 거 아니니?

자녀
(표면: 성인 자아) 하윤이요.
(내면: 아동 자아) 또 혼내려고 그러는 거 알아요.

5. 행동주의 이론

행동주의 부모교육 이론은 고전적 조건형성, 조작적 조건형성, 사회학습 이론 등 행동주의 심리학을 부모교육에 적용한 것으로, 왓슨(Watson, 1927)이 대표적이라 할 수 있다. 인간의 성장은 출생 이후 외부 환경을 기반으로 이루어지므로 성장 과정의 환경적 요인의 제공과 관리에 많은 관심을 둔다. 또한 자녀에게 성장 환경을 제공하는 사람은 부모이기에 부모가 자녀 행동형성에 일차적인 책임이 있음을 강조한다.

1) 부모-자녀의 관계

행동주의 부모교육 이론에서는 자녀들이 부모가 보이는 행동의 모방을 통해 행동을 학습하고 형성된다는 것을 기본 가정으로 하기에 부모는 자녀의 역할 모델임이 강조된다. 따라서 부모는 자녀에게 좋은 역할 모델로서 바람직한 행동을 이끌어 내는 강화자이자, 바람직하지 못한 행동은 바르게 변화할 수 있도록 훈련시키는 훈련자라 할 수 있다.

2) 부모교육의 목적

행동주의 부모교육 이론에서 부모는 자녀가 올바른 행동을 형성하는 데 있어 모방을 하는 모델이자, 자녀의 행동 변화를 이끌 책임이 있는 것으로 간주된다. 따라서 부모교육의 목적은 일차적으로 부모가 자녀의 행동을 정확하게 관찰하여 수정이 필요한 행동을 수정할 수 있는 능력을 기르도록 하는 데 있다. 또한 행동을 변화시키기 위해 필요한 강화, 벌, 소거 등의 행동수정 이론의 기본 원리를 배우고 훈련하여 자녀교육에 적용함으로 자녀의 행동의 변화를 이끌어 내는 것이 최종적인 목표이다.

3) 부모교육의 내용

(1) 행동수정의 원리

행동수정 유형은 바람직한 행동형성과 문제행동 수정 두 가지로 나눌 수 있다. 다음에 제시된 강화, 행동형성과 행동연쇄, 용암법, 토큰 강화는 바람직한 행동형성 원리이며, 벌, 소거, 포화, 타임아웃, 반응대가, 권리박탈, 대체행동의 강화, 체계적 둔감법은 문제행동 수정의 원리이다.

① 강화

강화는 정적 강화와 부적 강화 두 종류가 있으며, 정적 강화는 바람직한 행동을 했을 때 제공하는 보상으로 칭찬, 포옹, 용돈, 사탕, 놀이시간 등이 그 예이다. 부적 강화는 바람직한 행동을 했을 때 싫어하는 것을 제거(소거)해 주는 것으로, 공부를 스스로 열심히 한 자녀에게 방 청소를 면제해 주는 것이 그 예이다.

강화를 사용할 때에는 강화시키고자 하는 행동이 목격되었을 때 즉시 제공되어야 하며, 자녀의 발달 수준, 강화물에 대한 자녀의 선호 정도 등을 고려해야 한다. 또한 행동 학습의 초기에는 보다 즉각적이고 빈번하게 강화를 제공해야 한다.

② 행동형성과 행동연쇄

행동형성은 한 번에 학습하기 어려운 행동을 형성하고자 할 때 사용하는 것으로, 자녀의 학습시간을 5분, 10분씩 조금씩 늘려 나가며 성공에 대해 강화물을 제공하는 것이다.

행동연쇄는 형성하고자 하는 행동을 세분화시켜 단계별로 지도하는 방법으로, 한 단계의 행동을 잘 수행하면 강화물을 제공하고 다음 단계 행동을 가르치는 것이다.

③ 용암법

상황에 알맞은 자극을 제공하고 반응을 유도하는 것으로, 지적장애나 자폐스펙트럼장애 유아의 학습에서 사물의 이름을 가르칠 때 "이것이 무엇이지?"라고 묻고 "호랑이"와 같이 즉각적으로 답을 제시하는 방식으로 흔히 이용된다.

④ 토큰 강화

부모가 정한 양 만큼의 토큰을 다 모으면 자녀가 원하는 것으로 교환해 주는 것으로, 스티커를 다 모았을 경우 영화를 볼 수 있는 것이 그 예이다. 토큰 강화를 제공할 때는 첫째, 토큰을 선택할 시 자녀에게 강화력을 발휘할 수 있는 것으로 선택해야 한다. 둘째, 처음 행동을 형성하는 시기에는 자주 지급을 해야 하며, 즉각적으로 칭찬과 더불어 제공해야 한다. 셋째, 토큰 지급 및 강화물 교환 횟수는 행동이 형성되어 갈수록 그 횟수를 줄여야 한다.

⑤ 벌

벌은 올바르지 못한 행동에 대한 부적 결과로, 자녀의 행동 이후에 제시함으로써 행동을 감소시키는 전략이다. 하지만 벌은 유아의 공격성 증가, 거짓말, 고자질 등을 야기할 수 있으며 효과가 일시적이라는 보고가 있으므로 유의해야 한다.

자녀에게 벌을 줄 때 주의해야 할 점은 다음과 같다.

첫째, 벌은 문제행동이 일어나면 즉각적으로 주어져야 한다.

둘째, 동일한 문제행동에 대해서는 일관된 벌이 주어져야 한다.

셋째, 자녀에게 벌을 받는 이유를 설명할 수 있어야 하며, 벌을 주는 원칙(강도, 형태 등)을 미리 협의해야 한다.

넷째, 자녀를 매로 위협하지 않아야 한다.

다섯째, 벌은 문제행동과 관련이 있는 것이어야 한다.

⑥ 소거

소거의 원리는 자녀가 어떤 행동을 했을 때 강화가 제공되지 않으면 그 행동은 소멸된다는 원리에 기반하여 문제행동을 할 경우 무시함으로써 문제행동을 없애는 것이다. 소거의 원리를 활용할 때는 부모의 인내심이 바탕이 되어야 하며, 부모가 의도하지 않은 외부의 강화가 발생할 수 있기에 이를 통제해야 한다. 또한 문제행동과 반대되는 긍정적인 행동에 대해서는 정적 강화를 같이 사용하면 효과적이다.

⑦ 포화

포화는 문제행동을 실컷 할 수 있는 환경을 제공하여 그 행동이 질려서 더 이상 하고 싶지 않게 만드는 방법이다. 다만 문제행동이 안전에 위협이 되는 경우 시행되어서는 안 된다.

⑧ 타임아웃

타임아웃은 자녀가 문제행동을 보이면 그 장면에서 격리하거나 배제하는 것으로, 동생과 놀이 과정에서 동생을 때린 경우 놀이를 즉각 중지하고 특정한 장소에서 정해진 시간만큼 서 있도록 하는 것이다. 타임아웃을 하는 경우 격리되는 곳에 자녀가 좋아하는 것이나 공포를 느낄 만한 것은 없는지 확인을 해야 한다.

⑨ 반응대가, 권리박탈

문제행동을 보인 자녀의 권리를 박탈해 행동을 수정하는 방법으로, 정해진 귀가 시간을 어겼을 때 일정 기간 동안 외출을 금지시키는 것이다.

⑩ 대체행동의 강화

문제행동과 함께 수행할 수 없는 다른 행동을 하게 함으로써 문제행동을 하지 못하게 하는 방법이다.

⑪ 체계적 둔감법

불안이나 회피의 대상이 되는 자극에 유아를 점진적으로 노출시켜 불안을 줄이도록 하는 것으로, 불안을 적게 야기하는 상황에서 시작하여 점점 높은 수준의 불안을 야기하는 상황에 순차적으로 노출시키는 것이다. 예를 들어, 많은 사람 앞에서 발표하는 것에 불안을 느끼는 자녀의 경우 친밀한 사이의 한 사람 앞에서 이야기를 하도록 시작해서 점점 친밀하지 않은 사람의 수를 늘려나가 불안을 없애는 방법이다.

(2) 행동수정의 절차

첫째, 수정해야 할 행동을 세분화한다.

둘째, 구체적인 기준과 목록에 따라 행동에 대한 빈도 등의 기초자료를 수집한다.

셋째, 지도하고자 하는 구체적인 행동을 정하고 어떤 행동수정 원리를 활용할 것인지 계획한다.

넷째, 계획한 지도계획에 따라 일관성 있게 지도하며, 행동을 관찰 기록한다. 기록된 결과는 기초자료와 비교하여 지도 효과를 평가한다.

6. 감정코칭 부모교육 이론

감정코칭 부모교육 이론은 기노트가 유아의 감정 및 정서적인 측면의 중요성을 강조하여 개발한 개념으로, 가트맨(Gottman)이 기노트의 이론을 체계적으로 정립하여 부모교육 이론으로 발전시켰다.

1) 부모-자녀의 관계

감정코칭 부모교육 이론에서는 자녀가 슬픔, 분노, 두려움 등 감정적 반응을 보일 때 부모가 지속적인 관심과 주의를 기울임으로써 진정한 부모-자녀 간의 신뢰감을 형성할 수 있다고 주장한다. 따라서 부모는 자녀가 자신의 감정을 수용하고 대처할 수 있도록 도와주는 코치의 역할을 수행해야 한다.

2) 부모교육의 목적

감정코칭 부모교육 이론의 부모교육 목적은 부모-자녀관계에서 부모가 자녀의 감정을 있는 그대로 수용해 주고 공감하면서 행동의 한계를 설정, 감정을 조절할 수 있도록 도와주어 자녀가 스스로 문제를 해결하고 자신의 감정을 처리할 수 있는 능력을 기르도록 돕는 것이다.

이러한 감정코칭의 최종 목표는 자녀가 감정을 솔직하게 표현하도록 격려하면서도 자녀 자신이나 타인에게 해를 주는 행동을 제한하는 것이다.

3) 부모교육의 내용

감정코칭 부모교육 이론의 주요 교육내용은 부모가 자녀의 정서를 대하는 자신의 태도를 이해하고 자녀가 감정을 잘 처리할 수 있도록 도와주는 데 필요한 감정코칭 기술이라 할 수 있다.

(1) 부모의 감정코칭 유형(Gotteman et al., 1996)

부모가 감정적 문제에서 자녀를 대하는 태도를 분석한 가트맨은 부모가 자녀의 감정을 다루는 유형을 축소전환형, 방임형, 억압형, 감정코치형으로 분류하였다. 이 중 감정코칭형 부모는 자녀의 감정을 있는 그대로 수용해 주고 행동에 한계를 정해 줌으로써 자녀의 건강한 정서의 발달을 촉진한다.

〈표 3-6〉 가트맨의 부모의 감정코칭 유형

유형	부모	자녀
축소전환형 (Dismissing)	• 자녀의 감정에 무관심하거나 무시하거나 대수롭지 않게 여김 • 나쁜 감정은 쓸모없다고 생각함	• 감정 조절에 어려움을 느끼며 부정적인 감정을 숨기려 함
억압형 (Disapproving)	• 자녀의 감정을 무시하고 잘못된 것이라고 비판함 • 자녀가 부정적인 감정을 드러내는 것을 비판하고 꾸짖고 벌을 주기도 함	• 부정적인 감정의 처리가 어려움
방임형 (Laissez-faire)	• 자녀의 감정을 인정하고 공감함 • 감정이나 행동에 제한을 두지 않음	• 자기중심적으로 감정 처리가 힘듦 • 집중력과 대인관계에 어려움을 느낌

유형	부모	자녀
감정 코칭형 (Emotion Coaching)	• 자녀의 감정을 존중하고 공감하되 행동에는 제한을 둠	• 정서 지능이 높고 문제해결력과 친화력이 높음

(2) 감정코칭 방법

가트맨은 감정코칭은 다음의 다섯 단계로 이루어지며, 양육 상황에서 10번 중 3번의 감정코칭만으로도 효과가 있다고 주장하였다.

〈표 3-7〉 감정코칭의 다섯 단계

	단계	방법
1단계	감정 인식하기	• 자녀의 행동 속에 숨은 감정을 알아차리고 주의를 기울이기 • 감정 인식이 어려울 경우 "지금 기분이 어때?"와 같이 열린 질문으로 대화를 유도하기
2단계	감정적 순간을 좋은 기회로 여기기	• 자녀의 감정이 격할수록 감정코칭의 좋은 기회로 여기고 감정코칭을 시도하기 위한 대화를 준비하기
3단계	자녀의 감정 공감하고 경청하기	• 자녀의 긍정적인 감정과 부정적인 감정, 복합적인 감정 모두를 어떠한 비판이나 판단 없이 진심으로 수용하고 공감해 주기 • '왜?' 대신 '무엇', '어떻게'의 질문으로 자녀의 감정 이끌어 내기
4단계	자녀가 감정을 표현하도록 도와주기	• 자녀가 자신의 감정에 대해 명확하게 표현할 수 있도록 감정에 이름을 붙여 주기 • 자녀가 스스로 자신의 감정을 표현할 수 있도록 도와주기
5단계	스스로 문제를 해결할 수 있도록 하기	• 자녀의 감정에 공감하고 행동의 한계를 정해 주기 • 자녀가 원하는 목표를 확인하고 해결책을 찾고 검토하며 스스로 해결책을 선택하도록 돕기

토론하기

〈1〉 각 부모교육 이론의 장점과 단점에 대해 토론해 보자.

〈2〉 폭력적인 행동을 보이는 자녀로 인해 고민하는 부모에게 가장 효과적인 부모교육 이론은 무엇일지 토론해 보자.

CHAPTER 04

부모교육 프로그램 개발과 절차

학습목표

1. 부모교육 프로그램 개발의 필요성에 대해 알 수 있다.
2. 부모교육 프로그램을 계획하고 운영할 수 있다.

1. 부모교육 프로그램 개발의 필요성

부모교육은 양육에 필요한 정보를 부모에게 제공하고 개별 아동의 특성에 맞는 양육기술 습득과 역할 수행을 돕는 교육이다.

이와 같은 교육은 급변하는 사회와 다양해지는 가족의 형태를 고려하여 계획되고 운영되어야 함에도 불구하고 지금까지 개발 · 보급된 부모교육 프로그램의 내용을 살펴보면, 하향식의 정보 전달을 통해 부모의 인식 및 태도를 변화시키려는 노력이 엿보인다. 이러한 것은 정책가나 개발 연구진들의 전문적인 신념이나 가치관의 반영일 수 있으며, 어떤 부분에서는 반드시 필요한 측면이다. 하지만, 부모로서 갖춰야 할 태도, 각 자녀의 연령에 따른 발달 과정 및 그에 따른 부모의 역할 등은 일반적이고 포괄적인 내용으로, 이미 부모교육을 수강한 경험이 있는 부모들한테는 배우고 싶고 알고 싶은 내용이 아닐 경우가 많다. 이는 부모교육의 필요성과 목적에 대한 인식 부족, 예산 부족, 부모교육자의 전문성 등의 어려움에 따른 결과이기도 하다.

최근 들어 부모와 프로그램의 특성이 서로 부합하는 개별화된 부모교육을 실시해야 한다는 인식의 변화와 주장이 주를 이루고 있다. 부모교육 프로그램을 개발하는 과정에서 부모교육의 대상인 부모들의 특성을 고려하여 프로그램의 성격과 서로 잘 조화시켜야 프로그램이 의도한 목적을 제대로 성취할 수 있기 때문이다.

또한 부모교육 프로그램을 개발하는 과정에서 프로그램의 대상인 부모의 특성을 고려하는 것은 프로그램의 효율성을 결정하는 핵심 요소 중의 한 가지인데, 현재 우리나라 교육기관에서 실시되고 있는 체계적인 부모교육 프로그램들의 거의 대부분은 '부모 효율성 훈련'이나 미국의 중산층 백인 부모들의 상황과 요구에 맞게 개발되어 적용되고 효과를 검증받은 것들이 대다수이다. 따라서 우리나라의 부모들에게 적용할 때는 그 효과면에서 의문의 여지가 많아 우리나라의 다양한 가족 구성원의 변화 및 부모들의 특성에 가장 적합한 부모교육 프로그램을 개발할 필요가 있다.

현재 우리나라의 부모교육 실시 현황을 보면 대부분의 부모교육이 전문가의 일방향적인 강의에 의하여 이루어지고 있으며, 다른 형태로 이루어지는 부모교육의 경우에도 전문가들이 부모들의 의견을 수용하여 중요하게 고려해야 한다는 인식보다는 전문가 위주로 이루어지고 있다. 이러한 상황에서는 부모와 부모교육자의 관계가 고객과 전문가의 관계로 규정되어 부모들은 단지 전문가로부터 지식을 전수받아 그 지식을 근거로 자녀들을 위한 결정이나 선택을 하는 수동적인 역할만을 하는 존재로 여겨질 수 있다.

그러나 1960년대의 조기 개입 프로그램의 실시 과정에서 도입된 결손모델에 대한 비판과 더불어 사회제도와 교육에 관한 입법에서의 부모 참여의 증가, 자녀 양육이라는 개인의 사생활 분야에의 전문가 개입에 대한 염려 등에 의하여 부모교육 프로그램의 대상인 부모와 프로그램의 제공자, 혹은 진행자인 전문가의 관계에 많은 변화가 일어나고 있다. 이렇게 변화된 관점에서는 부모들을 능력 있는 존재로 보아 부모교육 프로그램에서 부모의 적극적인 역할을 강조하고, 부모교육 프로그램을 개발하고 적용하는 데 직접적인 참여를 유도한다. 이와 같은 경험은 부모 개인의 자신감과 유능감을 강화시킨다. 그리고 이러한 부모의 태도와 행동의 변화는 부모들로 하여금 자녀들과 좀 더 효과적으로 상호작용할 수 있도록 하고, 결과적으로 자녀들에게 긍정적인 영향을 미치게 된다. 따라서 앞으로는 부모의 능력이 전문가의 능력과 동등하다는 인식을 가지고 그들의 능력을 존중하여 부모와 전문가의 상호협력적인 관계에 기초한 부모교육 프로그램을 개발할 필요가 있는 것이다.

우리나라 부모교육 제도화의 기본 방향 설정을 위한 가장 큰 전제는 우리나라 영유아 자녀를 둔 '부모' 혹은 '양육자(부모에 준하는)'는 부모 참여 및 지원 등 부모교육을 수행함으로써 보다 나은 부모로서의 역할을 수행할 수 있다는 가정을 통해 개발되어야 할 필요가 있다. 이는 일련의 부모교육과 관련된 바람직한 양육 · 교육의 지식, 기술, 태도를 함양한 경우, 자녀들을 건전하게 성장하도록 하는 데 긍정적인 영향을 미친다는 결과에서 비롯된다. 따라서 부모교육 제도화의 기본 방향은 아래와 같은 전제를 토대로 영유아, 부모, 국가의 3가지 측면에서 고려되어 개발되어야 할 필요가 있다.

■ 영유아의 측면

- 행복하고 건강한 영유아기를 영위한다.
- 영유아는 자신에게 필요한 교육 및 지원을 요구하고 받을 권리가 있다.
- 영유아는 '부모' 혹은 양육자(부모에 준하는) 등 성인의 적절한 보호하에 있어야 한다.
- 영유아는 국가와 지역사회 등으로부터 구성원으로서 보호와 지원을 받는 테두리 안에 있다.
- 영유아는 국가 및 지역사회, 유관 기관 등에서 제공하는 교육 · 보육, 치료적 서비스 프로그램 등을 적절하게 이용할 수 있어야 한다.

■ 부모 또는 양육자(부모에 준하는)의 측면

- 영유아기 자녀를 둔 '부모' 혹은 '양육자(부모에 준하는)'는 자녀 양육의 일차적인 책임을 가진다.
- '부모' 혹은 '양육자(부모에 준하는)'는 중앙 및 지방정부가 제공하는 부모 참여 및 지원 등 다양한 부모교육 프로그램에 적극적으로 참여한다.
- '부모' 혹은 '양육자(부모에 준하는)'는 자녀의 특별한 요구 혹은 부모에게 해당되는 특별한 요구가 발견되었을 때는 즉시 부모 참여 및 지원 등 부모교육을 이수한다.

■ 국가 및 지역사회(중앙 및 지방정부)의 측면

- 중앙과 지방자치단체는 '부모' 혹은 '양육자(부모에 준하는)'를 위한 부모 참여, 지원 등 부모교육의 책임을 갖는다.

- 영유아기 자녀를 가진 가정의 결핍 혹은 결손, 특별한 요구가 있을 시에는 국가와 지역사회가 개입하여 지원한다.
- 국가와 지역사회는 정부정책 및 제도 등에 대해 '부모' 혹은 '양육자(부모에 준하는)'를 위해 정보를 안내한다.
- 지방자치단체는 거점센터를 활용하여 언제든지 부모가 원하는 지원을 할 수 있어야 한다.
- 부모 참여 및 지원 등과 같은 부모교육은 행 · 재정적인 지원 체계를 구축하여 관련 법령, 지침, 조례 등에 명문화하여 제도화한다.
- 중앙 및 지자체, 유관 지역거점센터는 부모교육 제도를 활성화하고 체계적으로 운영하는 책임을 가진다. 특히 중앙 및 지자체는 부모교육 제도 운영을 위한 재정 지원의 일차적인 책임을 갖는다.
- 중앙 및 지자체, 유관 지역거점센터는 부모의 다양한 요구를 반영하는 부모교육 프로그램을 개발하여 시행한다.
- 부모 참여 및 지원 등과 같은 부모교육은 구체적인 목적, 내용, 방법 및 평가, 환류개선 등의 일련의 체계를 갖도록 구성한다.

이상에서 현대사회의 부모들이 부모교육을 필요로 하는 다양한 이유들을 살펴보았다. 특히 우리나라 부모교육의 실시 현황에서의 문제점이 무엇인지를 파악함으로써 최근 다양한 가족의 형태로 변화하는 우리나라 부모의 특성을 고려하고 부모와 전문가의 상호협력적인 관계를 강조하는 방향으로 부모교육 프로그램을 개발할 필요가 있다.

2. 부모교육 프로그램 개발과 운영

부모교육 프로그램은 교육목표의 설정에 앞서 부모의 흥미와 요구를 분석하는 현장 요구조사가 우선된다. 이는 교육목표의 설정과 교육 프로그램 내용의 선정, 고안에 있어서 가장 큰 역할을 하게 되며, 이 과정에서 국가와 사회의 요구, 전문가의 개입을 통해 전문성을 가지게 된다.

프로그램 실시를 위해서는 사전 교수학습활동을 계획하게 되는데 교육내용, 부모교육 참여 대상자의 특성, 물리적 교육환경 조건(교육방법, 기간, 장소, 시간, 비용 등)을 고려하여 적절한 교육방법을 선정한다. 일반적인 방법은 구체적인 계획에 따라 이루어지는 형식적인 방법과 구체적인 계획 없이 간략하게 이루어지는 비형식적인 방법, 참여 정도에 따라 소극적인 방법과 적극적인 방법으로 분류할 수 있으며 이를 순서대로 정리하면 〈표 4-1〉과 같다.

〈표 4-1〉 부모교육 프로그램의 운영방법

	운영 방법	특징	집단 구성	좌석 배치	제한 시간	적절한 주제
비형식적	브레인스토밍	모든 사람이 새롭고 다양한 주제를 산출한다. 사고의 확장과 문제해결 능력을 기른다.	30명 이하	원	4~6분 10분	자녀의 습관 기르기, 가정 주변의 문제, 문제해결 방법
	원탁 모임	전 구성원이 원으로 앉아 적극적으로 참여한다. 토의를 통하여 문제를 규명하고 결정한다.	소집단	원, 반원		부모 간 팀워크, 문제행동, TV의 영향
	동심원 모임	큰 원 안에 작은 원을 만들어 소집단 토의를 하고, 바깥 원의 구성원은 이를 결정한다. 토의 후 전체 집단에 공개한다.	내부원: 6~8명, 전체: 24~30명	원	5~10분	유아에게 바라는 것, 가치판단력, 자녀의 자아존중감 형성

운영 방법	특징	집단 구성	좌석 배치	제한 시간	적절한 주제
소집단 토의	모든 참여자가 상호작용할 수 있는 소규모의 공개토의이다. 6명의 회원이 6분간 토의하므로 6-6회라고도 한다.	최소 2명, 최대 6~8명		6분	아동의 정서와 감정, 훈육, 도덕적 가치
워크숍과 센터	워크숍: 직접 참여하여 교구 제작, 그림 그리기 등을 한다. 센터: 여러 영역을 다니며 시범을 보고 설명을 듣는다.	소집단	큰방, 분리된 방	주제에 따라 상이함	책 만들기, 게임·교구 제작
참관과 견학	실제로 현장을 견학하고 지역사회 등을 방문한다. 사전 토의나 추후 활동을 하면 보다 효과적이다.	소집단			자녀가 가는 박물관, 특수
역할 놀이	특정한 상황을 수행한다. 문제상황을 판단하거나 다른 사람의 입장에 대한 이해심을 기른다.	소집단, 대집단	원, 반원, 강당식		교사-학부모회, 문제행동, 집단 내의 역할, 가정 방문 시 가능한 상황, 경청하기, 나-메시지 전달법
극놀이	선정된 연극 대본을 통하여 토의한다. 촌극은 집단의 욕구와 직접 관련되므로 유익하다. 인형극은 부담이 없어 효과적이다.	소집단, 대집단	원, 반원, 강당식		고집 센 아동 다루기, 가족의 의사소통, 어린이를 위한 어머니 연극
공개 토론회	선정된 주제를 공개토론하는 모임. 주제에 대한 찬반 토의를 한다.	4~6명	반원		새로운 교수법, 훈육
대담	비전문가나 전문가에 의한 공개토의, 청중의 질의응답을 받는다. 단일 토의와 이중토의가 있다.	6~12명	반원		자녀의 공포심 다루기, 압박감 해결법
토론	논란이 되는 문제에 대해 찬반론의 토의를 한다.	2~6명 대집단	원, 강당식		개방교육 대 전통교육, 성취장려 대 경쟁촉구

	운영 방법	특징	집단 구성	좌석 배치	제한 시간	적절한 주제
	독서회	책을 선정하여 읽고 난 후 토의한다.				가치명료화, 의사결정법
↓	시청각 교재	시각적, 청각적 자료로 공개토의를 촉진시킨다. 집단에 필요한 정보를 제공한다.	소집단, 대집단	부채꼴		정서적 성장, 공포심 다루기
	심포지엄	한 주제에 대하여 여러 명의 발표자가 의견을 제시한다. 발표 후 질의응답 시간을 갖는다.	대집단	원, 반원, 강당식		성 역할 이해, 다양한 문화 이해, 소비자교육
형식적	강연회	전문가가 한 주제에 대하여 강연한다. 특정 지식을 많은 사람에게 전달하는 데 효과적이다.	대집단 강당식			유아교육의 중요성, 양육태도와 어린이 행동, 질병문제

출처: 이경우(1986). p. 179-230.

이와 같이 부모교육 프로그램 개발을 위해 요구조사와 분석, 교육의 목표와 내용 선정, 프로그램 방법의 고안이 이루어지면 전문가의 의견을 반영하여 수정과 보완이 반영된 최종 프로그램을 통해 부모교육을 실행하고 평가하는 순으로 이루어진다.

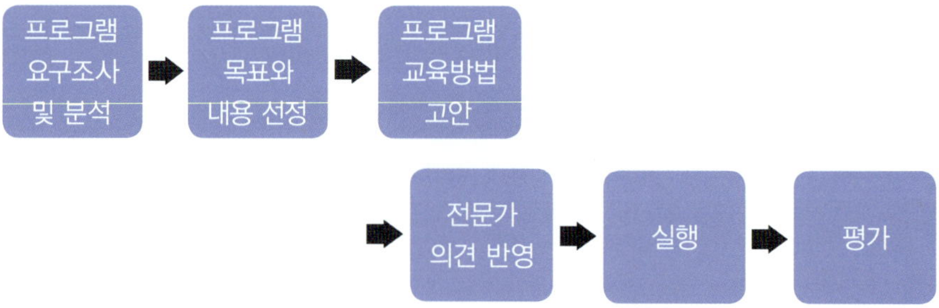

[그림 4-1] 부모교육 프로그램 개발 절차

1) 프로그램 요구조사 및 분석

부모교육은 양육에 필요한 정보를 부모에게 제공하고 개별 아동의 특성에 맞는 양육기술 습득과 역할 수행의 변화를 통해 부모 자질과 자아 존중감을 향상하고 자아실현을 돕는 교육이다. 따라서 부모교육 프로그램을 개발하기 위해서는 부모교육이 지향하는 목적, 대상, 요구를 조사할 필요가 있다. 부모교육 프로그램의 교육내용 선정 과정에 부모의 측면을 고려하는 것은 학습자의 요구와 학습방법을 중요하게 고려해야 한다는 월커(Walke, 1971)의 교육과정 개발 모형, 학습자의 요구 진단의 필요성을 제안한 타바(Taba,1962)의 교육과정 개발 모형, 학습자의 개인차를 고려해야 한다는 슈왑(Schwab,1983)의 교육과정 개발 모형 등에 부합하고, 자녀 양육태도와 행동에 영향을 미치는 부모의 사회문화적 전통과 사회경제적 배경 등을 고려해야 한다는 사회생태학적 맥락에서의 주장과도 부합한다.

이를 위해 교육 대상자인 부모 및 부모교육 실무자를 대상으로 현장 수요 조사가 실시되어야 한다. 특히 우리나라 부모들이 부모교육 프로그램에 참여할 때 가장 먼저 고려하는 사항이 교육내용이기 때문에 요구분석 단계에서 심층면접, 인터뷰, 설문지를 통해 운영할 프로그램의 목적과 내용을 조사하고 기관, 학부모, 유아의 요구를 반영하는 교육목표를 선정해야 한다.

■ 기관 차원의 요구분석 단계에서 고려해야 할 사항

- 국가나 지역에서 제시하는 교육 방향이나 지침은 무엇인가?
- 우리 기관의 특성은 무엇이며, 우리 기관은 무엇을 원하는가?
- 우리 지역사회와 학부모의 특성은 어떠하며, 이들은 무엇을 원하는가?
- 우리 기관은 주로 어떠한 특성의 유아가 이용하며, 이들은 무엇을 원하는가?
- 우리 기관의 실정은 어떠하며, 전년도 평가 결과는 어떠한가?

■ 부모교육방법 설문조사

	교육방법	실시할 필요가 없음	드물게 (1~2회/년)	가끔 (3~5회/년)	정기적 (1회/월)
1	부모회				
2	가정방문				
3	가정통신문				
4	상담(개별 면담, 전화)				
5	수업참관, 참여수업				
6	토론, 좌담회				
7	강연 및 강습회				
8	부모 개별 상담				
9	도서대여/ 교구대출				
10	행사 및 수업보조				
11	강사 초빙 강연회				
12	워크숍				

■ 부모교육내용 설문조사

	교육내용	전혀 필요하지 않음	별로 필요하지 않음	약간 필요함	매우 필요함
1	생활 지도 원리와 방법				
2	학습 지도 원리와 방법				
3	인지 지도와 정서 지도				
4	교재, 교구 제작방법				
5	가족관리(자녀, 부부)				
6	생활지혜, 사회정보				
7	오락, 레크리에이션				
8	발달단계에 따른 특징				
9	성교육의 필요성과 방법				
10	부모 역할과 양육방법				
11	건강과 안전관리방법				
12	문제행동과 습관 지도방법				

■ 부모교육 대상 참여방법 설문조사

	교육 대상	전혀 필요하지 않음	별로 필요하지 않음	약간 필요함	매우 필요함
1	맞벌이 부모를 위한 자녀교육 프로그램				
2	다양한 가족 형태를 위한 자녀교육 프로그램				
3	학기 중 전입 아동 부모를 위한 프로그램				
4	자녀의 형제를 위한 프로그램				
5	자녀와 아버지를 위한 프로그램				
6	자녀와 어머니를 위한 프로그램				
7	부부를 위한 프로그램				
8	온 가족을 위한 프로그램				

이상의 요구가 무엇인지 분석한 후에는 이를 반영하기 위한 교육목표를 선정하여야 하며, 요구분석의 절차 7단계는 다음과 같다.

■ 1단계: 요구분석의 상황분석

요구분석이 쉽게 이루어지기 위해서는 요구분석을 요구하는 상황의 문제점을 정확히 파악하는 것이 중요하다. 요구분석을 수행하게 되는 상황은 업무수행상의 문제, 새로운 체제나 방식의 도입, 자동적-습관적 교육관행의 세 가지 유형이다.

■ 2단계: 요구분석의 목적 결정

요구분석을 통해 추구해야 할 목적인 최적, 실제, 느낌, 원인, 해결방안의 다섯 가지는 상황과 관계성을 가지고 있다.

■ 3단계: 정보의 출처 확인

요구분석의 상황과 목적이 결정되면 누가 필요한 정보를 가지고 있는지 정보의 출처를 확인해야 한다. 향상을 위한 정보를 얻기 위해 기존의 책들을 살펴볼 필요가 있을 것이다. 그러나 기존의 관련 도서의 경우 기출문제에 국한되어 기본적 지식 향상에는 한계가 있다.

■ 4단계: 요구분석 도구 선정

요구분석을 위해 사용되는 도구로는 현존자료 분석, 면담, 관찰, 그룹회의, 설문조사, 결정적 사태분석 등이 있다.

■ 5단계: 요구분석 계획

요구분석 상황에 대해 파악이 되고, 목적과 방법이 결정되었다면 요구분석을 실행하기 전에 실행계획을 세울 필요가 있다. 요구분석 실행계획은 요구분석계획서를 작성함으로써 구체화된다.

■ 6단계: 요구분석 실행

요구분석 계획에 의해 수립된 단계와 일정에 따라 자료 수집 등을 실시한다. 이때 얻게 되는 자료는 질적인 자료와 양적인 자료가 있다.

■ 7단계: 결과분석 및 정리

자료분석, 최적화, 실제화, 해결방안, 우선순위 등을 정리하여 결과보고서를 제출한다. 또한 해결방안과 우선순위를 제공함으로써 의사결정에 도움이 될 지침들을 제공한다.

2) 프로그램의 목표와 내용

요구조사에 따른 분석 결과를 바탕으로 부모교육 프로그램 목표를 선정하고, 목표를 달성할 수 있는 프로그램의 내용을 선정한다. 그 과정은 부모의 실생활과 실제 자녀교육과 연관된 내용으로 실제적이며, 적용 가능한 내용을 포함하여야 한다. 그리고 부모의 지적 능력, 행동, 태도, 인식의 변화를 가져올 수 있는 다양한 주제가 포함되어야 한다.

부모교육 프로그램의 교육내용은 목표에 근거하여 선정하여야 한다. 먼저 부모교육 프로그램을 개발하기 위하여 목표 설정 과정에서 제안한 바와 같이 우리나라와 사회의 보편적인 교육이념에 부합하는 것을 기본으로 우리나라와 사회의 필요성과 전문적인 연구자료와 전문가의 의견을 고려하여 1차 교육내용을 선정한다. 다음으로는 실제 부모교육의 대상이 되는 부모들의 요구를 조사하고 반영하여 2차 교육내용을 선정하고, 마지막으로 평가의 과정에서 도출된 부모의 요구와 전문가의 견해, 그리고 연구자료 등을 근거로 최종적인 부모교육 프로그램의 내용을 선정한다.

특히 부모교육 프로그램의 목표 선정과 내용 조직 방법에 있어서 보일(Boyle, 1981), 콜스(Coles, 1977), 키드(Kidd, 1976), 놀스(Knowles, 1970) 등의 교육과정 개발에 관한 이론과 성인교육 원칙에 관한 이론, 그리고 코완, 파월, & 코완(Cowan, Powell, & Cowan, 1998), 파월(Powell, 1984)의 부모교육 프로그램의 교육내용에 관한 제안을 종합하면 다음과 같다.

첫째, 교육내용은 교육목표를 구현할 수 있는 경험을 제공할 수 있도록 선정되어야 한다. 즉, 전반적인 교육내용이 교육목표와 아무 관련이 없이 유리된 단편적인 지식이 아니라 부모교육 프로그램에서 설정한 교육목표를 달성할 수 있도록 선정되고 조직되어야 한다.

둘째, 교육내용은 기존 지식에 더하여 가장 최근의 새로운 지식을 근거로 선정되어야 한다. 부모교육 프로그램의 내용이 너무 진부하거나 오래된 연구 결과나 이론들만으로 이루어지는 것은 바람직하지 않다. 그러므로 프로그램의 교육내용의 참신성과 신뢰성을 유지하기 위하여 부모교육과 유아교육, 아동 발달 등 관련 학문 영역에서의 최근 연구 결과들을 고려하고, 최근까지 활발한 연구활동을 수행하고 있는 전문가들의 참여와 협조를 구하는 일은 필수적이다. 그리고 이미 선정된 부모교육 프로그램의 내용도 계속되어 발표되는 연구 결과들에 의하여 변경될 수 있어야 한다.

셋째, 교육내용을 선정할 때 특수한 상황에서 활용할 수 있는 특수한 전략이나 기술과 함께 한 가지 내용을 다른 내용으로 전이할 수 있는 기본지식이나 원리를 포함시켜야 한다. 즉, 구체적인 지식과 기술을 제공하는 동시에 전반적인 부모 역할의 다양한 측면에 적용할 수 있는 활용도 높은 교육내용을 선정하는 것이 교육의 효과를 높이기 위하여 바람직한 방법이다.

넷째, 특수한 지식이나 기술 등의 지적 능력을 제공함과 동시에 부모의 태도와 인식 등도 변화시킬 수 있는 교육내용을 선정하여야 한다. 바람직한 부모 역할을 하기 위해서는 특수한 현장에 적용할 수 있는 기술을 익히는 것도 중요하지만 부모 역할 자체에 대한 인식과 태도의 변화도 중요하므로 이를 위한 교육내용을 선정하여야 한다.

다섯째, 교육내용은 전체적인 부모교육 프로그램을 진행하면서 계속적으로 반복할 수 있도록 조직하여 누적효과를 거둘 수 있도록 하여야 한다. 브루너(Bruner, 1964)의 나선형 교육과정, 타바(Taba, 1962)의 누적학습, 타일러(Tyler, 1949)의 계속성 등의 개념을 근거로 중요한 교육내용을 각 주제마다 매번 계속하여 반복 제시함으로써 학습자인 부모에게 최대한으로 내면화될 수 있도록 한다. 또한 반복 조직하는 과정에서는 쉬운 것에서 어려운 것으로, 친숙한 것에서 생소한 것으로, 구체적인 것에서 추상적인 것으로 그리고 단순한 것에서 복잡한 것으로 교육내용을 조직한다.

여섯째, 부모교육 프로그램의 교육내용은 다양성이 있어야 하고, 동시에 다양한 주제들 사이에 연관성이 있음으로써 서로 전체적인 프로그램 안에서 통합되어 조직되어야 한다. 부모교육 프로그램의 효율성은 부모교육 프로그램의 교육내용이 서로 다른 상황에 있는 부모들의 다양한 자녀교육의 목적에 얼마나 민감하게 반응하는지의 정도에 많은 영향을 받기 때문이다. 또한 다양한 상황의 부모들에게 적용할 수 있는 프로그램의 일반화 가능성을 높이기 위해서도 다양한 교육내용을 포함시킬 필요가 있다. 예를 들면, 어떤 부모들은 자녀의 훈육에 관심을 가지고 있고, 어떤 부모들은 자녀의 또래관계와 사회적 기술의 습득을 중요하게 생각하고, 또 다른 부모들은 자녀의 학문적 성취와 창의성 함양에 가장 관심을 가지고 있기 때문에 부모교육 프로그램 개발 과정에서는 이와 같은 경향을 고려하여 시간이나 자원 등의 물리적 조건이 허락하는 한 다양한 내용과 주제를 포함시킬 필요가 있다.

일곱째, 학습내용은 학습의 효율성을 높이기 위하여 학습자인 부모의 능력과 흥미, 필요에 맞게 선정되어야 한다. 왜냐하면 학습자가 교육내용을 수용하는 정도는 학습의 동기와 연관이 되어 있고 부모교육의 학습자인 성인은 학습에 대한 필요와 흥미를 가지고 있을 때 학습하도록 동기화 되기 때문이다. 또한 학습내용은 부모의 능력에 맞는 것이면서 동시에 그들의 흥미를 유발시키고 필요에 부합하는 것이어야 한다. 이를 위하여 교육내용 선정의 과정에서는 전문적인 자료와 전문가의 견해 등과 함께 부모의 수준과 흥미, 필요도 고려해야 한다.

여덟째, 부모교육 프로그램의 교육내용은 학습자인 부모의 경험에 근거하여 선정하여야 한다. 왜냐하면 성인인 부모는 각자가 가지고 있는 기존의 경험에 근거하여 새로운 경험을 구조하고 이 구조를 통하여 세상을 보기 때문에, 교육내용이 이미 개발된 이러한 구조에 얼마나 부합하느냐에 따라서 학습자인 부모들에게 수용되는 정도가 결정되기 때문이다. 즉, 부모교육 프로그램의 효율성을 높이기 위해서 교육내용은 부모가 가지고 있는 기존의 경험에 근거해야 한다. 한편, 부모들이 학습한 교육내용을 그들의 실생활에 연관시키는 것을 돕기 위해서도 교육내용을 부모들의 과거의 경험과 연관시킬 필요가 있다.

아홉째, 부모교육 프로그램의 교육내용은 학습자인 부모의 실생활과 연관된 것으로 즉각적이고 실제적으로 적용할 수 있는 것을 선정하여야 한다. 왜냐하면 성인 학습자인 부모는 자신의 실생활의 문제를 해결하기 위하여 즉각적으로 적용 가능한 기술을 학습하고자 하는 동기가 강하기 때문이다.

요약하면, 부모교육 프로그램의 교육내용은 교육목표를 구현할 수 있어야 하고 기존 지식과 새로운 지식을 모두 포함해야 하며 특수한 전략이나 원리와 함께 기본지식과 원리도 포함해야 한다. 그리고 부모의 지적 능력을 키워 주는 동시에 부모의 태도와 인식도 변화시킬 수 있어야 하고, 가능하면 다양한 주제를 포괄적으로 포함해야 한다. 또한 학습자인 부모의 학습 특성과 교육적 요구에 부합하는 것은 필수적이다.

3) 프로그램 교육방법 고안

개발을 위한 프로그램은 교육내용, 부모교육 참여 대상자의 특성, 물리적 교육 환경조건(교육방법, 기간, 장소, 시간, 비용 등)을 고려하여 적절한 교육방법을 선정한다. 상세한 교수-학습활동을 계획해야 하는 이유는 프로그램의 목표를 달성하기 위함이며 프로그램을 효율적으로 시행하기 위해서이다. 부모교육 프로그램의 진행은 효과성을 고려해야 하는데, 진행방법으로는 강의, 토론, 기술훈련, 경험 나누기, 역할놀이, 과제, 시범, 연습, 시청각자료 등이 있다.

부모교육에 사용하는 교수방법은 목적에 따라 차이가 있는데, 정보 제공의 목적일 때는 강연, 집단토의, 관련 서적 읽기, 부모자조모임 형태로 제시되며, 기술 습득이 목적일 때는 시범, 연습, 집단토의방법을 사용한다. 신념과 통찰력 등의 정의적 변화를 목적으로 할 경우 집단토의, 개별 집단활동, 자기분석 연습, 글쓰기와 기록방법을 사용하며, 문제해결에 관해서는 멘토링, 집단자조모임, 부모토론, 사전 · 사후 검사, 관찰에 대한 피드백을 사용한다.

부모교육 시 가장 많이 진행되는 방법은 집합식, 강의식 교육으로, 주로 강의와 토론을 사용한다. 교수-학습방법으로 전문가의 강의를 선택하는 경우를 자주 볼 수 있다. 부모교육 프로그램에 참여하는 대부분의 부모들은 아동 양육에 관해 많은 조언을 필요로 하는데, 전문가의 강의는 제한된 시간에 부모들의 필요에 따른 지식을 효율적으로 제공하여 부모의 요구를 충족시킬 수 있는 가장 좋은 방법이기 때문이다. 우리나라와 같은 동양권 부모들의 경우 특히 전문가에게 자녀 양육이나 아동 발달에 관한 조언을 구하는 경향이 많고 무엇인가를 배워 적용하려는 경향이 강하기 때문에 이와 같은 전문가 강의는 효과적인 교수방법이 될 수 있다.

토론은 자조모임의 성격을 가지며, 비슷한 양육의 어려움을 가지는 다른 부모와의 상호작용을 통해 자녀를 양육하면서 야기되는 문제들에 대해 함께 대처방법을 발견하며 심리적 지지를 형성하게 한다. 각 모임마다 강의나 집단토론을 병행하여 오디오를 사용한 후 녹음된 대화를 듣거나 비디오를 시청하는 방법이 활용되기도 한다.

강의와 토론 이외에도 역할놀이 등을 활용하기도 하는데, 이때 부모는 자녀의 입장이 되어 봄으로써 자녀에 대한 이해의 폭을 넓히기도 하고 부모 교육자와 다른 부모들의 반응 및 조언을 받아 부모 역할을 하는 데 상호 간 도움을 주기도 한다.

최근에는 시간과 장소에 구애받지 않고 교육을 받을 수 있도록 동영상으로 프로그램을 저장하거나 멘토링, 코칭, 등의 일대일 프로그램, 가정방문, 상담, 안내책자, 홈페이지, 가정통신문, SNS, 전화 등 부모가 쉽게 접근할 수 있도록 다양한 교육방법을 통해 내용을 전달하고 있다.

4) 전문가 의견 반영

개발하고자 하는 프로그램의 목적과 내용, 실제 운영방법에 대해 현장 실무자 및 부모교육 이론 전문가를 대상으로 자문을 받아 의견을 반영하는 프로그램에 대한 수정 과정을 가진다. 이때 아동의 발달, 교육, 복지 등의 이론을 기반하여 프로그램 내용을 수정한다.

5) 실행

강의, 세미나, 워크숍 등 현장 집합교육으로 프로그램이 운영되는 경우에는 자녀 돌봄 서비스가 함께 제공되어야 한다. 미취학 자녀가 있는 부모인 경우에는 자녀 돌봄을 제공하여야 부모교육에 참여가 가능하다. 또한 많은 학부모가 참여할 수 있는 요일, 시간, 장소, 위치 등이 고려되어야 한다. 직장을 가진 부모가 교육에 참여하기 위해서는 퇴근 후 저녁시간, 주말 등을 활용하여 부모교육이 운영되어야 참여 가능하다.

대다수의 부모교육 프로그램은 1회의 시간이 60~120분 사이, 1회로 끝나기보다는 평균 6~10회 정도로 프로그램이 지속되게 운영하고 있다. 일반적으로 2시간을 초과하거나 수업 횟수가 20회 이상이 되면 중간에 포기할 수 있는 가능성을 고려하여 단기로 자주 프로그램을 개설하는 것이 좋다. 집단 크기는 평균 20명 이하로 상호 도움을 줄 수 있는 자조모임이 가능한 형태가 적절할 것으로 보고되고 있다.

6) 평가

부모교육을 실시한 후에는 이에 대한 평가를 함으로써 이후에 보다 나은 교육을 위한 발전적인 자료로 활용할 수 있다. 평가는 여러 측면에서 이루어질 수 있으나 주로 부모교육의 효과가 만족스러운지, 부모교육의 효과가 구체적인 행동이나 태도의 변화로 나타났는지, 변화가 있었다면 구체적으로 어떤 변화가 나타났는지를 중심으로 이루어진다. 프로그램 평가단계에서는 프로그램의 효과를 평가할 뿐 아니라, 프로그램을 수정하고 보완하기도 한다. 평가를 통해 학습자인 부모의 행동을 변화시켰는지, 새로운 행동을 획득했는지를 알 수 있다. 또한 평가를 통해 참여 부모들의 새로운 요구를 고려하여 목표를 수정할 수도 있으며, 운영상의 효율성을 개선할 수도 있다.

우리나라에서 개발된 부모교육 프로그램은 주로 실험설계로 구성되어 있는데, 평가방법으로는 설문지를 통한 양적 평가방법을 사용하기도 하며 직접 면접을 통해 효과를 평가하기도 한다. 여성가족부 가족정책과(2017)는 부모교육 매뉴얼 총론을 통해 아래와 같이 부모교육 강의, 효과, 매뉴얼 평가지표를 개발하였으며 상세내용은 다음과 같다.

■ 부모교육 강의 평가지표(부모용)

교 육 명:
교육기간: 20 . . . ~ 20 . . .
교육대상:

평가문항	전혀 그렇지 않다	그렇지 않다	보통이다	그렇다	매우 그렇다
1) 부모교육의 주제와 내용이 귀하로 하여금 관심과 궁금증을 유발하게 하였습니까?	①	②	③	④	⑤
2) 자녀 양육 시기별로 부모 역할을 위해 필요로 하는 교육내용을 부모교육에서 충분히 포괄하고 있다고 생각하십니까?	①	②	③	④	⑤
3) 부모교육의 내용에 집중하고 이해하는 데 있어 교육시간은 적절하였습니까?	①	②	③	④	⑤
4) 파워포인트나 동영상 등 교육자료는 강의내용을 이해하는 데 충분히 도움이 되었습니까?	①	②	③	④	⑤
5) 부모교육 강사는 다양한 자료를 활용하여 충실하게 강의하였습니까?	①	②	③	④	⑤
6) 강사는 부모교육에 대한 귀하의 흥미를 유발하고, 주의를 집중시키는 효과적인 강의 스킬을 보유하고 있습니까?	①	②	③	④	⑤
7) 강사는 부모교육 시 질의응답이나 대화 등 여러분과 소통하려고 노력하였습니까?	①	②	③	④	⑤
8) 부모교육 강사 수준에 대해 전반적으로 만족하십니까?	①	②	③	④	⑤

■ 부모교육 효과 평가지표(부모용)

교 육 명:
교육기간: 20 . . . ~ 20 . . .
교육대상:

평가문항	전혀 그렇지 않다	그렇지 않다	보통 이다	그렇다	매우 그렇다
1) 귀하께서는 부모교육을 통해 해당 시기 자녀에 대한 이해가 증진되었다고 생각하십니까?	①	②	③	④	⑤
2) 귀하께서는 부모교육을 통해 해당 시기 자녀 양육에 있어 부모 역할에 이해가 증진되었다고 생각하십니까?	①	②	③	④	⑤
3) 귀하께서는 부모교육을 통해 자녀에 대한 양육효능감이 증진되었다고 생각하십니까?	①	②	③	④	⑤
4) 귀하께서는 부모교육을 통해 자녀와의 갈등, 부부간의 갈등 문제 등에 대한 해소에 도움이 되었다고 생각하십니까?	①	②	③	④	⑤
5) 귀하께서는 부모교육을 통해 양성평등적 가치관이 증진되었다고 생각하십니까?	①	②	③	④	⑤
6) 귀하께서는 부모교육을 통해 다양한(한부모, 다문화, 조부모, 장애, 입양) 가족에 대한 이해가 증진되었다고 생각하십니까?	①	②	③	④	⑤

■ 부모교육 매뉴얼 평가지표(강사용)

교 육 명: 교육기간: 20 . . . ~ 20 . . . 교육대상:					
평가문항	전 혀 그렇지 않다	그렇지 않다	보통 이다	그렇다	매우 그렇다
1) 귀하께서는 부모교육 매뉴얼 및 교육자료(파워포인트, 동영상 등)의 내용이 해당 주제를 충분히 담고 있다고 생각하십니까?	①	②	③	④	⑤
2) 귀하께서는 부모교육을 위해 개발된 매뉴얼 및 콘텐츠가 수업에 활용 가능한 참고자료를 충분히 제시하고 있다고 생각하십니까?	①	②	③	④	⑤
3) 귀하께서는 기 개발된 교육자료(파워포인트, 동영상 등)만으로 강의 활용 및 진행이 가능하다고 생각하십니까?	①	②	③	④	⑤
4) 귀하께서는 기 개발된 매뉴얼에서 제시한 내용이 명확하다고 생각하십니까?	①	②	③	④	⑤
5) 귀하께서는 부모교육 교육자료(파워포인트, 동영상 등)에 대해 전반적으로 만족하십니까?	①	②	③	④	⑤
6) 귀하께서는 부모교육 매뉴얼에 대해 전반적으로 만족하십니까?	①	②	③	④	⑤

그 밖에 부모교육 프로그램은 교육자의 이론적 배경, 지향하는 목표 등에서 많은 차이를 나타내기 때문에 교육 담당자를 선정하는 것도 매우 중요한 요소이다.

7) 유의점

부모교육 프로그램 개발을 위한 계획, 제작, 운영, 평가 과정에서 유의할 사항은 다음과 같다.

첫째, 다양한 가정의 형태를 고려하여 계획되어야 할 필요가 있다. 최근 우리나라의 가족 형태는 사회적 요인, 가치관적 요인, 인구학적 요인, 개인 및 가족 요인 등으로 인해 다양화되고 있다. 이와 같은 가정의 특성을 파악하여 실제적으로 부모가 그 역할을 수행하는 데 필요한 지식과 기술을 습득할 수 있도록 지침과 정보를 제공하는 것이 중요하며 모든 교육은 의도적이고 계획적으로 이루어져 한다.

둘째, 부모교육 대상자의 참석 가능 시간, 장소, 방법을 고려한 프로그램 운영 계획이다. 부모교육은 대체적으로 낮은 참여율과 결석률이 문제가 되고 있다. 이는 부모교육에 관심이 있더라도 직장, 거리, 자녀 돌봄 등 여러 방해 요소들로 인해 참여하기 어려운 경우들이 있다. 따라서 부모교육에 지속적으로 관심을 갖고 참여할 수 있도록 온라인 프로그램, 교육자료 등의 개발과 배포를 통해 교육에 참여할 수 있는 방법을 다양화해야 한다.

셋째, 지속적인 참여 및 개최의 어려움으로 인해 1회 또는 단기성 행사로 실시되는 한계와 제한점을 극복할 수 있는 방안을 고민해야 한다. 부모교육의 지속적 효과를 얻을 수 있도록 교육 기간 이외에도 상호 상담을 할 수 있는 커뮤니티 형성의 기회를 마련해 주고, 교육과 상담을 위한 홈페이지, SNS 등을 제공할 필요가 있다. 부모 자신의 필요를 충족하는 프로그램에 지속적으로 참여하도록 하고, 자신이 속한 집단을 통해 상호 지속적인 교류가 이루어질 수 있도록 지원하는 등 부모교육의 체계화를 구축해야 할 것이다.

토론하기

〈1〉 예비부모교육 프로그램의 필요성에 대해 토론해 보자.

〈2〉 부모교육 프로그램 개발 시 유의할 사항에 대해 토론해 보자.

CHAPTER 05

가족 유형별 부모교육

학습목표

1. 맞벌이 가족, 한부모 가족, 특수아(장애, 영재) 가족, 다문화 가족의 특징을 설명할 수 있다.
2. 맞벌이 가족, 한부모 가족, 특수아(장애, 영재) 가족, 다문화 가족이 겪는 어려움을 설명할 수 있다.
3. 맞벌이 가족, 한부모 가족, 특수아(장애, 영재) 가족, 다문화 가족에게 부모교육이 필요한 이유를 설명할 수 있다.
4. 맞벌이 가족, 한부모 가족, 특수아(장애, 영재) 가족, 다문화 가족의 부모교육 프로그램을 설명할 수 있다.

1. 맞벌이 가족

1) 맞벌이 가족과 부모교육

맞벌이 가족은 부와 모가 모두 취업하여 일과 가정을 양립하는 형태의 가족 유형으로, 맞벌이 가족의 부모와 자녀는 평일에 일상적으로 분리를 경험하며, 부모와 자녀가 접촉할 시간이 매우 부족하다.

맞벌이 여부 자체가 부모의 양육행동과 영유아의 발달에 긍정적 또는 부정적 영향을 미치지는 않는다. 맞벌이 부부의 환경적 요인, 즉 배우자나 부모 그리고 직장동료의 정서적 지지와 사회적 지지의 수준, 그리고 주변의 지지에 대해 맞벌이 부모가 지각하는 정도에 따라 그 영향력은 달라진다(김연, 2011). 그러나 자녀와 함께 보내는 시간이 절대적으로 부족하고, 자녀를 제대로 돌보아 주지 못하는 현실에서 '아이는 엄마가 키워야 한다.', '좋은 엄마는 가정에 있어야 한다.'라는 전통적 가치관은 취업모에게 심리적 죄책감이나 불안감을 높이는 요인이 된다(정태연, 노현정, 2005). 영유아기 자녀를 둔 어머니는 직장일과 가정일을 양립하는 데 많은 어려움을 겪는다. 다중역할로 인한 시간부족, 신체적 피로, 자녀에 대한 죄책감 등을 경험하며 맞벌이 가정의 어머니는 아버지에 비해 더 높은 수준의 역할 갈등을 경험하게 된다(이원영, 이태영, 전유경, 강정원, 2017). 양육에 대한 취업모의 심리적 부담감은 취업모가 가정생활과 직장생활을 병행하는 데 가장 큰 어려움으로 양육 문제를 지적하고 있다는 점에서, 그리고 퇴직 여성의 70%가 육아 문제로 직장을 그만두고 있다는 점에서 충분히 짐작할 수 있다. 이러한 취업모의 심리적 어려움과 부담감을 줄이기 위해 국가에서는 1991년 「영유아보육법」 제정을 통해 양육의 공적 책임을 강화하였다. 양육에 대한 책임을 부모와 국가가 함께 나누기 위해 다각적인 육아지원 서비스와 보육 서비스를 제공하려 노력하고 있다(이순형 외, 2008).

전통적으로 아버지는 자녀 양육에서 주 책임자로서 역할하기보다 어머니의 자녀 양육을 지원하거나 보조하는 등의 보조자 또는 주변인의 역할을 담당해 왔다(이순형 외, 2010). 이러한 아버지의 근본적 역할은 크게 변하지 않았지만, 아버지 역할의 재발견 시대(Lamb, 1997)라고 표현될 만큼 현대사회 내 아버지의 자녀 양육 참여는 증가하고 있다. 이에 맞벌이 가족의 아버지 또한 변화된 시대에 적응하며 새로운 역할을 수행하기 위해 많은 노력을 기울이고 있다. 그러나 가부장적이며 권위적인 남편과 아버지 역할을 보면서 성장하였기 때문에 가치관 혼란으로 인해 겪는 어려움이 크다. 경제적 가치를 추구하는 성향이 높은 사회에서 맞벌이를 하며 가정경제를 위해 애쓰지만, 전통적인 남성 역할에 대한 고정관념의 영향으로 생계부양의 책임자로서의 위상이 낮아져 스스로 위축되는 경우가 많다. 또 자녀 양육과 가사에 참여하려고 해도 배운 적도 없고 익숙하지 않아 '부족한 남편이자 아버지'로 비춰지면서 노고를 인정받지 못하고 갈등을 겪는다(이원영 외, 2017). 그러나 아버지의 양육 참여는 아동의 건강한 성장과 발달을 위한 환경으로서 중요한 역할을 하며(양장애, 1999; Lamb, 1997; Geary, 2000), 아버지의 양육 참여는 아동의 사회적 능력, 사회적 적응, 도덕성, 친사회성과 같은 사회성 발달뿐 아니라 학업 성취(Flouri & Buchanan, 2004)와 같은 인지 발달에도 유의한 영향을 미치는 것으로 보고되고 있어 아버지의 양육 참여는 반드시 필요하다.

한편, 돌봄에 대한 요구가 높은 영유아기 자녀를 둔 맞벌이 부부 10쌍 가운데 6쌍은 조부모나 친인척으로부터 양육 도움을 받고 있으나, 자녀 양육기에 해당하는 30대 여성의 경제활동 참가율이 M자형 곡선으로 나타나고 있어(송혜림, 2012), 자녀 돌봄의 문제로 인해 직장을 그만두는 경우가 여전히 많다고 볼 수 있다. 맞벌이 가족이 일-가정을 양립하기 위해 노력하는 과정에서 가족 모두가 심리적, 물리적으로 지원하면서 함께 노력할 때 부모의 맞벌이는 아이의 발달에 긍정적 영향을 줄 수 있다. 그러므로 지나치게 걱정하기보다는 적극적인 자세로 맞벌이 가족의 문제를 해결하기 위해 노력하는 것이 바람직하다(이원영 외, 2017).

2) 맞벌이 가족의 부모교육 프로그램

어머니의 취업은 자녀의 성장과 발달에 영향을 미치고 있음이 분명하다. 취업 자체보다 취업으로 인한 심리적 불안감, 양육 스트레스, 사회적 지원 등의 문제가 더 중요한 요인이지만, 어머니의 취업은 자녀에 대한 양육행동을 왜곡시킬 수 있는 가능성을 제공한다. 이러한 가능성을 최소화할 수 있는 방법 중 하나가 부모교육이다(이순형 외, 2010). 부모는 부모교육을 통해 부모가 공동으로 자녀의 올바른 성장을 위해 필요한 양육태도와 방법을 배울 수 있으며, 이러한 교육은 일과 가정을 양립하며 심리적으로 지친 부모 모두에게 심리적 안정감을 제공하고 자녀와의 애착관계 형성에 도움이 된다.

맞벌이 가족의 특성을 토대로 맞벌이 가족에게 제공되어야 하는 부모교육 프로그램의 내용을 이순형 등(2010)은 6가지로 정리하였다. 첫째, 맞벌이 부모는 유아의 격리불안을 이해하고 심리적 안정을 주어야 하며, 유아에게 부모의 근접성을 느끼고 사랑을 확신하도록 해 주기 위한 교육을 받아야 한다.

둘째, 맞벌이 부모는 유아에게 다양하고 풍부한 언어 자극을 주어야 한다. 온종일 집에서 어머니와 함께 있는 유아에 비해서 맞벌이 가족에서 성장하는 유아는 낮 동안 시설에 맡겨지거나 아이를 돌보는 사람에게 맡겨져 부모와의 풍부한 언어적 상호작용이 부족하다.

셋째, 맞벌이를 하는 부모가 바쁠 때 형제자매는 함께 놀면서 부모가 없는 시간을 기다릴 수 있다. 맞벌이 가족의 부모는 유아가 형제들과 다양한 놀이를 할 수 있도록 유도하고 그러한 놀이활동에 함께 참여해서 지원해 줘야 한다. 형제와 뒹굴면서 신체활동을 하거나 구성놀이를 하는 것은 형제간 우애를 키워 주고, 사회성을 키우며, 인지 발달을 향상시켜 준다.

넷째, 맞벌이 부모는 유아에게 지적 자극을 주는 일에 소홀하지 않아야 한다. 책은 지적 자극과 상상력을 키우는 원천이기 때문이다. 책을 읽어 주는 부모를 통해서 유아는 책의 내용과 더불어 부모의 목소리를 함께 기억하고 부모와 그 내용에 대해서 대화를 할 수 있다. 부모는 책을 읽어 주고 대화를 함으로써 유아의 지적 발달을 촉진시킬 수 있다.

다섯째, 맞벌이 부모는 배우자의 피곤을 이해하고 육아를 공동으로 수행해야 한다. 맞벌이 가족의 부부는 늘 자신뿐 아니라 상대가 직장일과 가정일로 피곤할 수 있다는 사실을 고려해 배우자와 가사를 분담해야 한다. 늘 피곤한 상태에서 부부간에 여유 있고 따뜻한 대화는 기대하기 어려울지 모른다. 짜증스러운 대화는 곧 갈등을 유발하고 장기적으로 부부간 관계의 악화를 가져올 수 있다. 특히 육아는 신체적 에너지와 심리적 건강을 동반하는 과업이다. 일생에 가장 에너지 수준이 높은 시기는 유아기이며, 유아는 끊임없이 움직이고 질문을 퍼부어 부모를 피곤하게 한다. 처음에는 낮고 따뜻한 음성으로 자녀를 대하던 부모도 반복되는 질문과 놀이 요구에 짜증이 나기 쉽다. 따라서 부모는 자녀의 요구를 민감하게 받아들이고 그 요구에 맞추어 반응해야 한다.

여섯째, 맞벌이 부모는 조부모나 친척을 양육도우미로 활용할 수 있어야 한다. 맞벌이 부모는 양육도우미를 찾아 활용하려 하는데 주로 시민단체나 상업적 중개기관을 통해서 소개받는다. 유아의 입장에서 보면 유아를 오랫동안 알아 왔고 소중히 여기는 사람으로 조부모를 비롯한 친척들이 있다. 조부모는 특히 손자녀를 사랑하고 아끼는 사람으로 어린 유아에게는 바람직한 인적 자원이 될 수 있다. 따라서 맞벌이 부모는 조부모를 비롯한 친인척으로 따뜻한 인성을 가진 사람을 양육도우미로 적극 활용할 필요가 있다.

정부의 지원금으로 개발된 맞벌이 가족을 위한 부모교육 프로그램은 근로복지공단 산하 직장보육지원센터에서 김미정 등(2015)이 개발한 '건강하고 행복한 워킹맘 & 대디 지원 프로그램'이 있다. 이 프로그램은 근로복지공단에서 2015년부터 일하는 부모의 일 · 생활 균형의 지원을 위해 맞벌이 가정의 특성을 고려한 생애주기별 부모교육 프로그램을 개발하여 직장어린이집 및 기업에 지원하고 있다.

건강하고 행복한 워킹맘 & 대디 지원 프로그램

■ 프로그램 특징

- 맞벌이 부모의 특성과 여건이 반영된 부모교육 프로그램
- 활동 중심(부모참여활동, 가정연계활동, 가정통신문 등)의 프로그램 구성
- 각 회기는 부부관계 및 부모됨을 위한 '행복한 부모 워크숍' 으로 구성

■ 주요 구성

- 1권: 총론, 활용 매뉴얼
- 2권: 예비부모교육 프로그램, 태내기 부모교육 프로그램
- 3권: 영아기 부모교육 프로그램, 유아기 부모교육 프로그램
- 4권: 부모교육 프로그램 강의지침서

■ 부모교육 프로그램 운영 예시

	구분	주제	소요시간
행복한 영아기	1회기	튼튼한 아이, 건강한 아이로 키우기	60분
	2회기	자의식이 발달하는 아이	60분
	3회기	아이를 이해하는 지름길, 인지 발달 이해하기	60분

맞벌이 가족의 자녀가 다니는 영유아교육기관에서도 맞벌이 가족의 부모를 지원해야 하며 구체적인 방법은 다음과 같다(이원영 외, 2017).

첫째, 부모와 교사 간 직접적이고 빈번한 교류이다. 자녀와 함께 지내는 시간이 많지 않아 불안감이 큰 맞벌이 부모는 교사와 양방향적인 의사소통을 하고 싶은 욕구가 크므로 구체적으로 등 · 하원 지도, 알림장, 전화통화, 부모 면담 등을 통해 자녀에 대한 정보를 충실히 제공해야 한다.

둘째, 부모교육에 대한 접근성을 고려해야 한다. 맞벌이로 인한 시간적 제약을 극복할 수 있도록 맞벌이 부모가 처한 환경과 상황에 맞는 적절한 정보 및 부모교육 내용을 인터넷, SNS 등을 활용해서 온라인-오프라인의 방법을 병행하여 제공한다. 지역사회에서 제공하는 부모교육 정보를 알려 주며, 영유아교육기관에서 부모교육을 계획할 때는 직장 근무시간을 고려하고, 그에 따른 일정을 조정할 수 있도록 3~4주의 시간을 두고 공지한다.

셋째, 양육 죄책감의 인식 전환이다. 맞벌이 가정의 부모가 경험하는 양육 스트레스의 정도, 타인 양육에 대해 느끼는 죄책감의 정도가 일-가정의 갈등에서 중요한 요인으로 작용하므로(이재림, 손서희, 2013), 맞벌이에 대한 죄책감에서 벗어나고 고정관념을 변화시켜서 맞벌이로 인해 달라지는 상황에 적응할 수 있도록 지원한다.

넷째, 양성평등적 양육 참여 증진을 위한 기회 제공이다. 예를 들어, 아버지 대상의 부모교육 및 참여 프로그램을 다양하게 실행하는 등 양성평등적인 육아를 위한 부모교육 프로그램을 제공한다.

마지막으로, 가족연계 프로그램 제공이다. 직장일과 가사 두 가지에 충실해야 하는 부담으로 인해 부모와 자녀 간의 대화와 놀이가 부족해질 수 있다. 이를 예방하는 데 도움이 되는 교육과정 경험을 가정에서 할 수 있도록 구체적인 활동의 기회를 제공한다.

【경기도 N 유치원 부모교육 자료 1】

아이가 정말 알아야 할 모든 것은 부모에게 배운다

사람살이라고 다르지 않은 것 같습니다. 삶이란 항해는 바다의 파도보다 위험하고 언덕보다 더 가파르며 삶이 힘들고 부친다면 오르막길을 오르는 중이라고 생각하면서 시련을 이겨 내서 삶의 헛바퀴가 돌지 않게 서로가 주의해야 되겠지요.

사람이 성숙하는 것은 아픔이나 고난을 통해서입니다. 아이들에게도 아픔을 겪어야 내면이 더 단단해질 수 있다는 교훈을 남기도록, 부모님의 거절과 훈육과 거부에도 수긍할 수 있도록 훈련하는 것이 아이를 자생하는 기회로 삼을 수 있습니다.

원곡이란 사람에게는 늙은 할아버지가 있었습니다. 원곡의 아버지는 늙은 아버지를 싫어하여 갖다 버리려고 생각했습니다. 15살 된 원곡은 울면서 말렸으나 아버지는 듣지 않고 할아버지를 버렸고, 할아버지를 버린 지게를 원곡이 다시 가져오니 아버지가 "이처럼 흉한 지게를 무엇에 쓰려고 하느냐?"라고 물었습니다. 원곡이 말하기를 "다음에 아버지가 늙으면 다시 만들지 않도록 하기 위해서입니다."라고 대답하였습니다. 이에 아버지는 크게 깨달아 부끄러움을 느끼고 자신의 아버지를 다시 모시고 왔습니다. 이후 잘 봉양하여 마침내 효자가 되었다는 이야기입니다.

아이들이 어떻게 살 것인가? 무엇을 할 것인가? 어떤 사람이 될 것인가에 관해 정말 알아야 할 모든 것은 가정교육에서 이루어짐을 다시 한번 일깨워 주는 내용입니다.

아이에게 좋은 본이 되는 부모가 된다는 것은 완벽함을 의미하지는 않습니다. 실수를 했을 때 인정하고 그 상황에 대하여 올바른 태도를 보이는 것이 중요합니다.

【경기도 N 유치원 부모교육 자료 2】

부모는 자녀를 살리는 한 알의 밀알이다

프랑스의 철학자 질 들뢰즈는 말했습니다. "과거는 가까운 과거와 덜 가까운 과거 그리고 먼 과거 등으로, 미래도 가까운 미래와 조금 먼 미래 그리고 아주 먼 미래로 겹겹이 쌓여 존재하는 것이다." 지난날은 모두 오늘이었습니다. 오늘이 결국 어제가 되는 것처럼 말이죠. 오늘의 힘들고 어려운 일상의 깨달음을 견디고 이긴 자만이 미래의 오늘 속에서 소중하고 행복한 가족으로 남을 것입니다.

높고 푸른 나무의 뿌리는 눈에 보이지 않습니다. 건축에서 기초가 없다면 웅장하고 아름다운 건물을 볼 수 없듯이 사람에게도 뿌리와 기초가 있습니다. 그 뿌리는 사람을 사람답게 살게 하고 사람다운 격을 잃지 않게 하고 올바른 일을 하며 살도록 붙잡는 힘입니다.

사람의 뿌리와 기초를 세우는 일이 바로 가정교육입니다. 그런데 나무 심기도 사실 쉬운 일이 아닙니다. 잘못 심으면 뿌리가 제대로 내리지 못해 자라지 못하고 자연히 열매 또한 기대하기 어렵습니다. 그런 나무는 결국 좋은 나무가 되지 못하는 것처럼 사람도 어려서 기초가 잘못되면 좋은 인격을 기대할 수 없습니다.

사람에게 뿌리 같은 기초를 심는 시기는 유아기 때부터 십대에 이르기까지의 성장기입니다. 이때는 유아가 부모의 영향권 아래에 있는 시절로 부모가 자녀의 교육에 절대적인 영향을 미칩니다. 부모는 자녀의 성장기에서 교육의 주체이면서 사랑의 주체이기도 합니다.

부모 역시 마찬가지로 온 정성으로 자식을 키웁니다. 부모에게 자식은 세상의 시작이요 끝입니다. 좋은 일에는 언제나 자신보다 자식이 먼저이고, 부모는 자신이 세상에서 버림받을지언정 자녀는 포기하지 않습니다.

교육에는 그런 사랑이 먼저 필요하고, 부모가 자녀를 사랑하고 끝까지 참고 기다리는 것처럼 그렇게 사랑을 쏟고 인내할 때 아름다운 열매를 맺습니다.

그런데 자녀를 진정으로 살리고 사랑하는 길은 부모가 바르게 살아가는 모습을 보이는 것입니다. 비록 모든 부모는 완벽하지 못한 사람이지만 자녀의 인생을 좌우하는 최초의 인생 모델이기도 하기 때문입니다. 그러므로 부모는 말로만 가르치려 하지 말고 반드시 자기 삶으로 모범을 보여 줌으로 교육해야 합니다.

2. 한부모 가족

1) 한부모 가족과 부모교육

한부모 가족이란 만 18세 미만의 미성년 자녀를 둔 가정에서 부모 중 한쪽의 사망, 이혼, 별거, 유기, 미혼모/부 등의 이유로 혼자서 자녀를 키우며 부모의 역할을 담당하는 아버지와 자녀 또는 어머니와 자녀로 이루어진 가족을 말한다.

한부모 가족은 처음에는 편부모 가족으로 불렸다. 편부모 가족의 '편'은 치우치다, 쏠리다, 부분, 조각, 한쪽이란 뜻으로 완전치 못하고 부족함을 나타내는 부정적 의미를 갖고 있었다. 이에 한국여성민우회를 중심으로 인식 개선을 위해 '온전하면서 하나이다.'라는 의미의 한부모 가족으로 용어를 변경하기 시작했으며 「한부모가족지원법」이 제정됨에 따라 다양한 영역 및 분야에서 한부모 가족으로 통일된 용어를 사용하고 있다(이신동 외, 2017).

통계청(2007)에 따르면 한부모 가족의 경우 전체 가구 수의 7~9% 내외를 차지하고 있으며, 그중 여성 한부모 가족이 약 80%, 남성 한부모 가족이 약 20%를 차지하고 있는 것으로 나타났다. 한부모 가정은 한쪽 배우자의 부재로 인해 경제적 부담, 정서적 부담, 자녀 양육의 모든 것을 수행해야 하므로 다양한 어려움을 경험한다. 한부모 가정이 경험하는 문제는 크게 세 가지로 정리할 수 있다(이신동 외, 2017).

첫째, 경제적 문제이다. 가족에서의 경제적 안정은 매우 중요하다. 그러나 한부모 가정은 부자 가정 또는 모자 가정으로 구성되어 한쪽 배우자가 부재하므로 반드시 외벌이를 해야 한다. 혼자서 경제적 부담을 모두 껴안으므로 이를 감당하기에 매우 부담감이 크다.

둘째, 정서적 문제이다. 부 또는 모의 부재로 인해 가족 내 지위체계가 무너지게 된다. 따라서 모든 역할이 한쪽으로 치우치게 되고, 한 명이 과중하게 모든 역할을 수행해야 하는 어려움이 있다. 이때 부 또는 모의 스트레스 증가는 아동에게도 직접적 영향을 끼치게 되어 아동의 외로움이 증가되거나 부모로부터 받아야 하는 정서적 지지가 결여될 수 있다. 특히 이혼으로 인한 한부모 가족의 구성원들은 이혼으로 인한 불안, 우울, 분노, 편견 등을 견디면서 가정을 이끌어 나가야 하는 어려움이 있다. 그러나 이러한 점이 반드시 가족 실패로 이어지는 것은 아니며, 한부모 가족을 더욱 끈끈하게 이어 주는 계기가 되기도 한다.

셋째, 자녀 양육 문제이다. 한부모 가족의 부 또는 모의 경우 생계를 위해 하루 종일 경제활동을 한 뒤 지친 몸으로 가정에 돌아와 자녀를 돌봐야 한다. 이러한 것은 체력적으로 이겨 내기에 쉽지 않은 현실이며, 사회 및 경제활동을 통해 겪는 스트레스가 자녀에게 그대로 전달될 확률이 높아 부정적 영향을 미칠 수 있다. 또한 부 또는 모가 경제활동을 하는 시간 동안 아동은 하루종일 부모와 떨어져 있게 되기 때문에 부모를 통한 정서적 지지를 잘 받지 못하는 현실이며, 자녀와 충분한 의사소통이 되지 않는다. 따라서 자녀가 학교, 사회에 잘 적응하고 다양한 문제행동과 연결되지 않도록 가족 구성원의 원활한 협의와 노력이 필요하다.

가족 해체를 경험한 한부모 가족은 가족 체계의 균형이 깨지면서 긴장과 불안을 겪게 된다. 한부모는 경제적 어려움, 부모 역할을 혼자 수행해야 하는 부담감, 자녀 양육 부담의 문제에 직면하게 된다. 한부모 중 '모자 가족'이 당면한 가장 큰 문제는 경제적 어려움이다. 대부분의 모자 가족은 주 부양자였던 아버지의 부재로 인해 소득이 감소하거나 없어지기 때문이다. 이로 인해 어머니는 생계유지를 위해 직업전선에 나서지만, 재취업의 어려움, 경력단절, 자녀 양육 문제 등으로 부자 가족보다 경제적으로 더 취약한 상황에 놓인다. 애착 형성의 결정적 시기인 영아기에 아버지와 분리되어 성장하게 되는 아기들은 인생 초기부터 많은 문제를 갖게 될 수 있다. 또 아버지의 부재는 공정함, 모험심, 관용, 정의, 객관성 등 세상에 적응하는 데 필요한 사회적 덕목을 배우는 것을 어렵게 한다(이원영 외, 2017). 그러나 공선영(2000)은 여성 한부모 가족의 가장이 어려움을 극복하고 당당하게 생활하기 위해서는 "사별이나 이혼은 여성이 경제적 자립을 할 수 있는 기회의 장이며, 자유로운 시간을 통해 자아를 발견하고 발전시키는 계기가 될 수 있다. 한부모 가족의 어려움은 자녀와의 유대를 통해 극복할 수 있으며, 어려움이나 문제상황은 적극적 대처 전략으로 해결할 수 있다."라고 스스로 격려하는 것이라 하였다.

아버지가 혼자 아이를 키워야 하는 '부자 가족'은 모자 가족보다 더 많은 문제에 봉착하게 된다. 양육방법을 제대로 몰라 자신감이 없는 데다가 어린아이들이 보일 수 있는 자연스러운 행동도 문제로 여겨 아이를 학대하는 경우가 종종 발생한다. 예를 들어, 아이는 애착을 형성해 왔던 엄마와 떨어져 정서적으로 불안해져서 울거나 칭얼거리는데 영아 발달이나 양육방법에 대한 지식이 없는 아버지는 자신의 권위에 대한 도전으로 여기고 아이에게 신체적, 언어적 폭력을 행사하는 경우가 있다. 어머니의 부재로 인해 생존과 안정에 대한 욕구가 충족되지 않고 의식주 문제가 해결되지 않아 방임되기도 한다. 자녀교육에 직접적인 영향을 미치는 어머니의 부재는 자녀의 전반적인 발달 영역에서 어려움으로 작용하기 쉽다. 또한 아버지가 자녀 양육과 가사를 함께 하면서 직장생활을 해야 하기 때문에 직접 선택의 범주와 기회가 적어지고 취업의 불안정성이 높아져 경제적 어려움이 커지는 경우가 많다(이원영 외, 2017). 남성 한부모 가족의 가장은 대부분 친부모와 동거하면서 가사지원 및 자녀 양육 보조 등을 받는 것으로 알려져 있다. 그러나 남성 한부모 가족은 여성 한부모 가족에 비해 전반적인 생활 만족도가 낮게 나타나고 있어 가족의 삶의 질이 떨어진다고 볼 수 있다(김승권, 김태진, 김유경, 송수경, 2001).

한부모 가족의 자녀는 양 부모 가정의 자녀와 다르다는 부정적인 인식과 사회적 편견으로 위축되는 경우가 많아 다른 사람과 친밀한 관계를 맺기 어려워한다. 모자 가족의 아들과 부자 가족의 딸은 바람직한 성 역할 모델을 가까이에서 찾을 수 없는 어려움을 겪게 될 수 있다. 일반적으로 남아가 여아보다 성 역할을 학습하는데 더 큰 어려움을 겪는 경우가 많고, 모자 가족에서 자란 여아는 어른이 되었을 때 이성과 애정관계 형성을 두려워하거나 성에 대해 자연스럽게 반응하지 못한다. 아버지의 부재는 침착한 사고와 논리적인 추론이 요구되는 수학적 과제나 문제해결 과제를 잘 해내지 못하게 하는 반면, 어머니의 부재는 언어 발달에 부정적인 영향을 줄 수 있다(이원영 외, 2017).

한편 이혼은 사회적인 해체와 불안정성, 도덕성의 상실, 평균수명의 연장으로 인한 부부관계 기간의 장기화와 이에 비례하는 가족 스트레스, 갈등의 증가 등의 거시적 · 미시적 환경 체계의 변화에 대한 사회적 반응이기도 하다. 최근 들어서 이혼은 개인적인 차원에서는 부부간의 갈등을 해결하는 합리적이고 합법적인 수단이며, 오히려 이혼이 '가족 문제를 해결하는 방법 중의 하나'일 수 있다는 시각에 동조하는 이들이 많아지고 있다(이소희, 1998). 또한 양 부모가 존재하되, 계속되는 갈등과 혼란 및 억압 상태에서 성장하는 아동보다 이혼가정 자녀들이 오히려 적응을 잘 하는 것으로 나타났다(Hetherington, Cox & Cox, 1976). 한부모 가족이라 할지라도 한부모와 자녀 간 효과적인 의사소통 기술과 한부모의 지속적이고 비처벌적인 훈육의 경우 아동의 성공적 적응을 북돋울 수 있고(민하영, 이윤주, 김경화, 2008), 불행한 부부관계를 해소시킬 방법을 제도적으로 인정한 것이 이혼이며 이는 오히려 결혼제도를 존속시킬 수 있는 제도적 방편이 될 수도 있다(장원동, 류현수, 2012).

2) 한부모 가족의 부모교육 프로그램

이혼한 부모의 자녀에 대한 죄책감은 부모 역할에 도움이 되지 못한다. 애정과 통제를 적절히 잘 사용하는 권위 있는 양육태도는 이혼 전과 후 과정 동안 아동의 역량과 웰빙에 지속적으로 긍정적인 영향을 미칠 수 있다. 자녀에게 이혼의 결정을 이야기할 때에는 가능한 간결하고 분명하게 이혼의 원인과 과정, 그리고 이혼 후 변화될 생활에 대하여 사실적으로 전달해야 한다. 변화될 환경들과 변화하지 않는 것들에 대해 분명히 하여 아동이 불안감을 느끼지 않도록 해야 한다. 또한 부모는 자녀가 부모를 걱정하고 있다는 사실도 인지하고 있어야 한다. 모든 아동이 시간이 지남에 따라 부모의 이혼에 알아서 잘 적응하는 것은 아니라는 점을 전제하여 개입 지원 프로그램을 계획해야 한다. 이혼은 부부에게만 영향을 끼치는 사건이 아니라 가족 전체 체계에 영향을 주는 과정으로 이해해야 한다. 또한 이혼은 아동에게 즉각적이고 장기적인 영향을 준다는 것을 명심해야 한다. 개입 프로그램은 이혼 때의 아동의 발달단계 시기, 그리고 부모가 이혼 과정을 얼마나 계획적으로 진행하였는지를 고려해야 한다(이재연 외, 2019).

미국의 컬럼비아 지구 고등법원에서 발간한 이혼으로 인한 가사조정훈련 매뉴얼에서는 한부모 가족이 되었을 때 부모들이 자녀를 위해 해야 할 일을 다음과 같이 8가지로 명시하였다(신라대학교 가족상담센터, 2005). 첫째, 부모는 자녀에게 사랑한다는 말을 하고 앞으로도 항상 사랑할 것이라는 점을 반복적으로 말해야 한다. 둘째, 부모가 더 이상 혼인관계에 있지 않아도 여전히 엄마, 아빠로 남을 것이라는 점을 말해야 한다. 혼인관계가 끝난 것은 아이들 때문이 아니라 성인들이 결정한 것이라는 점을 명료하게 말해 준다(어린 자녀는 자기 때문에 부모가 이혼했다는 죄책감을 가지기 때문이다). 셋째, 이제부터 부모는 각자 다른 집에 살 것임을 말하고 두 집에 자녀의 공간이 있다는 것을 알려 준다. 넷째, 부모는 자녀에게 진실을 말해야 한다. 앞으로 자녀들의 삶에 일어날 변화에 대해서 솔직하게 밝혀야 한다. 다섯째, 자녀의 감정을 알고 싶다고 부모는 밝혀야 하며, 부모는 자녀의 심정을 알아야 한다. 여섯째, 부모는 결코 자녀를 떠나지 않을 것이라고 말하고 부모 역시 자녀가 필요하다는 점을 강조하여야 한다. 일곱째, 자녀들은 부모들이 다시 옛날로 함께 돌아가기를 바란다. 하지만 예전으로 돌아갈 가능성이 없다면 별거나 이혼 사실을 분명히 가르쳐 주고 밝혀야 한다. 여덟째, 자녀에 대한 사랑은 말로만이 아니라 행동으로 실천하여야 하며, 신체적으로 사랑을 표현해야 한다. 그리고 부모는 자녀와 함께 재미있는 시간을 보내야 한다.

이순형 외(2010)는 한부모 가족의 부모가 해야 할 역할을 다음과 같이 제시하였다. 첫째, 부부 사이의 갈등이 자녀들에게 심리적 상처가 되지 않도록 해야 한다. 둘째, 한부모 가족의 부모는 자녀 양육에 대해서는 공동의 책임감을 가지고 서로 협동해서 양육해야 한다. 특히 자녀에게 아버지/어머니의 역할이 있음을 인식하여 이혼한 아버지/어머니와 자녀의 만남을 정기적으로 보장해야 한다. 셋째, 자녀와 언어적 소통을 통해 이야기를 들어 주고 마음을 위로하는 노력이 필요하다. 넷째, 청소년 자녀의 심리적 갈등과 고민을 듣고 이해하기 위해 부모는 공동으로 노력해야 한다.

따라서 부모-자녀관계의 질을 높이기 위하여 부모는 자녀의 이야기를 판단하려 하거나 비판하려 하지 말고, 자녀의 일관성 없고 양가적인 감정들을 있는 그대로 받아들일 줄 알아야 하며, 자녀가 말 또는 대화 없이 침묵할 수 있는 시간과 공간에 대해서도 인정할 수 있어야 한다. 가족만이 공유할 수 있는 새로운 일상이나 패턴을 만드는 것은 자녀와의 관계를 강화시키고 여전히 가족이라는 것을 느낄 수 있게 해줄 수 있다. 또한 아동은 본인이 받는 스트레스를 스트레스라고 지각하지 못하는 경우가 많다. 따라서 두통이나 복통, 불면증 등 신체적인 증상에 대해 민감하게 반응할 수 있도록 한다(이재연 외, 2019).

한부모 가족의 불안정성을 극복하고 독립된 양육자로서의 정체감을 발달시켜 사회적응력을 높일 수 있도록 영유아교육기관에서 한부모 상담을 통해 지원할 수 있는 구체적인 방법은 다음과 같다(이원영 외, 2017).

첫째, 죄책감을 갖지 않도록 주의하기이다. 아이들은 한부모 가족이 된 원인을 자신의 탓으로 생각하며 심한 죄책감을 가지기 쉽다. 필요한 경우 한부모 가족이 된 과정에 대해 아이가 이해할 수 있는 만큼 알려 주고, 아이의 잘못이 아님을 분명히 말해 주어야 한다.

둘째, 부모의 죽음, 이혼에 대해 자녀에게 알리기이다. 한부모 가족이 된 원인에 대해 거짓말하거나 미화시키지 말고 아이의 발달 수준을 고려하여 이해하도록 돕는다. 죽음을 이해하기 어려운 어린아이에게는 그림책, 드라마 등의 간접 경험을 통해 이해할 수 있도록 돕는다.

셋째, 한부모의 양육 스트레스, 우울감 완화를 위한 긍정적 지원하기이다. 생계 유지 및 한부모 양육에 대한 부담감이 높아 힘든 한부모의 행복감을 높일 수 있도록 노력한다. 용기를 주는 말, 자녀를 칭찬하는 교사의 말 한마디도 큰 힘이 될 수 있다.

넷째, 한부모 가족 자녀의 문제행동 지도하기이다. 한부모 가족의 특성상 훈육 기회의 부족, 자녀에 대한 안쓰러움과 미안함으로 인한 과잉보호 등으로 여러 가지 문제행동이 나타날 수 있다. 자아를 형성할 수 있도록 아이의 강점을 강화하고 가족의 건강성을 증진하는 교사의 지속적인 노력이 요구된다.

한부모 가족이 안정적인 사회적 지지 체계를 유지하기 위해 부모 개인이 가진 갈등을 해결하는 능력, 주변 사람들과 효과적으로 의사소통하는 방법 그리고 스트레스를 관리할 수 있는 능력 향상에 대한 프로그램이 필요하다. 특히 한부모 가족의 경제적인 어려움은 스트레스를 높이고 폭력적인 훈육을 할 가능성을 높이므로 부모-자녀관계에 매우 부정적인 영향을 미칠 수 있다. 이에 부정적 영향을 미치는 전반적 상황에 대한 위기관리 대처능력에 대한 개입이 중요하게 요구된다(Amato & Booth, 1996).

3. 특수아(장애, 영재) 가족

1) 특수아(장애, 영재) 가족과 부모교육

(1) 장애아 가족

우리나라 「장애인 등에 대한 특수교육법」에 의하면, 시각장애, 청각장애, 지적장애, 지체장애, 정서 · 행동장애, 자폐성장애, 의사소통장애, 학습장애, 건강장애, 발달지체, 그 밖에 대통령령으로 정하는 장애 중 어느 하나에 해당하는 사람 중 특수교육을 필요로 하는 사람으로 진단 · 평가된 사람을 특수교육대상자로 선정한다.

장애아의 부모는 자녀의 장애로 인하여 많은 스트레스와 좌절 그리고 위기를 겪게 된다. 따라서 장애아 부모의 심리적인 상처를 가볍게 하고 스트레스와 좌절을 극복하여 정신적인 건강을 유지하도록 도와주어야 한다. 장애아 부모의 대표적인 증상은 지속적인 우울증과 무력감이다. 장애아 부모가 바로 이러한 우울증과 무력감의 병리적 상태로부터 탈출하여 자신의 정신건강을 유지할 수 있게 될 때 장애아 부모로서의 역할을 제대로 수행하게 되는 것이다(이경화, 김연진, 고진영,

2008). 부모들은 자신의 자녀가 장애를 가졌다는 사실에 엄청난 충격을 겪는다. 장애아동의 출생에 대한 부모들의 반응은 매우 다양하며, 부모의 사회경제적 지위, 종교, 장애의 정도 등이 그에 영향을 미친다. 그러나 대부분의 부모는 처음에 자녀의 장애를 수용하지 못하고 그 충격으로 인해 심각한 스트레스와 위기를 겪게 된다. 장애아 부모들이 나타내는 일련의 심리적 반응단계는 다음과 같다(장원동, 류현수, 2012). 첫 번째로 충격, 부정, 거부의 단계이다. 처음에 부모들은 장애아동의 출생에 대한 충격으로 그 사실을 부정하고 진단을 수용하지 못하며 여러 다른 전문가들을 찾아다니기도 한다. 그러나 더 이상 장애아의 존재에 대해 부정을 할 수 없으면 두 번째로 분노와 원망의 단계로 접어든다. 이때 부모는 분노를 느끼며 그것은 내재화가 되어 자기증오감을 경험하게 된다. 그 후 세 번째 단계로 협상의 단계를 거치는데, 이 단계에서 불가사의한 운명과 협상하며, 자녀를 위해 자신의 모든 에너지를 쏟으며 자신의 목표까지 희생하고자 한다. 그러나 자녀에게서 기대한 만큼의 진전이 보이지 않으면 좌절과 침체의 단계로 넘어간다. 네 번째 단계에서 부모는 점차 침체되며 무기력감을 느끼게 되고, 이 단계를 극복하면 다섯 번째로 수용과 회복의 단계에 들어서게 된다. 이때는 부모가 자녀를 있는 그대로 수용하며 자신들이 처한 상황을 현실적으로 수용하게 된다. 이 단계에서 부모는 장애아의 능력과 제한을 인정하며, 장애아 문제의 보다 생산적인 해결에 초점을 두게 된다. 부모는 장애아의 한계에 대해 여전히 슬픔을 느끼지만, 그들의 삶이 갖는 긍정적인 측면도 인식하게 된다.

장애아를 가진 부모는 자기 자녀가 장애아라는 심리적인 충격과 그 장애에 대한 책임감, 죄책감 등으로 자녀를 바르게 이해하지 못하게 되어, 바른 교육관을 가지지 못하게 된다. 따라서 장애아를 가지게 된 사실을 인정하고 장애아에 대한 정확한 인식을 하는 것이 필요하다.

바람직한 장애아 부모의 태도를 정리하면 다음과 같다(이경화 외, 2008).

첫째, 될 수 있는 한 빨리 전문가와 상담해야 하며 전문가의 진단 결과에 따른다. 사실을 받아들이고 긍정하는 태도를 빨리 가지면 가질수록 장애아에게 더 효과적인 새로운 길을 모색할 수 있다. 자녀에게 어딘가 이상이 있는 것 같아서 병원에 찾아가 진단을 받았더니 장애아라고 진단이 내려졌을 때 그것을 사실로 받아들이지 않으려는 것이 부모의 심리이다. 그러나 부모의 현명한 태도는 전문가의 진단이 엄연한 사실일 때 그 사실을 일단 받아들이고 그 사실을 긍정하는 것이다.

둘째, 부모는 죄악감이나 치욕감에서 해방되어야 한다. 부모가 죄책감이나 수치심에 사로잡히면 심한 갈등이 생기며, 이러한 마음의 갈등은 불화와 불안, 열등의식을 조장한다. 부모는 현실을 직시하고 자녀를 위하여 무엇을 할 것인가를 모색해야 한다.

셋째, 부모는 자녀에게 능력 이상의 것을 요구해서는 안 된다. 장애아는 결코 비장애아와 같을 수 없으며, 장애아를 위한 교육도 비장애아로 만드는 교육이 아님을 깨달아야 한다. 장애아의 교육은 장애아를 비장애아와 같이 만드는 것이 아니다. 다만, 그들 나름대로 가지고 있는 잠재능력을 최대한으로 길러 주어 능력을 발휘할 수 있게 하는 것으로, 그 이상의 무엇을 바랄 수는 없으며, 부모는 아동을 존재하는 그대로 받아들여야 한다.

넷째, 부모뿐 아니라 온 가족의 태도가 일관성이 있어야 한다. 할아버지와 할머니, 아버지와 어머니 또는 형제자매들 사이에 의견이 일치하지 않아서 한 사람은 야단을 치는데 한쪽에서는 편을 들어 준다든지 장애아를 대하는 태도가 일관성이 없으면 이는 자녀의 교육에 막대한 지장을 준다.

다섯째, 칭찬을 아끼지 말고 항상 애정으로 대해야 하지만 익애는 금물이다. 인간에게는 인정을 받으려는 욕구가 있다. 비록 실패했을 때라도 꾸짖는 대신 격려를 아끼지 않으면 장애아는 만족감이나 자신감 그리고 의욕을 가질 수 있다. 지나친 꾸지람은 장애아로 하여금 자신감을 잃게 하고 불안감을 갖게 하며 열등의식에 사로잡히게 하고 의욕을 잃게 한다. 불쌍하다고 느껴서 정을 주고, 귀찮다고 미워하고 거절하지 말아야 하며, 변함없이 꾸준한 애정적인 태도로 대해야 한다.

여섯째, 부모는 인내심으로 장애아를 대해야 한다. 성급히 결과를 기대하는 부모의 태도는 모든 면에서 서투르고 늦어지는 장애아에게 더욱 긴장감을 주며 초조하게 한다. 그러므로 자녀의 늦어지는 발달, 발육을 인내로 기다릴 줄 알아야 한다.

마지막으로, 자녀를 위해서 무엇을 해야 할 것인가를 생각해야 한다. 부모는 다른 가족 구성원과 합심해서 장애아를 위해서 할 수 있는 일을 강구하며, 장애아에게 제공할 수 있는 최상의 서비스를 모색해야 한다.

(2) 영재아 가족

우리나라 「영재교육진흥법」에 의하면, '영재'란 지능이 뛰어난 사람으로서 잠재력을 계발하기 위하여 특별한 교육이 필요한 사람을 말하며, 영재교육기관의 장은 일반 지능, 특수 학문 적성, 창의적 사고 능력, 예술적 재능, 신체적 재능, 그 밖의 특별한 재능 중 어느 하나의 사항에 대하여 뛰어나거나 잠재력이 우수한 사람 중 해당 교육기관의 교육 영역 및 목적 등에 적합하다고 인정하는 사람을 영재교육대상자로 선발하여 교육한다.

영재성이란 용어의 정의는 시대적, 사회적 상황에 따라 변하고 있어 획일화된 하나의 정의로 제시하기 쉽지 않지만, 가네(Gagne, 2004)의 영재성과 재능의 차별화 모형으로 정리할 수 있다. 가네는 재능이 없어도 영재가 되는 것은 가능하지만, 그 반대는 성립되지 않는다고 말하며 [그림 5-1]과 같이 특수재능 내의 영재성을 발휘하기 위해서는 타고난 능력뿐만 아니라 촉매제로서 적합한 교육과 환경을 제공해야 함을 강조하였다.

영재는 정서적으로 민감하며 강렬함을 지니고 있다. 영재들은 본인, 타인, 환경에 대해 민감함을 보이며, 자신의 주변 환경과 그 속에 속해 있는 것들에 대해 민감하게 반응한다. 또한 영재들은 자신이 흥미를 느끼는 관심분야를 접할 때 강렬함을 느끼게 되는데, 이때 높은 집중력을 나타낸다. 이러한 영재들의 정서적 민감함과 강렬함은 주변의 자극을 민감하게 받아들이는 동시에 주의를 기울이게 하며, 또래들은 잘 느끼지 못하는 변화도 쉽게 감지할 수 있다.

영재는 일반학생들과는 다른 다양한 특성들을 갖고 있으며, 이들이 갖고 있는 다양한 특성만큼 특별한 교육을 필요로 한다. 영재의 특성은 개인별로 다르게 나타날 수 있으며 크게 인지적, 정의적·사회적, 창의적 특성으로 분류할 수 있다.

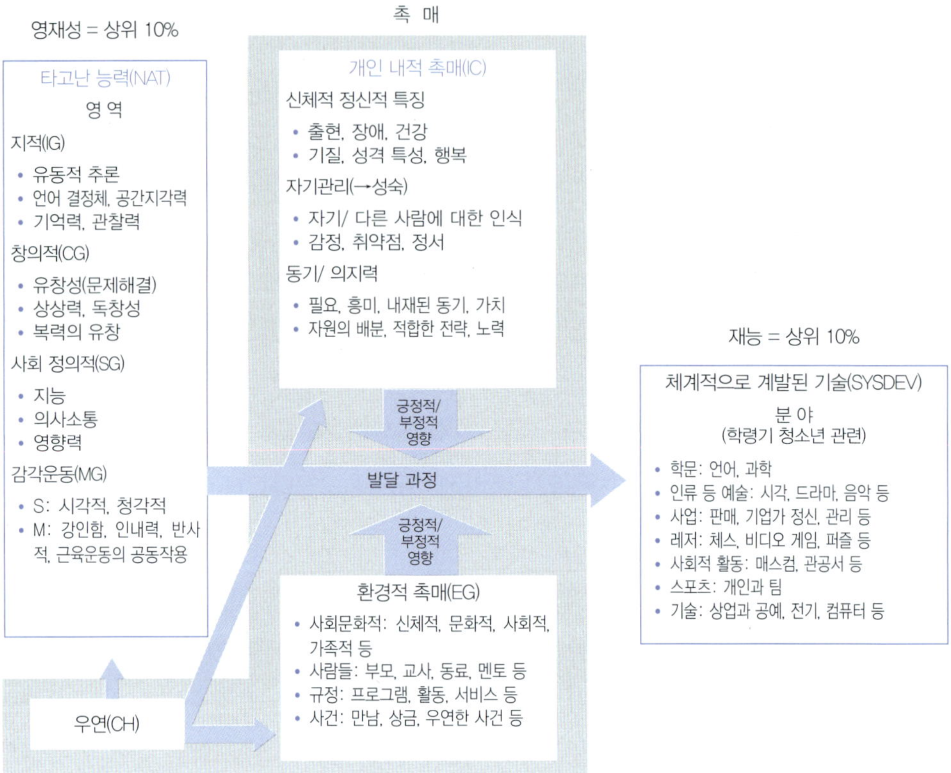

[그림 5-1] 영재성과 재능의 차별화 모형

첫째, 인지적 특성은 사고 능력을 포함하는 지적 특성으로, 영재성과 관련된 많은 인지적 특성들은 경험적 근거를 토대로 하고 있다. 대표적인 인지적 능력으로 영재는 또래보다 높은 지적 능력을 가지고 있으며 빠른 학습 능력과 집중력을 나타낸다. 또한 성숙하고 발달된 언어 능력을 보이며 자신의 생각을 논리적으로 표현할 수 있다. 모든 영재가 〈표 5-1〉에 나열된 인지적 특성들을 전부 가지고 있지는 않더라도 최소한 몇 개의 영역들에서는 발견될 수 있다. 영재의 인지적 특성들은 각각의 능력들을 구분하는 명확한 기준으로 나눠져 있는 것은 아니며 각 능력들은 서로 어느 정도 관련되어 있다.

둘째, 정의적 · 사회적 특성은 자아개념, 동기, 독립심, 내적 통제, 정서, 느낌,

감성 등이 포함된다. 영재들의 정의적 · 사회적 특성 역시 일반 또래들과 비교하였을 때 다른 특성들을 갖고 있다. 영재는 높은 동기와 강한 자아개념 그리고 높은 도덕심을 가지고 있으며, 모든 것을 완벽하게 해내려는 완벽주의 성향을 나타낸다. 또한 동일한 상황에서 또래보다 정서적으로 민감하게 반응하며, 본인보다 나이가 많은 사람들과 잘 어울리고 수준 높은 유머감각을 가지고 있다. 영재들의 정의적 · 사회적 특성들은 긍정적이거나 부정적으로 나타나는 경우가 많기 때문에 인지적 능력과 조화를 이룰 수도 있으나 부조화를 이룰 수도 있다. 예를 들어, 완벽주의 성향 때문에 본인이 수행하는 과제나 활동에서 완벽한 결과가 나올 수 있지만, 완벽한 결과가 나오지 않으면 완벽할 때까지 주위의 시선과 상황을 무시한 채 열중하는 모습을 보이기도 한다.

셋째, 창의적 영재들은 자연스럽게 다양한 아이디어를 생성하는 모습을 보인다. 그들은 또래들에 비해 여러 가지 관점에서 다양한 아이디어나 해결방안을 많이 떠올릴 수 있다. 다양한 아이디어를 만들어 내는 능력이 반드시 높은 창의적 문제해결 능력을 나타내는 것은 아니지만, 많은 아이디어를 생성해 낼수록 창의적으로 문제를 해결할 수 있는 선택의 폭이 넓어지는 것은 부정할 수 없다. 영재들은 스스로 생각하는 것을 더 선호하기 때문에 나이가 많거나 권위 있는 사람의 조언 대신 그들 스스로 문제를 해결하고 방법을 찾아 나서려 한다. 독립적 사고를 가진 창의적 영재는 새로운 아이디어를 생성하고 남들이 시도하는 똑같은 방법 대신 혁신적인 방법을 사용하는 등 원동력이 될 수 있으나, 자칫 그들보다 나이가 많거나 권위 있는 사람에 대한 도전으로 받아들여질 수도 있다. 평범한 사람들은 기존의 틀에서 벗어나거나 새로운 것을 꺼리는 경향이 있으나, 창의적인 사람들은 새롭고 복잡하고 일반적이지 않은 것에 매력을 느낀다. 창의적인 영재들의 이러한 능력은 참신하고 독특한 아이디어를 산출해 내는 원동력이 된다. 그들은 기존의 사고나 틀에서 벗어나 그들만의 독특한 아이디어를 만들고 문제를 해결할 수 있는 새로운 방법을 찾아낼 수 있다.

〈표 5-1〉 영재의 인지적, 정의적·사회적, 창의적 특성

특성	내용
인지적	높은 지적 능력, 발달된 언어 능력, 높은 수준의 읽기와 이해 능력, 상위 인지, 뛰어난 기억력, 높은 집중력, 논리적 사고력, 빠른 학습 능력, 일반화, 높은 지적 호기심, 언어의 조숙성, 지각적 민감성 등
정의적·사회적	높은 동기, 강한 자아개념, 강한 독립심, 높은 도덕심, 정서적인 민감성과 강렬함, 완벽주의, 내적 통제와 내적 귀인 성향, 뛰어난 유머감각, 도전성, 리더십 등
창의적	높은 지적 능력, 다양한 아이디어 생성, 사물을 총체적으로 보는 능력, 독립적 사고, 새로운 것에 대한 끌림, 수준 높은 결과물 생성 등

영재는 앞서 살펴본 것과 같이 일반학생들과는 다른 다양한 특성을 갖고 있다. 이러한 특성은 긍정적인 행동 특성으로 나타나기도 하지만, 부정적인 행동 특성을 나타내 이로 인한 갈등과 불안이 존재하기도 하며 사회 적응 및 정체성에 혼란을 겪기도 한다. 예를 들어, 영재는 높은 지적 능력을 갖고 있어 다양한 분야에 관심과 호기심이 많고 많은 양의 정보를 가지고 있지만, 과다하게 질문을 하거나 학교의 정규과정을 지루해하고 더 많은 정보를 얻기를 바랄 수 있다. 또한 또래보다 발달된 언어 능력을 갖고 있어 높은 어휘 수준을 갖고 있지만, 또래와 맞지 않는 언어사용으로 또래관계가 원활하지 않거나 잘난 체하는 것으로 비춰질 수 있다. 따라서 영재가 보이는 다양한 행동 특성의 긍정적, 부정적인 면을 잘 이해하여 아동을 문제아 취급하기보다 영재를 이해하는 교사와 부모의 세심한 격려와 지원이 필요하다.

자녀가 영재로 판별되었을 경우 부모들의 반응은 어떠할까? 일반적으로 부모들의 반응은 두 가지로 나타날 수 있다. 먼저 자녀의 영재성에 대해 특별한 관심을 보이며 이를 주변에 자랑하고 싶을 정도로 기뻐할 것이다. 그러나 지나친 특별한 관심으로 인해 자녀에게 불필요한 우월감과 특권의식을 심어 주어서는 안 될 것이다. 반대로 자녀의 영재성에 대해 부정하고 오히려 그것을 사장하고 일반아동들과 같이 생각하고 함께 행동하기를 바라는 부모도 있을 것이다. 이는 자녀가

영재로서 너무 뛰어날 경우 사회·정서적인 어려움으로 인하여 정상적인 사회생활에 어려움을 겪게 되는 것을 미리 예방하는 차원에서 나타나는 반응일 것이다(이신동, 이정규, 박춘성, 2009).

2) 특수아(장애, 영재) 가족의 부모교육 프로그램

(1) 장애아 가족

부모교육은 부모로서의 역량을 키우고 효과적으로 자녀를 양육하는 데 도움을 준다. 특히 장애를 지닌 자녀들을 양육해야 할 책임이 있는 장애아 부모들은 부모로서의 다양한 역할을 하는 데 여러 가지 어려움과 난관에 봉착하게 된다. 따라서 장애아 부모가 장애아동으로 인한 심리적 긴장을 해소하고 재활정보를 얻고, 그러한 정보를 장애아동에게 적용하는 데 도움을 줄 수 있도록 부모교육이 더욱 필요하다. 장애아 부모는 부모교육을 통해 장애에 대한 올바른 지식과 지도방법을 배우게 되어 가정에서 장애아동의 조기치료교육을 위해 협력할 수 있게 된다. 이와 더불어 부모는 정신적 위안을 얻을 수 있으며 도움이 필요할 때 도움을 요청할 수 있다. 장애아동이 있는 가정의 경우는 부모교육을 통해 자신과 비슷한 문제를 지닌 다른 부모들과 함께 만나서 정보를 교환하고 공감대를 형성하는 유용한 시간을 갖는 것은 매우 바람직하다. 장애아 부모교육의 필요성을 요약하면 다음과 같다(장원동, 류현수, 2012).

① 장애아동이 지닌 독특한 특성에 대한 지식을 얻음으로써 이들을 이해하고 도움을 줄 수 있으므로 가정에서의 효과적인 지도가 가능하다.
② 부모에게 위안과 자신감을 심어 주어 조기치료교육의 효과를 높일 수 있다.
③ 장애아동의 학교와 가정 간의 일관성 있는 교육을 실시하기 위해 필요한데, 이는 학교에서 학습한 내용과 가정에서의 지도방법이 연계가 되어 일관성이

있을 때 효과가 크기 때문이다.

④ 이차적인 장애를 예방하는 데 도움이 된다. 즉, 부모와 교사와의 협력을 통하여 기관(치료실)에서 배울 훈련이 가정에서 생활로 옮겨질 때 장애로 인한 다른 장애를 줄일 수 있다.

⑤ 사회에서 긍정적인 장애자관 확립에 가정이 모범이 될 수 있다. 즉, 부모가 긍정적이고 수용적인 장애자관을 가지고 있을 때, 형제나 친척, 이웃, 나아가서 사회도 그러한 태도를 가지게 되기 때문이다.

장애아를 가진 부모가 부모교육을 통해 도움받을 수 있는 내용은 다음과 같다(김진영, 김정원, 전선옥, 2000).

① 자신의 자녀가 장애를 가진 특수아라는 것을 받아들이도록 하는 내용
② 장애아가 가족 구성원에게 미치는 영향에 대한 내용
③ 장애아에 대하여 이해하고 상호작용할 수 있도록 장애아의 형제자매를 돕는 방법에 대한 내용
④ 장애아의 출생과 진단에 뒤따르는 경제적 문제를 해결하는 방법에 관한 내용
⑤ 자신의 자녀가 다치면 어쩌나 혹은 남의 자녀를 해치면 어쩌나 하는 걱정으로 인한 정서적 긴장에 대처하는 방법에 관한 내용
⑥ 부모로 하여금 자녀가 놀림에 반응하는 방법을 알고 자신의 장애를 설명할 수 있게 도와줄 수 있도록 부모를 돕는 내용
⑦ 부모가 자녀의 학문적 성취와 사회적 성취를 어느 정도까지 기대할 수 있는지를 알 수 있도록 도움을 주는 내용
⑧ 장애아에게 최적의 교육을 위한 권익 옹호를 할 수 있도록 부모를 돕는 내용
⑨ 부모 사망 후 자녀의 미래 계획과 조치에 관한 내용
⑩ 장애아를 위한 치료, 교육, 훈련에 관한 정보에 관한 내용

포테이지 프로그램(The Portage Guide to Early Education: PGEE Program)은 미국의 위스콘신 주 포테이지라는 도시에서 장애아동의 조기교육을 담당한 교사들이 다른 교사들이나 부모 그리고 아동들과의 직접적인 경험을 토대로 제작한 프로그램이다. 이 프로그램은 원래 교사가 아동의 집을 방문하여 부모와 함께 아동의 교육 프로그램을 작성하고, 이것을 부모가 일정 기간 동안 가르치고 기록하여 교사와 같이 평가해 보는 과정을 계속하는 가정방문제 프로그램의 일환으로 개발되었는데, 가정 지도뿐만 아니라 특수교사 및 학교교육에도 상당한 도움을 주는 실용적이고 사용하기에 편리한 프로그램으로 평가받고 있다. 포테이지 프로그램의 발달 영역은 유아 자극, 신변처리, 운동성, 사회성, 인지, 언어의 6개의 영역으로 구성되어 있다(신소라, 1999).

포테이지 프로그램은 크게 네 가지의 진행 과정을 거친다. 첫째, 프로그램에 적합한 대상 아동 판별로 신변처리, 운동성, 사회성, 인지, 언어에 있어서 나이와 기능 수준에 상당한 지연이 있거나, 의학적, 신체적, 행동적 어려움이 있을 경우 서비스를 받을 자격이 주어진다. 둘째, 표준화된 검사와 직접 관찰, 부모 면담 및 질문 과정 등의 진단평가 과정으로 프로그램 투입을 위해 처음 실시하는 진단평가 과정부터 부모가 참여하게 된다. 셋째, 아동별 개별교육과정 계획으로 포테이지 지침서를 기반으로 아동이 현재 수행할 수 있는 행동기술과 앞으로 배워야 하는 행동기술을 분류한다. 넷째, 목표 행동을 가르치는 방법이 적혀 있는 지침 카드를 기반으로 교육을 실시하고 그 내용을 활동표에 기록한다(Sheare & Sheare, 1972).

(2) 영재아 가족

자녀를 영재로 둔 부모가 갖추어야 할 능력은 자녀가 지니고 있는 영재성에 대한 올바른 이해와 포용, 영재성 발현에 도움이 되는 양육태도와 가정 환경의 조성, 그리고 자녀의 영재성에 적합한 교육 프로그램 배치에 대한 안내와 지도이며, 자세히 살펴보면 다음과 같다(이신동 외, 2009).

첫째, 자녀가 지니고 있는 영재성에 대한 올바른 이해와 포용이다. 부모들은 자녀의 교육적 능력에 대해 얼마나 객관적으로 평가하고 있는가? 많은 연구들은 부모들의 자녀에 대한 판단, 특히 자녀의 재능에 대한 판단은 객관적이지 못하고 오히려 양극단에 치우친 경우가 많다고 한다. 부모들은 자녀의 능력에 대한 평가에서 아주 뛰어나다 판단하거나 혹은 정상 이하보다 아주 못하다고 판단하는 경우가 많다. 이러한 판단 경향은 부모들이 고학력 집단일수록 더 많이 나타난다. 이는 부모 자신의 절대적인 기준에 의한 평가이며, 자녀 또래 집단 간의 상대적 기준에 의한 평가가 어렵기 때문이다. 그러므로 교사, 특히 영재교육 담당 교사와의 상담이 필요하다. 부모들은 영재가 지닌 특성에 대한 올바른 이해와 포용이 있어야 한다. 올바른 이해와 포용을 위해서는 영재성에 대한 정확한 지식을 갖춰야 할 것이다. 부모들은 자녀의 영재성에 대한 막연한 기대감과 자만 혹은 지나친 불안감에 치우치지 않고, 영재들이 지니는 심리적인 특성과 행동에 대한 올바른 지식을 학습하여야 한다. 올바른 지식에 기초하여 자녀가 지닌 영재성의 영역, 강점, 약점들을 잘 알고, 강점을 신장하고 약점을 보완하면서 영재성이 발현되는 것을 지원하여야 한다. 더불어 자녀의 영재성에 대해서도 자녀가 잘 이해할 수 있도록 설명하여야 한다. 자녀의 탁월한 능력이 우열 문제가 아닌 다른 아동들과 다른 특별한 특성 중의 하나라는 것과 그 능력으로 인해 지나친 자만심이나 엘리트주의에 빠지지 않도록 지도하여야 한다.

둘째, 영재성 발현에 도움이 되는 양육태도와 가정 환경의 조성이다. 부모의 양육태도와 가정 환경의 조성은 영재성 발현에 직접적인 영향을 미친다. 먼저 부모의 수용적이고 민주적이며 일관된 양육태도는 자녀의 영재성 계발에 도움이 된다. 그런데 여기서 주의해야 할 것은 우리나라 부모들은 자녀의 영재성 계발에 도움이 되기 위해 자신의 모든 시간과 노력을 희생하고 헌신하며 심지어 직장생활까지 그만두면서 다양한 교육기관으로 데리고 다니면서 지도하고 시간관리까지 해 주는 것 등을 부모가 헌신적으로 해 줄 수 있는 양육태도라고 생각하는 경향이 있다는 것이다. 특히 어머니들이 이러한 양육태도를 헌신과 사랑, 자율과 허용적인 양육태도라고 인식하고 있다. 그러나 이러한 양육태도에 대한 자녀의 인식은 반드시 부모들이 인식하고 있는 양육태도와 일치하지 않는다. 영재에게 맞는 양육태도를 갖기 위해서는 부모들 간에도 일치되는 양육태도를 가져야 할 것이다. 자녀에 대한 양육태도와 방식이 부모들 간에 일치하지 못할 경우 일반아동에 비해 정서적으로 더욱 민감한 영재들에게는 혼란과 방황을 낳게 될 우려가 크기 때문이다. 그리고 부모와 자녀 간에도 대화를 통해 상호 규칙을 만들고 이를 지키도록 하여야 한다. 다음으로 가정 환경의 조성을 보면, 영재들은 다양한 방면으로의 지적 호기심이 많고, 끝까지 과제를 해결하려는 과제집착력이 높으며, 자신의 능력에 대한 타인의 인정도 많이 받고 싶어 하는 여러 가지 인지적, 사회 · 정의적 특성이 있다. 따라서 이러한 영재성의 이해에 기초하여 자녀가 좋아하는 특정 영역뿐만 아니라 다방면으로 독서할 수 있도록 도서를 비치하고 여행, 견학 등을 통해 다양한 경험을 학습하도록 여건을 조성해야 한다.

셋째, 영재성에 적합한 교육 프로그램의 배치에 대한 안내와 지도이다. 부모는 자녀의 영재성이 발현되는 영역과 수준에 적합한 영재교육기관의 프로그램에 배치될 수 있도록 안내하고 지도해야 한다. 우리나라의 경우 2003년부터 영재교육을 국가적 차원에서 교육하고 있으며 더욱 확대하고 있는 상황이므로 지역 내에 어떤 영재교육기관과 어떤 영역의 영재교육 프로그램이 있는지 알아야 한다. 즉, 대학부설 영재교육기관이 좋은지, 시 · 도 교육청 영재교육기관이 더 적합한지, 또 교육 프로그램은 어느 학년의 어떤 영역을 중심으로 설치되어 있는지에 대해 알아야 할 것이다.

미국영재학회(National Association for Gifted Children: NAGC)에서는 학부모를 위한 다양한 교육자료 및 프로그램을 제공하며, 그중 부모교육과 관련된 자료의 목록은 〈표 5-2〉와 같다. 또한 부모들을 위한 잡지 〈Parenting for High Potential〉을 1년에 4번 발간하고 있으며, 영재 판별, 영재 특성, 영재 수준 및 영역 등 다양한 정보를 제공하고 있다. 이와 같이 미국영재학회는 부모들이 아동의 성장을 위해 지속적인 지원이 가능하도록 다양한 수준의 참여 방안을 제시하고 있다. 영재교육에 대한 개론부터 전문서적까지 다양한 유형의 정보를 단계별로 소개하고 있으며, 저널 기고와 지역 모임 등을 통해 아동에 대한 경험을 공유할 수 있는 기회를 제공함으로써 학부모 간의 소통을 촉진한다. 미국영재학회는 부모가 영재와 영재교육에 대한 단순한 이해를 넘어서 교육자와 연구자로서의 역할까지 수행할 수 있도록 영재교육과 관련된 자료를 체계적으로 사이트에 탑재하고 있다(강주희, 2017).

〈표 5-2〉 미국영재학회 부모교육 내용

동기와 학습 Motivation and Learning	영재 권리 장전 Gifted Children's Bill of Rights
여름방학 계획하기 Planning Summer	영재를 위한 게임과 장난감 Games and Toys for Gifted Children
사회적 · 정서적 이슈들 Social & Emotional Issues	다문화 가족을 위한 자료 Recursos Para los Padres de Familia
영유아 영재 Young Bright Children	부모 모임 시작하기 Starting a Parent Group

한국교육개발원은 2011년부터 영재교육에 대한 학부모들의 이해를 돕기 위해 부모 지침서를 개발하였으며, 유아 & 초등저, 초등고, 중등의 3단계로 구성되어 있다. 이 지침서에는 영재교육 정책에 대한 이해, 영재성 진단, 다양한 유형과 분야의 영재, 영재교육기관 및 입학정보, 영재 상담 등의 내용을 포함하고 있으며, 이를 요약하면 〈표 5-3〉과 같다.

〈표 5-3〉 행복한 영재를 위한 부모 지침서

발달 특성	– 연령별 영재의 발달 특성
영재성	– 이런 학생을 영재라 합니다. – 영재성의 영역
영재 판별	– 영재 선발 방식의 변화 – 우리 아이가 영재인 것 같아요. 어떻게 해야 하나요?

영재 특성	– 영재들은 어떤 특성을 나타내나요?
영재 교육	– 영재교육은 왜 필요할까요? – 영재와 영재교육 대상자의 차이 – 영재교육기관의 관계 모형 – 영재교육 기관의 종류와 특성
영재 부모	– 영재 부모가 해야 할 일 – 영재 부모가 하지 말아야 할 일 – 영재교육 변화 추이에 관심을 기울여 주세요.
영재 유형	– 우리 아이는 어떤 유형의 영재일까?
부모 유형	– 나는 어떤 유형의 양육자일까?
영재 특징	– 분야별 영재들의 특징은 어떠한가요?
미성취영재	– 미성취 영재란? – 미성취 영재의 특징 – 연령별 미성취 극복
진로 지도	– 진로 지도의 중요성 – 연령별 영재 진로 지도의 특징
교육기관	– 영재교육기관이 어디 있는지 알아볼까요?

출처: 한기순 외(2012).

4. 다문화 가족

1) 다문화 가족과 부모교육

다문화 가족이란 우리와 다른 인종, 문화를 가진 사람들로 구성된 가정이 국내에 거주하는 가정을 의미한다. 다문화 가족은 1990년초 한·중 수교가 이루어지자 농촌총각장가보내기 운동의 일환으로 중국 동포나 한족 여성과 결혼하는 경우가 늘어나며 급증하기 시작하였으며, 여성들의 사회적 활동이 증가함에 따라 남성들이 배우자를 선택하는 데 어려움을 겪으며 증가하였다(이신동 외, 2017). 결혼이민자 가정, 이주 근로자 가정, 북한이탈가정(새터민) 등이 포함되며, 결혼이민자 가정은 아버지가 한국인, 어머니는 동남아시아, 동아시아의 개발도상국 또는 저개발국 출신의 외국인으로 형성된 경우가 많다(이원영 외, 2017).

다문화 가정에서 부모의 문화 차이로 인한 인식 차이나 부부간의 모국어가 달라 원활하지 않은 의사소통으로 인해 발생하는 문제 등은 부부만의 문제가 아니라 자녀의 문제로도 연결된다.

다문화 가정의 아동이 겪는 문제는 크게 네 가지로 정리할 수 있다(이신동 외, 2017). 첫째, 언어 발달의 지연이다. 언어는 자신의 의사를 전달하는 기본 표현방법으로 의사소통의 수단임과 동시에 학습에서의 기초가 된다. 정상적인 어린이의 경우 5~6세 정도가 되면 모국어의 복잡한 문법구조를 매우 자유롭게 사용하기 시작하고, 학령 전기(초등학교 3학년 이전)와 학령기(초등학교 고학년)에 들어서면서부터는 다양한 읽기, 쓰기, 듣기와 같은 모국어로서의 역할을 배운다. 하지만 다문화 가족의 아이들 상당수가 이러한 정상적인 언어의 발달을 성취하지 못한다. 적절한 시기에 제공해야 하는 주변 언어 환경이 중요한데, 아이를 양육하는 다문화 가족의 부모들은 이중언어를 함께 씀과 동시에 적절한 자극과 교육을 받지 못하여서, 언어장애를 유발할 수 있는 가능성이 높아진다(Stow & Dodd, 2003). 또한 이러한 언어 발달의 지연은 기초학습 능력으로 연결되어 일반 가정의 자녀에 비해 낮은 학업성취를 나타낼 수 있어 학년이 올라갈수록 일반 가정 학생들과 격차가 더욱 벌어질 수 있다.

둘째, 정체성의 혼란 및 문화적 적응이다. 다른 국적의 부모, 피부색, 외모 등으로 인해 차별을 경험하고, 가정 내에서 부모들의 서로 다른 가치관과 생활 차이 등의 이중문화를 경험하면서 대부분의 다문화 가정 아동들은 정체성 혼란을 겪게 된다. 특히 이들의 정체감 혼란 경험은 초등학교 시기부터 나타난다. 이는 일반 학생에 비해 언어와 문화, 가치관, 외모 등의 차이가 드러나고 이에 대해 나타나는 놀림, 차별, 따돌림 경험으로 인하여 정체성 혼란이 더욱 심각한 문제를 가져온다(정하성, 우룡, 2007). 또한 다문화 가정 자녀들이 두 개 이상의 문화 접촉 상황에서 부적응을 경험하며, '문화적응'을 통해 두 개 이상의 문화에 대한 통합과 차별화 과정을 거쳐야 한다고 보고되지만, 이중문화를 겪고 있는 많은 다문화 가정 자녀들은 성장하는 과정에서 여러 가지 혼란을 느끼고 있다. 부모의 서로 다른 두 나라 문화가 혼재된 가정교육으로 인해 불안감, 우울감, 소외감, 정체성 혼란이라는 다양한 부정적인 경험을 하고 있다(이샛별, 2012).

셋째, 사회적 편견이다. 여성가족부(2013)에 의하면, 다문화 가족 자녀라는 이유만으로 사회적으로 차별을 당한 경험이 13.8%이며, 차별하는 대상으로 친구(36.5%)가 가장 많고, 그 다음으로 모르는 사람(20.8%), 이웃(11.7%), 선생님(9.5%)이라고 보고하였다. 특히 초등학교에 입학하여 친구들의 놀림을 받는 것을 시작으로 학년이 바뀌는 새 학기가 되면 다문화 가정 자녀들이 자신의 정체가 드러날까 매우 긴장하는 것을 볼 수 있다. 일반 가정의 아동과 다문화 가정 아동들이 경험한 집단 따돌림에 대한 이유도 차이를 보인다. 일반 가정 아동의 경우 '잘난 척해서'(29.4%)가 주된 이유인 반면, 다문화 가정 아동의 경우는 '특별한 이유 없이'(35.3%) '의사소통이 잘 안 되어서'(26.5%), '엄마가 외국인이기 때문에'(20.6%), '외모가 달라서'(17.6%)였다. 즉, 집단 따돌림의 이유가 성격상의 특성과는 무관하게 단순히 다문화 가정 자녀라는 본인의 의사와는 무관하게 결정된 요인인 것이다. 이러한 경험의 반복은 다문화 가정 아동들로 하여금 불안, 위축, 소극적 행동을 보이게 하거나 반대로 공격적, 폭력적 혹은 과잉행동장애를 보이게 하는 등 정서행동장애로 이어질 가능성이 높아지게 되어, 원만한 교우관계 형성에 어려움을 겪게 된다(김경은, 2013).

넷째, 학교적응 및 교우관계이다. 2005년 보건복지부 실태조사를 살펴보면, 다문화 가정 자녀가 또래 아이들로부터 집단 따돌림을 경험했다고 하는 비율이 조사 대상의 17.6%였으며, 다문화 가정 자녀는 우리나라 학생의 집단 따돌림이 잘난 척해서(29.4%)임에 반해 그 성격상의 특성과는 무관하게 단순히 다문화 가정 자녀라는 이유 때문이었다(설동훈, 2005). 다문화 가정의 자녀는 피부색이 다르거나 말을 더듬는 등 문화, 언어적 적응을 원인으로 따돌림이 발생하는 경우가 많으며,

이러한 원만하지 못한 교우관계는 학교생활 적응에도 지대한 영향을 끼칠 수 있다. 다문화 가정 아동의 학교 적응 문제는 학습, 교우관계, 교사와의 관계와 학교 문화 적응 등과 관련하여 복합적으로 나타나고 있다. 다문화 가정 아동들은 학교 학습에 있어서 언어발달지체 및 문화적 부적응으로 학교수업에 대한 이해도가 낮고 이로 인해 학교생활 부적응 현상을 나타내고 있다. 또한 교우관계에 있어서 놀림과 따돌림 등의 피해를 경험하면서 정서적 충격이나 어려움을 겪고 있다. 이러한 경험의 반복으로 아동은 불안, 위축, 소극적 행동 또는 공격적, 폭력적, 과잉행동장애 등을 갖게 될 가능성이 높게 된다. 생활 방식, 부모의 종교와 교육관 차이 등의 문화적 차이가 적응을 방해하는 요인이 되기도 한다. 또한 다문화에 대한 교사의 인식 부족과 편견, 그로 인한 무관심과 방치, 낙인화, 낮은 기대와 결핍된 관심 등으로 학교생활의 부적응이 계속되거나 심해지기도 한다(김광수, 정태희, 2010).

다문화 가족 부모의 욕구를 충족시키는 서비스만을 강조하는 것은 바람직하지 않다. 자칫 가정에서 실천할 수 있는 자녀의 기본생활습관 지도방법을 모르겠다고 호소하면서 영유아교육기관에서 모든 것을 해 주었으면 하는 방임적인 태도를 보이며 다문화 가족의 부모 역할이 점점 소극적으로 변하고, 가정과 영유아교육기관의 연계가 약해져 결국 부모-자녀관계의 약화를 초래할 수 있기 때문이다. 따라서 이들의 욕구를 반영하는 동시에 자녀교육의 동반자로서 참여할 수 있는 다각적인 방안을 마련하여야 한다(이원영 외, 2017).

2) 다문화 가족의 부모교육 프로그램

다문화는 다양한 가치와 믿음, 신념 등을 서로 존중하며 공존할 수 있는 문화를 일컫는다. 하지만 아직까지 우리나라는 다문화 가족의 문화를 이해하고 공존에 익숙해지려 하기보다는 다문화 가족들에게 하루빨리 한국어를 습득하도록 재촉하고, 우리의 관습과 문화를 똑같이 따르기를 기대하는 경향이 더 크다. 폭발적으로 늘어나고 있는 다문화 가족을 위해서 다문화 가족 개개인 구성원들의 어려움과 문제점은 무엇인지, 그리고 가족이라는 단위로서의 역할과 그들이 처한 환경을 제대로 이해하여 교육 · 상담 · 문화 프로그램들이 개발되고 실행되어야 할 것이다. 다문화 가족을 위한 적응 프로그램뿐만 아니라, 비다문화 가족과 개개인에게 편견과 차별에 대한 교육 프로그램이 동시에 이루어져야 한다(이재연 외, 2019).

영유아교육기관에서 다문화 가족에게 제공할 수 있는 구체적인 부모 역할 지원의 방법은 다음과 같다(이원영 외, 2017).

첫째, 영아기부터 질 높은 영유아교육(보육)을 경험하도록 돕기이다. 다문화 가족의 자녀는 가급적 어린 연령부터 언어습득의 기회를 충분히 주어 언어적 자극에 노출시킨다. 이중언어로서의 부모의 모국어와 한국어로 질 높은 교육(보육)을 경험을 하도록 한다.

둘째, 지역사회의 복지 서비스와 연계하여 지원하기이다. 영유아교육기관에서의 생활정보를 제공할 때, 지역사회에서 제공하는 다양한 지원방법을 연계하여 소개하면 보다 효과적으로 다문화 가족의 부모와 소통할 수 있다. 예를 들어, 알림장과 가정통신문의 내용을 통역하여 제공하기, 부모 상담 시 통역 가능한 자원봉사 지원받기, 다양한 경로의 다문화 가족 지원 서비스를 연계하여 지원하기 등이다.

셋째, 다문화 가족에 대한 반편견 교육하기이다. 기관 차원의 다문화 가족에 대한 반편견교육 프로그램을 부모와 아이를 대상으로 계획하고 실행한다. 양육공동체의 일원으로 다문화 가족을 수용하고, 아이가 우리 사회에서 건강하게 성장하고 그 가족이 행복하게 지낼 수 있도록 지원하는 역할을 해야 한다.

외국의 다문화 가정 부모 지원을 위한 대표적인 프로그램으로 캐나다의 CCPP가 있다. 캐나다 이민자여성연합회의의 CCPP(Cross-Cultural Parenting Program)는 이민자 여성의 역량 강화와 이민자 여성의 가정이 캐나다 주류사회에 잘 적응하고 통합될 수 있도록 돕기 위해 1986년에 처음 만들어졌다(Calgary Immigant Women's Association, 2005). CCPP는 이민자 여성의 역량을 강화시킴으로써 사회의 안전과 풍요를 기반으로 이민자 여성과 그 가족을 이주사회에 통합시키는 것을 목적으로 하며, 동등함, 혁신, 공감, 협력을 주요한 가치로 표방하고 있다. CCPP는 캐나다로 이주해 온 여성들이 부모 역할 수행에서 느꼈던 어려움을 프로그램에 반영하여 구성하였다. 특히 이민자 여성들은 부모로서 자신의 모국문화에 기초하고, 모국어로 자녀를 교육하면서 겪은 자녀와의 갈등과 그들의 전통적 문화를 바탕으로 한 교육방법들이 그들이 속해 있는 지역사회와의 갈등 문제를 일으켰다. 이러한 지역사회와의 소통 문제와 문화적 이해 문제는 많은 이민자들이 겪는 어려움으로 나타났다. CCPP는 캘거리의 캐나다 이민자여성연합회에 의해 처음으로 제공되었고, 이는 캐나다에서 선도적인 시도라고 평가되고 있다(이은경, 2013).

〈표 5-4〉 캐나다의 CCPP

목적	• 긍정적인 다문화적 부모 역할 강화 • 건강한 가족의 삶 형성 • 사회 속에서 이민자 가족의 능동적인 참여를 증진시키는 것
목표	① 문화 가치 이해, 가정과 지역사회의 특성 이해 ② 문화적 맥락 속에서 다문화 가정의 자신감과 긍정적 태도 형성 ③ 긍정적인 다문화 가정의 부모 역할 수행으로 캐나다 사회에 참여하는 실질적 기술을 습득하게 함
프로그램 요소	① 프로그램 내용은 집단토론을 통해 공유되고, 인쇄자료와 시청각자료, 교수자 등의 지원이 제공된다. ② 이민자 아버지를 위해 CCPP는 미디어, 교육 시스템, 종교기관 등의 사회적 환경을 자녀교육 매체로 활용시킨다. ③ 이중문화 간의 효과적인 소통방법, 자기표현, 부모 역할, 문제해결 능력 등의 기술 증진으로 개인적 차원에서 사회적 책임감을 증진시킨다. ④ 프로그램은 이민자 가정 부모의 언어소통의 문제를 고려하여 영어가 모국어가 아닌 부모에게 그들의 언어습득 능력을 향상시키도록 돕는다.
프로그램 구성	• 총 14회기, 각 회기별 목적과 목표 알기, 프로그램 내용 이해하기, 휴식 후에 실습과 연습하기, 정리하기로 구성 • 각 회기별로 프로그램 안내와 인쇄자료에는 참여자에게 구체적인 지식과 기술, 실습내용을 포함하여 제공 • 프로그램 소개하기, 사회 환경 이해와 부모로서의 기대 인식하기, 부모의 양육태도와 가치 이해하기, 자녀 발달 이해하기, 자녀의 자존감 지지하기, 자녀교육 이해하기, 긍정적 가족 분위기 조성하기, 효과적인 소통방법 이해와 적용하기, 자녀 문제 예방 및 해결하기, 인종차별 문제에 대처하기, 따돌림 문제에 대처하기, 양육기술 습득하기, 자녀교육에 필요한 정보와 서비스에 대한 접근 등

교수-학습 방법	• 소집단 토론, 강의, 워크숍, 사례 발표, 실습, 역할극, 모델링 등 • 이민자 부모에게 영어로 쉽게 접근할 수 있는 역할극, 집단토론, 스토리텔링, 저널 쓰기 등 • 참여하는 다문화 가정 어머니가 서로 독려하고 자극하여 증진시킬 수 있도록 하는 교수 모델(Popular Education Model) 채택

토론하기

〈1〉 맞벌이 가족에게 요구되는 부와 모의 역할은 무엇인지 토론해 보자.

〈2〉 한부모 가족에 대한 편견은 무엇이며 그것을 극복하기 위한 방안에는 어떤 것들이 있는지 토론해 보자.

〈3〉 특수아(장애, 영재) 부모가 가져야 할 양육태도와 조성해야 할 가정 환경은 무엇인지 토론해 보자.

〈4〉 다문화 가족이 갖는 다양한 장점들에 대해 토론해 보자.

CHAPTER 06

특별한 교육적 요구와 부모교육

학습목표

1. 영재의 특성을 이해하고 설명할 수 있다.
2. 영재성을 이해하고 설명할 수 있다.
3. 영재의 인지적, 사회-정서적 특성을 이해하고 설명할 수 있다.

영재 자녀를 양육하는 것은 매우 어렵고 힘든 일이다. 혼란스럽고도 행복한 과정을 경험하게 된다. 이는 자녀의 재능이 부모의 재능과 다를 때 더 그렇다. 영재들이 가진 강점과 관련된 문제들 외에도, 좌절감, 교우관계, 자기의심(self-doubts), 비탄(heartbreaks) 등 정상적인 발달상의 모든 어려움을 경험하게 된다.

영재 아이들은 평범한 아이들과 유사한 발달 과정을 거치지만 그들과 같지는 않다. 영재 아이들은 정서 발달보다 사고 발달이 더 빠르다. 이런 현상을 '비동시적 발달(asynchronous development)'이라고 하는데, 그 이유는 아이의 지적 능력이 아이의 정서적, 사회적, 신체적 능력들과 균형을 이루지 못하기 때문이다. 이런 비동시적 발달로 인해 영재 아이의 부모나 교사들은 때때로 곤혹스러운 일에 직면하게 된다. 영재 아이들의 감정은 상처받기 쉽고, 허약해지기 쉬우며, 정서적 미성숙으로 인해 최고의 도전이 최악의 악몽이 될 수 있다(이신동, 2009). 이 장에서는 이런 특성과 특별한 교육적 요구를 필요로 하는 영재 자녀를 양육하는 부모가 반드시 알아야 할 내용에 관해 살펴보고자 한다.

1. 영재의 특성

많은 영재교육 전문가들이 제시하는 영재의 일반적인 특성들은 다음과 같다.

- 높은 호기심
- 유연한 사고 과정
- 탐색적 질문을 구성하고 질문하는 능력
- 비범한 기억력
- 사고와 행동에서의 독립성
- 다양한 주제들에 관한 지식

- 논리적 사고 과정
- 독창성
- 타인의 기대와 기분에 대한 극도의 민감성
- 집중/강렬함
- 이상주의
- 창의성
- 날카로운 유머
- 정의와 도덕 판단의 높은 발달
- 개념/생각과 행동 간의 불일치를 판별하는 능력
- 완벽주의
- 과제집착력
- 강한 에너지
- 글을 일찍 깨우침
- 권위에 대한 도전적인 태도
- 높은 상상력

이러한 특성을 한두 개 가졌다고 해서 영재라고 할 수는 없지만, 전체적으로 이러한 특성을 가지고 있다면 그 아이는 영재일 가능성이 높다.

2. 영재성

영재성(giftedness)은 영재가 지닌 인지적이고, 정의적이며, 사회적인 특성을 의미한다. 렌줄리(Renzulli, 1978)는 영재성을 평균 이상의 능력, 과제집착력, 그리고 창의성의 3가지 심리적 특성의 상호작용이라고 정의하였다. 가네(Gagne, 1985)는 영재성은 타고난 능력으로, 재능(talents)은 영재성으로부터 발달된 것으로 영재성과 재능을 차별화하였다. 다양한 학자가 제시한 영재성의 개념을 검토하여 재정의한 영재성의 정의는 다음과 같다.

영재성은 재능 영역에서 최고의 수행 혹은 산출물의 발현이다. 또한 영재성은 발달적인 것으로 볼 수 있으며, 초기단계에서 잠재력(potential)은 핵심 변수이다. 후기단계에서 성취(achievement)는 영재성의 척도이며, 완전히 발달된 재능에서 명성(eminence)은 영재성이라고 명명할 수 있는 기초가 된다. 심리사회적 변수는 모든 발달단계에서 영재성을 나타내는 데 필수적인 역할을 한다. 인지적 변수와 심리사회적 변수는 둘 다 변하기 쉬우므로 의도적으로 키워 줘야 한다(Subotnik, Olszewski-Kubilius & Worrell, 2011). 이는 잠재력과 능력만으로는 영재성을 나타낼 수 없다는 것이다. 영재란 그 분야의 재능 있는 사람들과 비교하여 매우 높은 수준의 수행 혹은 산출물을 보여야 한다.

그러므로 자녀의 지능지수가 높다고 하여 '영재'라고 판단하는 것이 중요한 것이 아니라, 이러한 잠재력을 잘 계발하여 높은 성취를 나타낼 수 있는 환경을 조성하고 지원해 주는 것이 부모의 중요한 역할이다.

3. 영재의 인지적 특성

1) 지능

영재 아동을 생각할 때 대부분의 사람들이 지능지수(Intelligence Quotient: IQ)가 높은 아이들을 생각하지만 지적 능력은 영재성의 한 분야일 뿐이다. 지능은 복잡한 아이디어를 이해하고, 환경에 효과적으로 적응하며, 어려움을 극복하고, 다양한 형태의 추론에 의미 있게 참여하며, 경험을 통해 배울 수 있는 능력이다(Matthews & Foster, 2014). 영재 아동들은 모든 영역에서 잘할 수 있는 능력을 가지고 있다(그 능력을 가지고 있다고 해서 반드시 모든 영역에서 잘하고 있다는 것을 의미하지는 않는다는 점에 유의해야 한다). 영재들의 IQ는 일반적으로 130 이상이다. 다음의 그림은 IQ의 정상분포를 보여 준다. IQ의 표준편차는 15이다. 100을 평균으로 보면 1표준편차에 속하는 85~115의 IQ를 가진 사람들은 인구의 68%에 달한다. 좌측으로 2표준편차에 해당하는 IQ 70에서 85 사이에 해당하는 사람들은 인구의 13.6% 정도이다. IQ 70~55에 속하는 비율은 2%를 조금 넘는다. IQ 100을 기준으로 오른쪽으로 이동해 보면 IQ가 115~130 사이는 전체 인구의 13.6%이고, 130~145 사이는 2%에 불과하다. IQ가 145를 넘는 비율은 0.1%에 불과하다. 전체적으로 보았을 때, 전체 인구의 3% 미만이 영재교육을 받을 잠재력을 가지고 있는 범주에 해당한다. 이런 아이들은 특별한 교육적 필요가 요구되지만, 학교에 가면 일반학급에서 일반 아이들과 동일한 수업을 받게 된다. 그래서 학교수업을 지루해하고 학교에 흥미를 잃게 되는 경우를 종종 볼 수 있다.

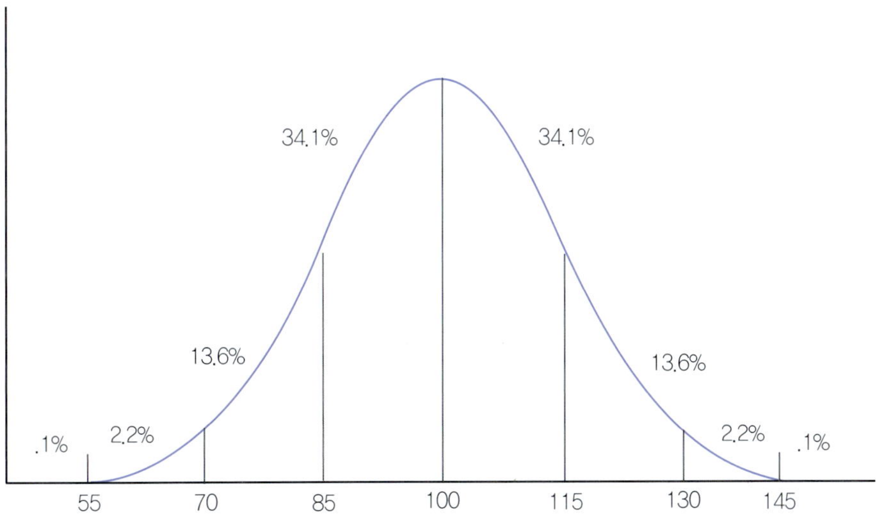

[그림 6-1] 지능의 정규분포 곡선

지능 검사를 마친 부모는 상담 과정에서 "내 아이가 영재인가요?"라고 묻는 경우가 많다. 그러나 "내 아이가 또래의 다른 아이들에 비해 어느 영역에서 뛰어난 능력 혹은 평균에 못 미치는 능력을 가지고 있나요?"라고 묻는 것이 훨씬 더 생산적이다.

자녀에게 검사 결과를 공개할 때 유용한 방법은 다음과 같다.

① **개방적이고 정직하라.** 자녀가 원하는 만큼 정보를 제공하고, 알고 싶어 한다면 점수를 공유한다.

② **결과를 실용적인 의미로 설명하라.** "너는 언어 추론 점수가 매우 높아. 그래서 언니랑 말다툼을 잘하나 봐. 그래서 너는 다른 친구들보다 더 많이 도전적인 일들이 필요할 거야."

③ **모든 사람이 강점과 약점을 가지고 있다는 것을 자녀에게 상기시키라.** 자녀의 검사 점수가 높다고 하더라도, 어떤 사람은 한 영역에서 뛰어날 수 있고 또 다른 사람은 여러 영역에서 우수할 수 있다는 것에 대해 이야기를 나눌 수 있다.

④ **학습과 성취를 하는 과정에서 열심히 노력해야 한다는 것을 강조하라.** 이는 자녀의 강점과 약점 모두에 적용된다.

⑤ **'영재'라는 꼬리표를 멀리하라.** 학습 강점과 도전의 지표로서 검사 점수를 설명하는 것이 바람직하다.

아이의 지능 검사 점수가 어떻든지 상관없이 지능은 올바른 지원과 학습 기회를 통해 단계적으로 발전한다는 것을 명심해야 한다. 높은 수준의 능력은 아이들이 다양한 형태의 추론과 다양한 학습 경험에 의미 있게 참여하고, 도전에 맞서고, 장애물을 극복하고, 그 과정에서 회복 탄력성(resilience)을 키울 때 발전한다. 부모는 자녀의 흥미를 북돋우고 창의성과 비판적 사고를 키울 수 있다. 또한 부모는 아이들이 인내심, 끈기, 그리고 열심히 하는 것을 그들 자신의 목표로 모델화함으로써 자녀들이 기술을 쌓을 수 있도록 도울 수 있다.

2) 창의성

매우 창의적인 아이를 발견하는 데는 부모의 직관과 관찰이 매우 중요하다. 부모는 종종 자녀들의 특성을 관찰하고, 학교에서 이와 같은 특성이 부정적으로 여겨질 때까지 그런 특성을 긍정적으로 여긴다. '영재' 혹은 '매우 창의적인'이라는 꼬리표에 너무 신경을 쓰면 안 된다고 하지만, 때로는 이러한 꼬리표가 가정과 학교에서 이 아이가 잘못 해석되고 오인되는 것을 막을 수 있는 유일한 방법이기도 하다.

때때로 창의성이 뛰어난 아이들은 유치원에서조차 교육과정을 '따르는' 것이 쉽지 않다. 창의성이 높은 아이들은 독창적이고 획기적이기 때문에 세상을 다른 관점에서 본다. 예를 들면, 창의적인 아이들의 대답은 처음에는 교사를 당혹스럽게 할 수 있다. 그 이유는 아이가 선형적 사고(linear thinking)에서 벗어나 교사가 전혀 고려하지 않은 반응을 내놓았기 때문이다. 이런 아이들은 탐험, 실험, 상상, 창조에 열중해 있다. 만약 어린 나이에 기계적 암기 학습(rote learning)과 지시된 일들을 강요받는다면 이 아이들은 어려움을 겪을 수 있다. 창의적인 아이들이 그 일을 할 수 없다는 것이 아니라, 이러한 일들이 창의적인 아이들의 깊이 있는 사고, 연결하는 능력, 독창적인 아이디어에 도움이 되지 않는다는 것이다. 창의적인 아이들이 필요로 하는 것은 전통적인 교실에서 제공되는 것보다 훨씬 더 복잡하다. 특히 자기주도적으로 지식을 추구하는 아이들이라면 더욱 그렇다. 어떤 활동을 할 때, 규범적 혹은 활동 방식이 자세히 서술된 경우에는 더욱 이를 거부할 수 있다. 예를 들어, 유치원의 미술 수업에서 정해진 방식으로 종이에 눈, 코, 입을 붙이고 사람을 만들라고 한다면 이를 따르지 않을 것이다. 그러나 만약 선생님이 다양한 색상의 물감, 붓과 종이를 주고 사람을 표현하라고 한다면, 열심히 색을 혼합하고 종이에 선이 그려지는 모습을 보며 추상적인 활동에 몰입하게 될 것이다.

다음의 표는 창의적으로 사고하는 아이들의 특성을 기술하고 있다(Davis, 2004; Haydon & Harvey, 2015).

〈표 6-1〉 창의적 사고자의 특성

창의적 강점	부정적 해석
독창적	• 불순종 • 일탈
호기심 많은 질문	• 권위에 도전 • 분주함 • 너무 많은 질문
유머감각	• 미성숙 • 방해꾼 • 장난꾸러기
활동적(에너지 넘침)	• 가만히 못 있음 • 활동 과잉 • 반항 • 부주의함
강렬한 사상가	• 백일몽 • 멍함 • 기계적 암기 작업에 속도 느림 • 등교 준비와 같은 일상적인 일에 느리거나 잘 잊어버림 • 자기 자신과 대화함
개방적(open-minded)	• 우유부단 • 하나의 작업이 끝나기 전에 다른 작업을 시작함
도전심	• 복잡함 • 쉽거나 기계적인 일을 거부함 • 간단한 일을 필요 이상으로 어렵게 만듦 • 기계적 암기 작업을 할 때 산만해짐 • 시간을 허비함
혼자만의 시간 필요	• 항상 집단과 함께하지는 않음 • 비사교적 • 기분 변화가 심함 • 혼자 하는 놀이를 즐김 • 사회적 기술이 부족함
민감함	• 도움을 필요로 함 • 집착 • 불안정함

창의적 강점	부정적 해석
창의성이 풍부함	• 이상함 • 규범을 따르지 않음 • '정해진' 방식으로 과제를 하지 않음

심오하고 창의적인 사고를 하는 아이들에게 기계적 암기활동은 학습과 연결되기 어렵다. 이런 반복활동은 때때로 득보다 실이 많을 수 있고, 반복적인 일을 수행하기 위해 아이는 자신의 마음을 무감각하게 만들 수 있다. 탐색할 수 있는 충분한 자유가 있는 창의적인 학습 환경이 창의적인 추구나 학습에 대한 열망을 방해하지 않는 더 나은 환경이 될 것이다(Goertzel, Goertzel, Goertzel, & Hansen, 2004).

창의적인 아이들의 독특한 욕구를 충족시키기 위해서는 가정과 교육기관 사이의 개방적이고 유동적인 의사소통이 필수적이다. 교사들은 아이를 두고 일반화된 가정(generalized assumptions)을 하지 않도록 노력해야 한다. 부모는 자신의 자녀에 대해 잘 알고, 그 장점을 이해하고, 그 특성이 다른 사람에 의해 단점으로 지적될 때에도 이러한 강점을 견지할 수 있는 용기를 가져야 한다. 오늘날에는 아이들이 학문적으로나 사회적으로 순응해야 한다는 압력이 매우 크다. 영재 아이들, 창의적인 아이들에게 이것은 어려울 수 있다. 창의성이 높은 아이들은 독특하며, 장기적인 관점에서 그들이 잘 성장할 수 있는 유일한 방법은 주변 사람들이 그들의 독특함을 받아들이는 것이다. 이런 아이들은 성공하는 데 요구되는 것들을 해야 하지만, 성공에 도달하기 위해서는 다른 경로가 필요할 수도 있기 때문이다.

3) 영재 아이들은 어떤 모습을 보일까?

영재 아이들은 저마다 독특한 특성을 가지고 있다. 영재 아이들은 아래의 모든 특성을 보여 주지 않을 수도 있고, 다른 시기에 다른 특성을 보일 수도 있다는 것을 기억해야 한다. 모든 아이는 다 다르며, 각각의 영재 아이들은 성격적 특성과 영재 영역의 독특한 조합을 가지고 있다.

■ 영재 아이들은 호기심이 많고 관찰력이 뛰어나다.

"어떻게 그렇게 돼요?" "왜 그렇게 되었어요?" "만약 …라면 어떻게 될까요?" 영재 자녀를 둔 부모들은 종종 자녀로부터 이런 질문을 들었을 것이다. 그들은 주변의 세계와 사물이 어떻게 작동하는지에 대한 강렬한 호기심을 가지고 있다. 영재 아이들은 또래 친구들보다 관찰력이 뛰어나다. 예를 들어, 선생님이 스트레스를 받고 있는 것처럼 보인다거나, 엄마의 목소리를 듣고 오늘 기분이 좋다는 사실을 빠르게 알아차린다. 그들은 무슨 일이 일어나고 있는지 알고 이해하는 것을 좋아하며, 가정, 학교, 또는 나라 및 세계 행사에 대해 잘 알고 싶어 한다. 어른들끼리 이야기를 할 때, 그 대화에서 소외되고 싶지 않아 할 수 있다. 가족여행을 가는 중에도, 도로가 어떻게 만들어졌는지, 누가 만들었는지, 도로표지판은 누가 만들었는지, 왜 초록색인지, 자동차가 얼마나 많은 가스를 사용하는지 어떻게 알 수 있는지에 대한 질문들을 끊임없이 하며 주변 세상을 이해하고 의미를 부여하려고 한다.

영재 아이들은 엉뚱한 질문을 한다. 호기심이 많은 아이들은 부모, 선생님, 혹은 다른 사람들과 자신의 의견과 경험을 공유하고 싶어 한다. 이런 질문을 어른들은 호기심이라기보다는 어른에 대해 도전적인 태도를 취한다고 생각하여 항상 높이 평가하지는 않는다. 일부 영재 아이들은 동시에 많은 것을 생각하기 때문에 휴식을 취하는 것을 어려워할 수 있다. 그래서 낮잠도 자지 않으며 "엄마, 나는 잠을 잘 수 없어요. 내가 생각해야 할 게 너무 많아요."라고 말할 수 있다.

■ 영재 아이들은 정보를 빠르게 처리하고 또래 친구들보다 세부적인 것들을 더 오래 기억한다.

영재 아이들은 언제, 어디서, 어떤 일이 있었는지를 상세하게 기억한다. 예를 들어, 오래전 동물원에 갔던 날에 신었던 양말의 색상, 자신이 봤던 동물의 세부적인 특징 등을 상세히 묘사할 수 있다. 이러한 능력 때문에, 영재 아이들은 새로운 내용이나 새로운 학습을 일반 학생들보다 훨씬 더 빨리 처리할 수 있어, 기존의 내용과 새로운 내용을 연결할 수 있다. 그래서 어떤 개념 혹은 언어를 배우기 위해 긴 반복이나 연습이 필요하지 않을 수도 있으므로, 반복적인 훈련을 해야 할 때 지루함을 느끼고 참을성이 없어진다. 그래서 자신이 생각하기에 무의미한 일들은 거부하게 된다. 영재 아이들에게 기억하는 작업은 쉬운 일이기 때문에 틀리는 것을 싫어하고, 건설적인 비판을 받는 것도 싫어할 수 있다.

뇌 연구자들의 영재 두뇌와 관련된 연구들을 보면, 영재 아이들은 사건과 자극에 더 많은 주의를 기울일 수 있고, 같은 또래 친구들보다 훨씬 빠른 속도로 정보를 흡수하고 처리할 수 있으며, 집중을 더 오래 유지할 수 있고, 아이디어와 사건을 연결시킬 수 있고, 사물을 더 오래 기억할 수 있다는 것을 알 수 있다.

■ 영재 아이들은 추상적이고 개념적인 사고를 하는 문제해결자이다.

"이런 단계 없이 수학 문제를 풀려고 하면 어떨까요?" "이쑤시개 대신 과자로 다리를 만들면 어떨까요?" 이러한 질문들은 영재들이 얼마나 다양한 주제에 대해 복잡하고 추상적인 사고를 할 수 있는지를 보여 준다. 보통 또래들보다 빠른 속도로 학습하기 때문에 지식을 응용하고, 다양한 변수를 고려하여 문제를 해결하는 방법을 알아내고, 이야기 속의 등장인물이나 줄거리를 분석적으로 생각할 준비가 되어 있다. 그들은 수학이 과학의 세계에 어떤 영향을 미치는지, 혹은 문학적인 인물들이 역사적 시대에 어떻게 부합하는지와 같이 내용 영역 간의 큰 아이디어와 연관성을 파악할 수 있다. 영재 아이들은 거시적인 질문을 하고, 디테일보다는 개념으로 생각한다. 영재 아이들은 새로운 정보로 새로운 관점을 만들어 낼 수 있는 능력을 가지고 있다.

■ 영재 아이들은 본인이 관심 있는 주제에 대해 강렬함이나 열정을 가질 수 있다.

공룡에 흥미가 있는 아이들은 어린 나이임에도 불구하고 공룡과 관련된 책들을 수없이 읽고, 공룡과 관련된 웹사이트를 몇 시간씩 검색하고, 미술시간에 자신이 좋아하는 공룡 그림을 그리고, 공룡 모양으로 된 과자를 사 달라고 할 수 있다. 학습에 대한 열정과 강도, 심지어 특정 주제를 갖는 것은 영재 아이들의 특성이다. 이런 아이들은 자신이 좋아하는 과목에 대해 배울 때, 어린 나이임에도 불구하고 오랜 시간 동안 집중할 수 있다.

■ 영재 아이들은 문제를 해결하는 데 있어 새로운 접근법을 가진 창의적인 사고를 한다.

창의적인 사고와 상상력은 영재들의 특징이다. 이런 아이들은 문제를 해결하는 더 좋은 방법을 생각할 수 있고, 새로운 발명에 대한 다이어그램이나 아이디어를 만들 수 있다. 학교에서 그들은 다양한 방법으로 그들의 지식을 표현할 수 있다.

■ 영재 아이들은 효과적인 의사소통을 한다.

"오늘 아침에 내 신발이 바지와 어울리지 않아 너무 혼란스러웠어요. 제가 좋아하는 바지는 세탁기 안에 있었어요. 이런 신발과 바지는 절대 용납할 수 없어요!" 네 살짜리 아이가 유치원 선생님에게 이런 불만을 토로했다고 생각해 보자. 혼란, 용납과 같은 단어와 개념은 네 살짜리 아이에게는 너무 높은 수준이다. 대부분의 영재 아이들은 또래 아이들에 비해 고급 어휘를 사용하며 언어 능력이 매우 뛰어나다. 또한 처음 말을 하고 글을 읽기 시작하는 시기가 빠르다.

■ 영재 아이들은 일반적으로 유머감각이 뛰어나다.

영재 아이들은 어휘, 반어법을 이해하거나 농담이나 만화를 재미있게 만드는 단어를 사용하기 때문에 농담, 단어 게임, 만화, 풍자를 즐기는 경향이 있다.

■ 영재 아이들은 민감성과 강렬한 감정을 나타낸다.

"선생님, 오늘 선생님이 너무 슬퍼 보여서 선생님께 이 과자를 드리고 싶어요." 영재 아이들의 이런 발언은 학교나 다른 사람들의 감정에 대한 민감성과 학교나 가정에서 일어나는 사건에 대한 강렬한 감정을 보여 준다. 때때로, 영재 아이와 같은 나이의 또래 친구들이 어떤 일에 대해 자신만큼 화를 내지 않는 이유를 이해하기 어려울 수 있다. 그러나 다른 경우에는 직관적이며 다른 사람의 감정과 기분에 공감할 수 있다.

■ 영재 아이들은 높은 정의감과 공정성을 가지고 있다.

게리 데이비스(Gary A. Davis), 실비아 림(Silvia Rimm)과 델 시글(Del Siegle, 2011)은 영재 아이들이 "상대적으로 어린 나이에 가치 체계, 공정한 놀이와 정의에 대한 예리한 감각을 개발, 개선 및 내재화할 가능성이 높다."고 말했다. 호기심 많은 성격과 예리한 관찰력 때문에 종종 복잡한 사회적 문제를 또래 친구들보다 훨씬 일찍 인식하기 때문이다.

■ 영재 아이들은 강한 자아와 책임감을 가지고 있다.

"할머니, 지갑은 챙겼어요? 열쇠는요? 나가기 전에 확인하고 가세요." 3살짜리 아이가 외출하는 할머니에게 이런 질문을 한다고 생각해 보자. 3살이 훨씬 넘은 아이처럼 말한 아이의 책임감은 어린 나이에도 분명하게 보인다. 영재 아이들은 종종 자신과 환경에 대해 잘 발달된 인식을 가지고 있다. 이것은 강한 책임감으로 이어질 수 있다. 그들은 가정과 학교에서 다른 사람들을 돕고 싶어 하는 강한 욕구를 가지고 있다.

■ 영재 아이들은 완벽주의일 수 있다.

영재 아이들은 자신에 대한 기대치를 매우 높게, 때로는 비현실적으로 설정할 수 있다. 자신이 하는 일에서 완벽한 결과가 나오지 않을 때 매우 화를 낼 수도 있다.

위에서 언급된 각 특성은 긍정적인 방식과 부정적인 방식으로 모두 나타날 수 있음을 명심해야 한다. 조직적이고 목표지향적인 것은 혼자 프로젝트를 진행할 때에는 긍정적인 특성이지만, 그룹 프로젝트를 할 때에는 다른 학생들에게 발언권을 갖지 못하게 할 수도 있다. 작업이 어떻게 진행되는지, 규칙이 존재하는 이유를 이해하기 위해 질문을 하고 싶어하는 것은 때때로 적절할 수도 있지만, 때로는 규칙을 순종적이고 효율적으로 따르는 것이 중요하다.

모든 영재 아이는 고유한 재능과 특성을 가진 개인이지만, 가정과 교육기관에 도움이 될 수 있는 일반적인 양육 팁을 정리하면 다음과 같다.

- 호기심과 질문이 많은 아이들에게는 책, 연감, 지도, 백과사전, 또는 관심 주제와 관련된 잡지 구독과 같은 자료를 많이 제공해 주는 것이 좋다. 비슷한 관심사를 가진 또래나 그룹을 찾아 주는 것도 좋다.
- 영재 아이들은 어린 나이에 말수가 많고 복잡한 주제에 대한 대화를 나눌 수 있는 경우가 많기 때문에 매일 아이와 대화하는 시간을 갖는 것이 중요하다. 매일 저녁 식사 시간에 유치원 혹은 학교에서 있었던 일을 설명하거나, 매일 밤 잠자리에 들기 전에 하루의 최고 좋았던 일과 제일 나빴던 일에 대해 이야기하거나, 매일 등 · 하교 중에 질문을 한다. 아이가 하루 동안 무엇을 즐기고 있는지, 걱정거리나 무엇에 도전하고 싶은지에 대해 계속 이야기해 본다.
- 나이나 경험에 상관없이 성인과의 대화가 가능한 능력 때문에 아이들은 가끔 자신이 아이라는 것을 잊기 쉽다. 그들에게 정서적 또는 사회적 발달에 적합한 자유나 책임을 허용해야 한다.
- 완벽주의 경향을 보이는 아이를 위해서는 실수를 해도 괜찮다는 것을 보여 준다. 당신이 처음에 어떤 것을 이해하지 못했을 때 어떻게 그것을 알아냈는지에 대해 당신의 직업이나 하루 동안의 일에서 나온 예들을 공유해 본다. 당신이 어떻게 배우고, 새로운 것을 시도할 때 어떤 때에 효과가 있고 어떤 때에 그렇지 않은지 보여 준다. 그리고 무엇을 배웠는지, 그 교훈을 삶에 어떻

게 적용할 것인지에 대해 반드시 이야기한다.

- 공감 능력이 뛰어나고 사회적 문제와 공정성에 매우 민감한 아이의 경우, 좋은 행동과 타인을 존중하는 모범을 보여야 한다. 관찰력이 뛰어난 영재 아이는 어른의 말과 행동이 일치하지 않을 때 이를 감지한다. 선생님, 가족 구성원 및 친구에 대한 존경심과 그들에 대한 정중한 대화가 모범이 될 수 있다.
- 사회적 관심사에 대한 높은 정의감과 공감력을 보이는 영재 아이의 경우, 변화를 가져올 수 있는 봉사활동에 참여할 기회를 찾아본다(예: 크리스마스에 주위의 어려운 이웃을 위해 사용할 수 있는 돈을 저금하기).

4. 영재의 사회-정서적 특성

사회-정서적 특성이란 '사회적 상황을 읽고, 몸짓과 표정을 인식하고, 타인의 감정을 해석할 수 있는 능력'과 같이 대인관계 인식과 관련된 것으로 정의된다. 사회적 특성은 아이들이 또래와 어른, 학급과 집단에서의 리더십 역할, 또는 가족 내에서 상호작용을 할 때 관찰될 수 있다. 정서적 특성은 '자기 자신의 감정, 동기, 욕구를 인식하는 능력'과 같은 개인적 인식과 관련이 있다(Duke TIP, 2012). 정서적 특성은 개인의 자존감 수준, 학습 동기를 부여하거나 어려운 과제에서 인내하는 능력을 통해 증명할 수 있다. 우리가 영재 아이들의 전형적인 사회-정서적 특성을 논할 때, 각 아이가 다양한 성격, 재능, 성향을 가지고 있다는 것을 기억하는 것이 중요하다.

다음에 제시되는 표에는 여러 학자가 제시한 3~8세 영재 아동들의 사회-정서적 특성이 정리되어 있다(Johnsen, 2018; Smutny & von Fremd, 2009; Van Tassel-Baska & Baska, 2019).

〈표 6-2〉 영재 아동의 사회-정서적 특성

특성	가능한 징후
높은 수준의 민감성과 공감 능력	• 타인이 무엇을 하고 있는지, 어떤 감정인지를 인지함 • 이슈의 깊이를 이해함
완벽주의	• 자신이 기대하는 것만큼 결과가 좋지 않아 과제를 끝내지 않을 수 있음 • 좌절 • 실패한 느낌을 가짐
뛰어난 유머감각	• 어린 나이에도 성인들의 유머를 이해하는 능력 • 말장난(언어유희)을 이해 • 언어 사용을 즐김
남과 다르다는 느낌	• 자신보다 나이가 많은 사람들과 잘 어울림 • 정신연령이 맞는 친구를 찾는 데 어려움을 느낌 • 자신이 '적합'하지 않음을 인식
강렬함	• 관심 있는 주제와 관련된 것을 배워야 한다면 학습에 몰입할 수 있음 • 심각해 보일 수 있음
높은 감각적 인식	• 접촉, 소리, 시각, 냄새에 민감할 수 있으며, 이로 인해 옷에 붙은 라벨이 없어야만 입는다거나, 조용한 환경을 필요로 함 • 다양한 색상이나 아이템을 사용할 경우 과부하가 올 수 있음 • 백화점의 향수 판매대나 푸드코트를 지나갈 때 불편함을 느낄 수 있음
이상주의	• 모두가 사이좋게 잘 지내기를 바람 • 너무 큰 문제는 없으며 해결책이 있다고 믿음 • 모든 것이 해결될 수 있다고 믿음
정의감	• 모든 사람은 동등하게 대우받아야 한다고 생각함
높은 수준의 도덕적 판단	• 또래 아이들은 여전히 자기 자신에게 초점을 맞출 수 있음에도 불구하고 가족이나 공동체에 초점을 둠
자신과 타인에 대한 높은 기대	• 모든 사람이 행동 규정을 준수하기를 기대함
내적 통제 소재의 이른 발달	• 타인이 아닌 본인 자신을 위한 활동에 참여 • 외부보상은 중요하지 않다고 믿음
사회와 지구촌에 대한 인식	• 더 큰 공동체와 세계 속에서 자신의 위치를 이해함

영재 아이라고 해서 모든 영역이 고르게 발달하지는 않는다. 즉, 일부 영역은 다른 영역보다 더 혹은 덜 발달할 수 있다는 것이다. 예를 들면, 숫자에 뛰어난 아이는 문해력이 평균 이하일 수 있다. 서두에서 언급된 비동시성(asynchrony)은 어린 영재들에게 존재하며 사회적-정서적 특성을 다룰 때 어려움을 줄 수 있다. 아이는 어른과 공룡에 대해 심도 있는 대화를 나누고 돌아서서 장난감을 공유하지 않는다는 이유로 친구를 때릴 수도 있다. 부모는 자녀의 특성을 설명하고, 자녀를 지원하는 전략을 마련하는 데 적합한 사람이다. 영재 아이들의 사회적-정서적 특성을 다룰 때 보편적으로 적용되는 몇 가지 전략을 정리해 보면 다음과 같다(Cross, 2018).

- 자녀가 사건과 상황에 어떻게 반응하는지 예측하고 이해하도록 교육한다.
- 반응을 바꾸거나 반응을 처리할 수 있는 기술과 전략을 제공한다.
- 자녀에게 어려움에 대처하고 전략을 수립하는 방법을 제시한다.
- 자녀와 자녀의 목표를 이해하기 위해 교사 및 아이를 돌보는 사람들과 소통한다.

자녀의 사회-정서적 욕구를 충족시키기 위해 다양한 전략을 사용함으로써, 자녀가 적절한 대처기술을 개발할 가능성이 더 높아진다.

1) 강렬함

영재 아이들은 주변의 세계를 경험하고 상호작용하는 방법에 있어 높은 강렬함을 보이며, 이 강렬함은 주로 매우 어린 나이에 시작된다. 영재 아이의 생각이 다른 아이들보다 더 복잡하고 깊이 있는 것처럼 그들의 감정도 더 복잡하고 강렬하다. 영재 아이들이 한 번에 경험할 수 있는 광범위한 감정에서 복잡성을 볼 수 있으며, 모든 것에 대한 '충실함(full-on-ness)'에서 그 강도는 분명하게 나타난다. 영재의 정서적 강렬함은 다른 사람들보다 더 많이 느끼는 문제가 아니라 세상을 경험하는 다른 방식이다. 생생하고, 흡수하고, 관통하고, 포괄하고, 복잡하고, 명령하는, 즉 살아 움직이는 것과 같은 방식이다. 영재 아이들에게 있어 이러한 강렬함, 즉 세상을 다른 방식으로 경험하는 것은 아이의 독특한 성격과 성향에 따라 긍정적이면서도 부정적으로 표현될 수 있다. 강렬한 반응은 긴장하면 배가 아프다거나 수줍어하면 얼굴이 심하게 빨개지는 것과 같은 신체적 증상으로 나타날 수 있다. 영재 아이가 유치원에 등원한 첫 날 자신이 유치원에서 잘하는 모습을 보여 선생님의 기대에 부응할 수 있을지에 대한 걱정 때문에 배가 아파하는 모습을 종종 볼 수 있다. 이러한 강렬함은 타인에 대한 강한 정서적 애착으로도 나타난다. 예를 들어, 정이 든 유치원 선생님과의 이별이 너무 슬퍼 다시는 그 선생님처럼 좋은 선생님을 만나지 못할 것 같은 걱정에 휩싸이기도 한다.

강렬함의 또 다른 징후는 사회 문제 또는 상황에 대한 과장된 걱정으로 두려움이나 불안으로 나타나기도 한다. 예를 들어, 집이 없는 아이들에 대한 다큐멘터리를 시청한 후, 영재 아이는 자신이 안전한 집에서 음식을 너무 많이 먹는 것에 대해 죄책감을 가질 수 있다. 부모로서 자녀가 세상을 경험할 때 나타날 수 있는 강렬함 또는 '충실함'은 정상이며, 자녀를 영재로 성장시키는 데 있어 일부분임을 이해하는 것이 도움이 된다.

2) 과흥분성

일부 영재 심리학자와 연구자들은 이 강렬함을 과흥분성(Overexcitabilities: OE)이라고 부른다. 영재 전문가인 피에초브스키(Piechoswski, 1991)는 과흥분성을 "다양한 감정, 애착, 연민, 고조된 책임감, 꼼꼼한 자기 성찰을 통해 표현되는 정서적 삶의 엄청난 깊이와 강렬함"이라고 설명했다. 과흥분성은 다음의 다섯 가지 영역으로 나누어지며, 영재 아이들에게서 다양한 수준으로 발견될 수 있다.

① 신체적 과흥분성

- 끊임없이 움직일 수 있는 능력
- 넘치는 에너지
- 지속적인 신체활동이 필요할 수 있음
- 매우 경쟁적
- 빠른 말과 몸짓

② 감각적 과흥분성

- 시각, 후각, 촉각, 미각 및 청각에 대해 민감
(예: 옷에 붙은 라벨을 제거해야 함)

③ 지적 과흥분성

- 사물이 어떻게 만들어졌는지, 왜 어떤 문제가 발생하는지, 문제를 해결하는 방법 또는 전체를 구성하기 위해 어떤 부품이 어떻게 결합되는지 이해하려는 열망
- 장시간 관심 있는 주제에 집중할 수 있음

④ 상상적 과흥분성

- 높은 상상력과 창의력
- 낙서를 하거나 공상을 할 수 있음
- 이야기를 지어낼 수 있음(주위에서 거짓말을 한다는 오해를 받기도 함)

⑤ 정서적 과흥분성

- 강하고 복잡한 감정을 경험할 수 있는 능력
- 타인에 대한 연민과 공감 능력

과흥분성과 관련하여 가정과 교육기관에 도움이 될 수 있는 일반적인 양육 팁을 정리하면 다음과 같다.

- 타인과 환경에 대한 아이의 민감성을 존중하라. 아이가 열정을 가지고 있는 영역에 대한 아이의 감정과 강도를 최소화하려 하지 말고 수용하며 양육하는 것이 이런 특성에 대한 자기수용(self-acceptance)을 촉진하는 데 도움이 된다.
- 아이가 자신의 긍정적인 감정과 부정적인 감정 모두를 공개적으로 이야기하도록 장려하라. 예를 들어, "오늘 기분을 1~10점으로 표현하면 몇 점이야?"라는 질문을 하라. 아이가 긴장이나 불안을 유발하는 상황에 효과적으로 대처하기 위해 정서적 반응의 트리거(triggers)를 식별하도록 도우라. 아이에게 자신의 행동이 다른 사람에게 미칠 수 있는 영향에 대해 인식하도록 가르치라. 음악 듣기, 그림 그리기, 걷기 또는 일기 쓰기와 같이 감정을 표현하거나 감정을 방출하기 위한 전략을 보여 주라.
- 명확하고 일관된 행동에 대한 기대치를 가지고 아이와 함께 실천하라. 아이가 감정을 표현할 적절한 시간과 장소가 있음을 알고 있는지 확인하라. 예를 들어, 가족과 게임을 하다가 자기 마음대로 되지 않을 때 화를 내는 것은 적절하지 않은 것이다. 지적 과흥분성을 보이는 아이의 경우, 차도로 걷지 않는다거나 뜨거운 난로를 만지지 않는 것과 같은 안전규칙은 의심의 여지 없이 준수해야 한다는 것을 이해하는 것이 중요하다.
- 매일 표현할 수 있는 기회를 제공하라. 신체적 과흥분성이 있는 아이에게 신체활동을 하거나 주변의 다른 사람들에게 방해가 되지 않는 무제한 대화 시간을 허용하라. 감각적 과흥분성이 있는 아이를 위해서는 집안 어디에서나 휴식을 취하거나 음악을 들을 수 있는 조용한 장소를 제공하라. 지적 과흥분성을 가진 아이에게는 다른 사람의 의견을 존중하는 방식으로 문제를 해결하는 방법을 가르치라. 문제해결 전략을 시범보이고, 어떤 문제를 해결한 당신의 성공과 도전의 경험을 공유하라. 상상적 과흥분성을 가진 아이의 경우, 창의적

인 놀이 기회를 제공하여 문제에 대한 해결책을 개발할 수 있도록 도우라.

3) 완벽주의

강렬함 외에도 일부 영재 아이들은 가정과 학교 모두에 영향을 미칠 수 있는 완벽주의적 경향이 있다. 강렬함의 특성과 마찬가지로, 완벽주의도 긍정적인 방식과 부정적인 방식으로 나타날 수 있다. 완벽주의는 건강한 완벽주의와 건강하지 못한 완벽주의로 나눌 수 있다(Adelson and Wilson, 2009). 건강한 완벽주의는 아이들이 도전적이면서도 현실적인 목표를 설정하고, 숙달을 위해 노력하며, 열심히 일하면서 성공을 위해 노력할 때 자부심을 가질 수 있게 해 준다. 건강하지 못한 완벽주의는 아이들이 지나치게 경쟁하고 이기는 것에 집착하게 만들 수 있다. 이는 종종 달성할 수 없거나 비현실적인 목표로 이어질 수 있으며 낮은 자존감과 좌절로 이어질 수 있다.

완벽주의자를 유형별로 살펴보면 다음과 같다(Adelson, 2007).

① 학업 성취자(Academic Achievers): 백점을 받아야 하는 유형
② 가중 정확성 평가자(Aggravated Accuracy Assessors): 정확성을 높이고 완벽해질 때까지 프로젝트를 재실행하는 데 초점을 맞추는 유형
③ 위험 회피자(Risk Evaders): 전부 또는 아무것도 달성하지 않으려는 유형
④ 제어하는 이미지 관리자(Controlling Image Managers): "원하면 가질 수 있다"는 태도를 취하면서 체면을 세우고 손실을 관리하고자 하는 유형
⑤ 미루는 완벽주의자(Procrastinating Perfectionists): 실패를 피하기 위해 완벽하다는 마음이 들 때까지 일을 추진하지 않는 유형

완벽주의와 관련하여 가정과 교육기관에 도움이 될 수 있는 일반적인 양육 팁을 정리하면 다음과 같다.

- 아이와 건강한 완벽주의와 건강하지 못한 완벽주의에 대해 이야기하라.
- 당신의 삶에서 가르칠 수 있는 순간을 찾아라. 개인적 혹은 직업적 목표를 달성하기 위해 어떻게 열심히 노력했는지를 공유하라. 당신이 저지른 실수와 그로부터 배우는 방법에 대해 이야기하라.
- 아이가 집이나 교육기관에서 어려움을 겪거나 최선을 다하지 못했을 때 아이에게 대답하기 전에 신중하게 생각하라.
- "물이 반밖에 안 남았네."가 아니라 "물이 반이나 남았네."라는 사고방식을 가정에서 적용하여 긍정적인 사고를 갖게 하라.
- 시험에서 100점을 받거나 1등을 하는 것과 같은 최종 결과가 아니라 아이의 노력과 인내를 칭찬하라. 아이에게 "너는 참 똑똑해."라고 칭찬하기보다는 "너는 참 열심히 했어."라고 칭찬하라.

토론하기

〈1〉 창의적인 영재 아이에 대한 특징을 이해하고, 창의적 업적/산출물을 낸 인물의 어린 시절에 대해 토론해 보자.

〈2〉 영재 자녀 혹은 학생을 둔 부모나 교사들이 유의해야 할 점들에 대해 토론해 보자.

CHAPTER 07

아버지를 위한 부모교육

학습목표

1. 아버지교육이 필요한 이유를 설명할 수 있다.
2. 아버지의 역할과 유형을 이해하고 설명할 수 있다.
3. 아버지교육의 사례를 살펴보고, 좋은 아버지가 되기 위해 필요한 부분을 이해하고 설명할 수 있다.

1. 아버지교육

1) 아버지와 가정

가정에서 아버지가 자녀교육의 중심에 서야 한다. 아버지는 가정의 가장이며, 가정에서 가장 중요한 역할을 한다. 예로부터 아버지는 권위의 상징이었다. 그러나 오늘날 대부분의 아버지는 가정에서 자녀교육에 대해 관심은 이전보다 높아졌지만 구체적으로 자녀교육을 위해 무엇을 어떻게 해야 하는지 아버지로서 역할을 모르고 있다. 또한 아버지들은 가정과 사회가 그들에게 기대하는 역할에 대해 부담을 가지고 혼란스러워한다. 대부분의 아버지는 가정의 훌륭한 리더가 되려는 강한 욕구를 가지고 있다. 그러나 아버지는 자신을 어디에 맞추어야 하는지, 그리고 그들이 담당해야 할 책무가 정확히 무엇인지 잘 모르고 있다. 근본적인 문제는 아버지들이 스스로 자기 역할을 찾아가지 못했다는 데 있다. 오늘날 많은 남자들이 소위 '아버지 부재 신드롬(Absent Father Syndrome)' 이라는 '병' 혹은 '증상' 때문에 그들이 할 수 있고 또 해야 하는 여러 가지 역할과 기능을 제대로 발휘하지 못하며 살고 있다. 현대사회는 가정에서 자녀교육을 위한 아버지의 역할이 점점 더 중요해지고 있다.

2) 아버지교육

아버지교육은 자녀를 둔 아버지를 대상으로 실시되는 교육을 의미하고, 가정을 회복시키고 올바른 자녀교육을 위해 아버지상을 정립할 수 있도록 돕는 집단적인 교육활동을 말한다. 따라서 아버지로서의 교육적 자질 향상과 역할 수행에 변화를 일으키기 위하여 자녀교육과 관련한 다양한 내용으로 구성되어 모든 교육적인 방법을 동원하여 교육하는 활동이라 할 수 있다.

3) 아버지 효과(Father effect)

아버지의 관심이 많은 아이가 그렇지 못한 아이보다 학업성취도가 높다고 한다. 아버지의 관심이 아이들의 학업 성적을 높인다는 것이다. 이렇듯 아버지는 아이들의 등대, 정신적 지주로서 부지불식간에 아이의 인생에 지대한 영향을 미친다. 이른바 '아버지 효과(Father effects)'이다. '아버지 효과'란 삶에 대한 아버지의 가치관, 태도, 습관 등이 아이들에게 각인되어 아이의 삶과 장래에 큰 영향을 끼치는 효과를 말한다. 부모의 영향력, 특히 아버지의 영향력은 일반적으로 우리가 아는 것보다 훨씬 크다.

현대 심리학에 '아버지 요인'이라는 개념이 있다. 아이가 성인이 될수록 자신도 모르게 아버지를 따라하고, 심지어 아버지의 태도, 행동, 가치관, 인간관계까지 비슷하게 반복하게 되는 심리적 경향을 말한다. 미국의 저명한 심리학자 스테판 B. 폴터(Stephan B. Poulter)는 자신의 저서『모든 인간관계의 핵심요소 아버지』에서 이 용어를 정의하면서, 성인들이 겪는 문제의 근원을 추적한 결과 아버지의 영향이 아주 지배적이었다고 밝히고 있다. 많은 사례에서 사람들은 아버지가 자신을 대했던 방식대로 동료와 부하직원을 대했고, 어린 시절 아버지를 대했던 방식대로 상사를 대했으며, 아버지와 비슷한 말과 표현을 자주 사용했다. 부정적이든, 긍정적이든 아버지는 알게 모르게 아이의 역할 모델이 되고 있다. 스테판 폴터의 분석대로 아버지는 자녀에게 절대적인 영향력을 행사하는 존재이다. 아버지는 자녀의 삶에 자신이 주는 영향력을 결코 과소평가해서는 안 된다. 일반적으로 자녀의 진로와 미래는 부녀지간 혹은 부자지간이라는 관계 속에서 만들어지고 결정된다. 그러므로 자녀교육은 결코 아내의 전담 사항이 될 수 없고, 그렇게 되어서도 안 된다. 아버지가 직접 나서서 자기 몫을 채워야 한다. 어머니의 힘만으로는 완전한 그림이 그려지지 않는다. 아버지가 부재한 교육 환경에서 아이는 상실감, 허무, 분노를 먼저 배우게 된다. 자녀교육 플랫폼은 아버지의 공감과 깨달음, 그리고 작은 실천으로부터 시작된다.

2. 아버지 역할

현대는 '아버지 부재의 시대'라고 할 만큼 아버지의 역할에 관한 이해의 부족으로 인해 혼돈과 갈등이 존재하고 있다. 또 한편에서는 '아버지 역할의 재발견 시대'라고 표현할 만큼 아버지에 대한 관심이 급증하고 있다. 아버지와 자녀 간의 관계가 자녀의 성장 및 발달에, 어머니 못지않은 영향을 끼치고 있다고 지적했다. 또한 아버지에 대해 자녀를 능동적으로 양육하며 아이들을 돌보는(caretaking) 부모로 인식해 가고 있다.

전통적으로 아버지는 가족의 생계를 책임지는 생계부양자로 인식되어 왔다. 아버지의 존재는 인간이라는 유기체를 형성하는 생물학적 기여자로서의 역할이 강조되면서 자녀 양육에 있어서 아버지의 역할은 어머니의 역할에 비해 상당히 미비하며 최소한의 역할만 수행했다. 그러나 사회 · 경제적 발전과 변화에 따라 아버지의 역할도 달라지기 시작하여, 전통적인 부모의 역할에도 변화를 초래하게 되었다.

고도 산업화 시대를 맞아 여성의 사회 참여가 늘어 가면서 어머니의 자녀 양육 시간이 절대적으로 줄어들고, 핵가족화가 심화되어 결국 양육의 책임을 어머니와 아버지가 나누어 담당할 수밖에 없게 되었다. 이는 부부간의 역할 평등과 역할 분담을 요구하기에 이르렀고, 아버지가 자녀의 출생 후 계속해서 자녀 양육에 참여하여 어머니와 협력하는 공동 부모 역할을 요구하기에 이르게 되었다. 자녀의 양육 및 교육에서 아버지의 참여와 어머니와의 공동 분담은 자녀 양육에 과중한 부담을 지닌 어머니에게 도움과 지지를 제공함으로써 어머니가 자녀에게 더욱 애정적이고 민감하게 반응하도록 한다. 이처럼 아버지의 자녀 양육 참여는 자녀에게 보다 개방적이고 평등한 성 역할 개념을 제공함으로써 자녀를 보다 양성적인 인간으로 성장하게 한다. 또한 자녀와의 관계에서 보다 양육적이고 표현적인 역할을 하도록 고무하며, 자녀와 깊은 관계를 맺을 수 있게 된다.

1) 아버지 역할에 관한 심리학적 이론

자녀교육에서 아버지 역할의 중요성에 대한 여러 가지 심리학적 이론들이 있다.

첫째, 프로이트(Freud)의 이론은 정신분석학적 입장에서 자녀의 인성 발달과 부모와의 관계를 매우 중요시한다. 자녀는 심리적 과정을 통해서 아버지의 애정과 보호하에서 안정감을 느끼게 되고 아버지에 대해 사랑과 존경의 감정을 가지게 된다. 따라서 아버지는 자녀의 동일시의 중요한 모델이 되며, 아동 초기에 아버지와 함께하는 경험은 아동 후기의 인성 발달에도 지속적으로 영향을 주고 있다는 것이다.

둘째, 파슨스(Parsons)의 이론에서 아버지는 가족을 초월하여 자녀에게 사회와 가족 사이를 연결해 주고 사회에 적응하는 데 필요한 여러 가지 능력을 습득하는 경험을 하도록 인도해 준다. 자녀가 사회의 도덕과 보편적 가치를 알게 하고 타인과의 의사소통이 가능하도록 도와주는 중요한 역할을 아버지가 감당한다는 것이다. 즉, 아버지는 자녀가 가족 구성원에서 사회 구성원으로 나아가는 과정에 올바른 방향을 제시하고 사회적 가치판단과 행동의 모범을 보여 주는 역할을 하고 있다는 것이다.

셋째, 사회학습 이론(social learning theory)은 사람의 행동은 다른 사람의 행동이나 상황을 관찰하거나 모방한 결과로 이루어진다는 교육심리학 이론이다. 사회학습 이론에서는 밖으로 드러나는 행동에만 초점을 맞추는 행동주의 학습 이론과 달리, 인간의 내면에서 일어나는 인지 과정도 중시한다. 학습 이론에서는 동일시나 모방 강화와 벌에 의한 자녀교육이 사회화와 인성 발달에 결정적인 과정이라고 보며, 자녀에 대한 아버지의 반응은 어머니에 비하여 상대적으로 새롭고 강한 면이 있어 큰 효과를 얻을 수 있다고 한다.

넷째, 애착 이론(Attachment Theory)은 영아와 어머니의 정서 유대를 설명하기 위해 제시되었다. 애착이란 영아기에 발생하는 가장 중요한 형태의 사회적 발달이자, 영아와 양육자 간에 형성되는 친밀한 정서적 결속이다. 이러한 정서적 결속에 대한 욕구는 인간 경험의 기본적인 부분으로, 종족을 보존하기 위한 생물적 목적에 기여하기 때문에 중요하다. 양육자와 안정적으로 애착을 형성한 아동은 빨기, 울음, 미소, 매달리기, 따라다니기와 같은 초기 사회적 신호체계 및 물리적 접촉 행동을 통해 애착 대상을 안전 기지(security base)로 삼게 된다. 애착 이론의 많은 연구 결과에 따르면, 유아들이 어머니뿐만 아니라 아버지와도 동시에 애착을 형성했고, 아버지-유아관계와 어머니-유아관계는 서로 독립적으로 발달하였다. 나아가 자녀에게 미치는 아버지의 영향은 어머니의 영향과는 질적으로 다르다는 사실을 나타내고 있으며, 자녀의 성장 발달에 대한 아버지 역할의 독자성과 특이성을 보여 주고 있다.

2) 아버지 역할에 대한 인식

최근 들어 자녀교육, 특히 유아기 자녀교육에 대한 아버지의 인식 연구가 활발하게 진행되어 왔다. 연구의 몇 가지 항목으로는 유아기 자녀교육에서 아버지의 역할에 대한 인식은 어떠한가? 유아기 자녀교육에서 아버지의 역할 수행에 대한 인식은 어떠한가? 이러한 자녀교육에 대한 인식은 아버지의 연령과 학력에 따라 어떠한 경향을 나타내는가? 등으로 나누어 볼 수 있다. 아버지의 역할에 관한 인식 연구의 결과를 종합해 보면 다음과 같다.

첫째, 유아기 자녀교육에 대한 아버지의 인식 정도를 살펴보면, 유아기 자녀교육에서 가장 중요하다고 생각하는 것은 정서 사회성을 발달시키는 것이고, 자녀교육의 가장 효율적인 방법으로는 놀이를 통해 유아 스스로 자연스럽게 배우는 것으로 인식하고 있다. 또한 유아기 자녀교육에서의 책임과 주요 문제의 결정은 부부가 함께 담당해야 하는 것으로 인식하고 있다. 부모가 유아기 자녀를 교육시키면서 그동안 궁금한 점이나 곤란한 점은 많았는데 이에 관한 지식을 습득할 기회는 다양하게 없었지만 계속 배우길 원하고 있고, 이것의 해결방법은 전문서적이나 인터넷을 통해서 혹은 결혼 후 부부가 자녀를 양육하면서 배우기를 원하고 있다. 유아기 자녀교육에 대한 인식은 연령, 학력에 따라 다소의 차이가 있다. 아버지의 연령이 적고 고학력인 경우에 자녀 양육에 적극적으로 참여하는 경향이 있는데, 이는 시대적 · 사회적 요청에 의해 아버지의 역할 변화를 받아들이면서 나타난 현상으로 보인다.

둘째, 유아기 자녀교육에서 아버지의 역할에 대한 인식을 보면, 아버지의 존재가 가장 중요한 시기는 사춘기·청년기가 가장 높고 유아기는 두 번째로 높게 나타나고 있다. 아버지의 가장 중요한 역할은 자녀가 올바른 가치관을 형성하도록 도와주는 것이고, 유아기 자녀교육에 관한 의사결정을 해야 할 때 아버지의 역할은 자녀의 훈육 관련 문제로 나타나고 있다.

셋째, 유아기 자녀교육에서 아버지 역할 수행에 대한 인식에서 아버지가 자녀와 놀아 주는 정도에 대해서는, 대부분의 아버지가 사회적인 활동과 직장일로 시간이 부족하여 보다 적극적으로 자녀와 함께하지 못한다는 실정이다. 그리고 유아기 자녀교육에서 아버지의 역할 수행은 아버지의 연령과 학력에 따라 차이가 없고, 연령과 학력 모두에서 아버지들이 자녀의 훈육과 자녀의 올바른 가치관 형성 등을 중요한 역할로 인식하고 있다.

3) 아버지 역할 변화

유아가 출생 후 최초로 접하게 되는 가정 환경에서 부모의 역할 수행은 유아의 지적, 정서적, 사회적, 신체적 발달에 가장 중요한 영향을 주게 되기 때문에 가족에서 부모, 특히 아버지의 역할은 유아의 초기 인격 발달에 매우 중요한 역할을 한다. 그러나 지금까지 가정에서는 아버지의 부재시대라 할 수 있을 만큼 자녀교육에 있어서 아버지의 역할에 대한 갈등과 혼란이 존재하고 있다. 일반적으로 한국의 가정에서는 자녀교육은 어머니가 책임지는 것으로 인식하고 있다.

그러나 현대 산업사회에 들어서면서 사회적이고 교육적인 요청에 의해 자녀교육에 대한 부모의 역할에 변화가 요구되고 있다. 현대사회에 있어서는 핵가족의 등장, 생활 수준의 향상, 여성들의 교육기회의 확대와 이에 따른 취업 등 여성들의 사회활동 증가로 인해 성 역할과 가족 구성원들에게 변화가 나타나고 있고, 특히 자녀교육에 있어서 부부 공동 참여 및 역할과 책임 분담에 변화가 요청되고 있다.

자녀교육에 있어서 아버지의 역할은 자녀의 훈육자, 가정에 대한 경제적 책임자 외에 자녀교육에 보다 능동적이고 전문적인 역할에 대한 기대감이 높아지고 있다. 자녀교육에 대한 아버지 역할에 대한 이와 같은 요구와 관점의 변화는 오늘날 자녀교육에 대한 아버지의 역할이 이전에 인식하였던 단순한 어머니의 보조자가 아니라 어머니의 역할과 또 다른 고유한 역할을 아버지들이 갖고 있다는 것을 의미하기도 한다.

자녀교육에서 아버지의 역할은 다음과 같은 이유로 그 중요성을 더하고 있다.

첫째, 아버지의 양육 참여는 자녀의 인지 발달을 강화시킨다. 자녀가 아버지와 접촉하는 시간의 많고 적음은 아동의 학업성취와 깊은 관계가 있기 때문에, 아무리 유능한 아버지라도 자녀와 계속적인 접촉이 없거나 그 관계가 좋지 못하면 아동의 지능 발달을 촉진시키지 못한다.

둘째, 남아에게 아버지가 긍정적이며 친절하고 많은 관심을 기울이며 아들의 성장에 아버지가 직접 참여할 경우 지능검사와 어휘점수에서 높은 점수를 얻었으며 성공적으로 성장하게 한다.

셋째, 아버지는 자녀의 성 역할 발달에 많은 영향을 미친다. 딸이 여자답게 성장하는 데 아버지의 역할이 중요한데, 남편으로서 가정을 잘 보살피고 자녀들에게 일관성 있게 훈육하고 어머니에게 정서적으로 상호작용이 원만한 아버지는 특히 딸에게 건전한 성의식을 발달시키는 것으로 나타난다.

넷째, 아버지는 자녀 양육 참여에 있어 자발적이고 즐거움을 느껴야 한다. 만약 아버지가 기쁜 마음이 없다면 자녀들의 성장 발달에 부정적인 영향을 미칠 수 있다.

다섯째, 자아 존중감이 높은 아버지일수록 자녀 양육에 긍정적으로 참여하고 있고, 아버지가 건전한 자율성과 친밀성을 소유한 인성 특성을 가졌을 경우, 자녀의 자율성과 친밀성의 발달에 큰 영향을 주고 있다.

여섯째, 아버지의 양육 참여에 관한 대부분의 연구는 부부간의 결혼만족도가 아버지의 양육 참여 행동의 척도가 된다. 즉, 부부 사이의 의사교환이 빈번한 아버지들은 양육 수준이 효율적인 것으로 나타나며, 결혼생활에서 아버지의 만족은 자녀 양육 참여에 중요한 요소임을 밝혀 주는 것이다.

이상과 같이 아버지의 역할 수행은 다양한 심리적, 사회적 요구만 아니라 시대적 갈등을 경험하게 되는데, 아버지들은 자신의 일과 자녀의 양육 사이에 어떤 문제가 있을 때 아버지 자신보다는 아동의 요구에 우선순위를 두며, 가정의 가치를 중요시하는 책임 있는 아버지가 되도록 해야 한다.

이러한 아버지 역할이 제대로 수행되지 못할 경우에는 가족 내에서 자녀, 아내와의 관계가 소원해져서 가족의 온전한 기능을 발휘하기가 어렵게 된다. 또한 가족 내에서의 순기능적 관계가 이루어지지 않으면 사회적 관계에도 부정적 영향을 미칠 수 있다. 그러므로 아버지가 가족 내에서 긍정적 역할을 할 때 가족뿐만이 아니라 타인과 사회와 국가에 순기능적 영향을 줄 수 있다는 것을 알 수 있다.

3. 아버지 유형

미국의 저명한 상담가이자 임상심리학자이며 라이프코치(life coach)인, 스테판 폴터(Stephan B. Poulter)는 지난 30여 년 동안 가족관계에 대해 집중적으로 연구해 왔다. 아버지와 자녀관계에 대한 연구를 특화하여, 3,000명 이상의 아버지와 자녀를 상담하며 심리치료에 매진해 온 것으로 유명하다. 그 결과 아버지와 자녀관계에서 되풀이되는 과거의 두려움과 좋지 않은 기억을 극복하기 위한 카운슬링 프로그램을 개발하였다. 그 연구 성과가 그의 저서 『모든 인간관계의 핵심요소 아버지』에 고스란히 담겨 있다. 그가 제시한 다섯 가지 아버지 유형은 다음과 같다.

1) 성취지향형

'좋게 보이는 것'과 '이기는 것'을 중시한다. 이런 아버지는 남의 눈을 의식해 자녀에게도 외모와 성공을 강조한다. 자녀가 외출할 때 옷가지를 지적하고, 학교 성적에도 민감하다. 아버지의 높은 기준대로만 움직인 자녀들은 자신의 일에 무관심할 수 있고 배려하는 마음도 갖기 힘들다.

2) 시한폭탄형

자신의 분노를 가족과 세상을 향해 내지른다. 언제 화를 터뜨릴지 예측할 수 없는 아버지의 감정 폭발에 노출된 자녀들은 불안감에 시달린다. 이런 아버지 밑에서 자란 자녀들은 혼란과 두려움으로 관계 형성을 하는 데 있어 신뢰감을 쌓지 못한다.

3) 수동형

일에 대한 헌신, 정직과 책임감을 중시한다. 이런 아버지는 수십 년간 한 회사에서 별 탈 없이 종사하는 경우가 많다. 그래서 자녀에게도 안정성을 중요하게 가르친다. 그러나 자녀는 도전의식이나 모험심을 배울 기회를 놓치기 쉽다.

4) 부재형

가족생활에서 벗어나 있고 그에 따른 책임감도 없다. 이런 아버지는 가족생활에 참여하고자 하는 의지도 없다. 자녀와 교류하는 데는 더더욱 관심이 없다. 자녀들은 아버지로부터 버림받고 거부당했다고 여긴다. 이로 인해 깊은 정서적 상실감을 갖게 된다.

5) 너그러운 멘토형

가장 바람직한 아버지상이다. 시간이 있든 없든, 무슨 일이든 자녀와 함께한다. 자녀 양육에서 아버지의 역할을 정확히 이해하고 자녀의 삶을 가치 있게 만드는 데 노력한다. 자녀가 꿈과 비전, 희망을 키울 수 있도록 지속적으로 격려한다. 이런 경우 자녀들은 정서적 안정감을 바탕으로 자긍심, 공감, 일관성을 갖는다.

자녀교육의 전문가인 소아청소년과 의사가 제시한 아버지 유형은 다음과 같다(김영훈, 2020).

1) 얼굴 보기 힘든 '무관심형 아버지'

무관심형 아버지는 너무 바쁘게 살아 자녀의 성장 과정을 지켜보지도 못한다. 사회와 회사 일에 바빠 놀아 주지 못하고, 어쩌다 시간에 여유가 있어도 자녀와 함께할 생각을 하지 않는다. 이런 유형의 아버지는 조금만 피곤해도 자녀들에게 핑계를 대며 화를 낸다. 그래서 자녀들에게 마음의 상처를 주기도 한다. 자녀들과 간단한 놀이조차 하지 못하는 아버지이며, 자녀가 다가오면 겁부터 내는 아버지이다.

2) 자녀를 품에 넣고 무조건 감싸기만 하는 '자녀 우선 아버지'

'자녀 우선 아버지'는 자녀가 잘못된 행동을 해도 어머니를 무시하고 자녀 편을 드는 아버지이다. 아버지가 자녀를 감싸기만 하니 아이들은 어머니의 말을 잘 듣지 않는다. 어머니가 야단을 쳐도 아이들은 아버지에게 달려가기 때문에 소용이 없다. 아버지는 아이를 금지옥엽처럼 생각하고, 집에서 아이의 말은 곧 법이 되어 집안의 분위기를 흐린다. 아이가 원하는 것을 아버지는 무엇이든지 해 준다. 이런 아이는 성장하면서 상대방에 대한 배려가 없고 이기적이어서 사회성도 떨어진다.

3) 어머니와의 갈등 상황을 피하는 '회피형 아버지'

회피형 아버지는 자녀는 오로지 엄마가 키운다는 잘못된 생각을 가지고 있으며, 자녀교육에서 아버지의 역할을 회피하며 귀찮아한다. 어머니가 자녀교육에 대한 의사결정을 전적으로 해도 당연한 듯 무관심하다. 자녀교육에서 최고의 교육법이란 바로 부부가 함께하는 공동 역할임을 알지 못한다. 자녀가 성장한 후에야 자녀교육에 관심을 가지려고 하면 이미 관여할 수 없는 상태라는 사실을 뒤늦게 알게 된다.

4) 아이에 대한 기대치 낮은 '방관자형 아버지'

방관자형 아버지는 자녀가 건강하고 반듯하게 자라면 된다고 생각하는 아버지이다. 자녀가 학교생활에서 야단을 맞고 성적이 떨어져도 아버지는 무관심하고 방관자적 태도를 보인다. 자녀가 어떻게 성장하는지, 어떤 교육이 필요한지 관심이 없고, 자녀의 미래에 대한 기대도 낮은 편이다. 이런 유형의 아버지를 둔 자녀는 선천적인 잠재적 가능성에 비해 자존감이 낮고 성취감도 부족한 편이다.

5) 자유롭게 살라고 내버려 두는 '자유방임형 아버지'

자유방임형 아버지는 자녀의 감정에 대해 거리낌 없이 모두 받아 주고 아이의 그릇된 행동에 대한 대안을 모색하지 못하는 유형이다. 정말 아이의 감정을 존중하며 수용해 주는 경우도 있으나, 가끔은 화가 나서 아이를 무시하듯이 가만히 두는 경우도 있다. 이럴 경우 아이는 자신의 감정을 표현할 수는 있으나 조절이 안 되어 또래관계와 같은 사회적인 관계를 유지하는 것에 어려움이 있다. 아버지는 일관성 있게 올바른 방법으로 자녀교육에 참여해야 하고, 자녀의 요구사항을 정확하게 이해하여 적절한 수준 정도까지만 수용하여야 한다.

4. 좋은 아버지

좋은 아버지란 가정에서는 아이들을 잘 돌보고 직장일도 잘 해낼 수 있을 때 좋은 아버지가 될 수 있다. 훌륭하고 좋은 아버지가 되기 위해서 자녀교육에 관해 알아야 할 지식과 지도해야 할 내용을 자녀의 성장 발달 과정에 대한 이해와 자녀의 학습 지도와 진로 지도로 나누어 보면 다음과 같다.

1) 자녀의 성장 발달 과정에 대한 이해

한 인간의 원만한 신체적, 지적, 정서 및 사회적 발달의 기초는 대부분 어린 시절에 완성된다. 따라서 아버지는 아이들의 유아기 및 아동기 그리고 청소년기의 성장 발달 과정에 대한 기본적인 이해와 지식을 갖추는 일이 중요하다.

(1) 유아기

유아기란 만 6세까지의 아동으로 국민학교 취학 전까지의 시기를 말하는데, 신체 발달과 운동 발달은 물론이고 지적, 정서적, 사회적 발달의 시초가 이루어지는 중요한 시기이다. 몇 가지 유의해야 할 자녀교육적 관점들은 다음과 같다.

① 자율적인 생활습관의 형성
② 언어 발달의 기초
③ 아이들의 질문 처리
④ 사회성 발달과 성 역할

(2) 아동기

아동기는 대개 여섯 살에서 열두 살까지의 아동으로, 초등학교단계의 아동을 말한다. 학교에 들어가면서 아이들은 학교라는 사회 속에서 경험하게 되는 인간관계 및 학업 성적 문제 등으로 나름대로 고민을 하는 시기이다. 아버지는 직접적인 상호작용을 통해서만이 아니라 아이들의 환경과 놀이도구의 제공 등의 지적 발달에 대한 관심과 지도를 해 주며 관심을 갖는 것이 좋다.

① 바람직한 사회성 발달
② 근면성 발달의 기초
③ 질서 및 예절교육의 완성

(3) 청소년기

청소년기는 신체적 생리적으로는 성인에 가깝지만 성인으로서의 사고나 판단 능력은 아직 미숙하므로 제대로의 성인 대우를 받지 못하는 갈등과 혼란의 시기이다. 청소년기에 아버지로서 청소년기의 사고와 행동상의 특징을 잘 이해하면서 구체적인 지원과 문제해결에 동참해 주는 후원자가 되는 것이 필요하다.

① 청소년기의 독립성 지도
② 친구관계 지도
③ 자녀의 성교육

2) 자녀의 학습 지도와 진로 지도

자녀를 어떻게 키워야 잘 키웠다고 하는가? 요즘은 자식들 학교 공부와 진로 문제가 현실적으로 시급한 과제가 되다 보니 누구나 한 번씩은 던져 볼 수밖에 없는 질문이다. 이는 우리 모두가 잘 알고 있으면서도 좀처럼 해결하기 어려운 입시 위주의 고학력 경쟁사회와 관련된 고질적인 병리 문제이다. 바람직한 자녀의 인간교육도 중요하지만 우선적으로 학교 성적과 상급학교 진학을 위한 가정의 학습 지도와 진로 지도에 대한 대책이 보다 시급하게 요구되고 있다. 이는 특히 현실적인 장래 문제로서, 어머니에게만 맡겨 둘 수 없는 중요한 과제이기 때문에 아버지의 적극적인 관심과 참여가 요구되고 있다.

(1) 가정의 학습 지도

가정의 학습 분위기와 효과적인 학습방법을 생각해 보면서 구체적인 가정 학습 지도의 방향과 요령을 정리해 볼 필요가 있다.

① 공부하려는 마음가짐이 무엇보다도 중요

② 학습 분위기 조성의 요령

③ 자녀 학습습관 지도의 기본

(2) 가정의 진로 지도

자녀들이 성장하면서 그들의 진로 지도는 부모에게 있어 심각한 문제로 자리잡게 된다. 이처럼 중대한 평생의 진로 선택 지도가 여러 가지 이유에서 제대로 이루어지지 못하고 있는 것이 자녀교육의 실정이다.

① 자녀 스스로가 올바른 자기 이해를 하도록 도와주는 것

② 다양한 직업세계에 관한 정보 수집

3) 좋은 아버지 계명

① 대화의 소재를 많이 만들어라.

② 자녀에게 많은 결정권을 줘라.

③ 자녀의 공책을 살펴보라.

④ 자녀에게 편지를 써 보라.

⑤ 자녀와 함께 보내는 시간은 양보다 질이 중요하다.

⑥ 먹자판, 놀자판 놀이문화를 지양하라.

⑦ 경험을 다양하게 축적하라.

⑧ 가족 이기주의로부터 벗어나는 가족이 돼라.

⑨ 자녀의 학교를 방문해 보라.

⑩ 강하게 키워라.

⑪ 근로의 중요성을 일깨워 줘라.

⑫ 자녀 앞에서 정정당당한 위엄을 보여라.

⑬ 때로는 회초리도 필요하다.

⑭ 사소한 것을 기억하는 아버지가 돼라.

⑮ 주 1회 아버지와 자녀 둘만의 특별한 스케줄을 가져라.

4) 외국 부모의 자녀교육

① "남보다 뛰어나라."가 아니라 "남과는 달라야 한다."고 가르친다.

② 학습을 위해서는 잘 '듣는' 것보다 '말하는' 것이 중요하다.

③ 배운다는 것은 꿀처럼 달다는 것을 되풀이하여 체험시킨다.

④ "싫으면 그만두라. 하려면 최선을 다하라."고 가르친다.

⑤ 배움은 배우는 자세를 '모방하는 것'으로 시작된다.

⑥ 아이들이 이해할 수 없는 관념은 사실만을 말한다.

⑦ 형제의 머리 비교는 쌍방을 죽이나, 개성의 비교는 쌍방을 살린다.

⑧ 이야기나 우화의 교훈은 부모가 지적하는 것이 아니라 아이들 자신이 생각하도록 한다.

5. 아버지교육 사례

1) 두란노 아버지학교

(1) 학교 소개

아버지학교는 1995년 10월 두란노서원에서 처음 개설되었다. 오늘날 여러 가지 사회 갈등 모습의 출발은 행복하지 않은 가정생활에서 시작되며, 아버지가 그 중심에 서 있다는 인식 아래 올바른 아버지상을 제시하고 함께 생각하며 실천적 방법을 모색하고 있는 명실상부한 아버지교육의 산실이 되었다.

처음은 교회에서 기독교인을 대상으로 출발했으나, 1990년 IMF 이후 일반인들의 관심이 늘어나면서 2004년부터 기독교 색채를 배제한 "아버지란 누구인가?"만을 주제로 하는 아버지학교도 개설하여 운영해 왔으며, 현재는 교회에서 진행되는 일반 아버지학교, 군부대인성교육/교정인성교육/청소년감동캠프, 기업체/관공서/기타 아버지학교로 운영하고 있다. 아버지교육이 가정 회복의 우선임을 깨닫고 "아버지가 살아야 가정이 산다."는 슬로건을 내걸고 시작된 프로그램이다. 아버지학교는 "아름다운 세상, 행복한 가정을 위해 땅끝까지 가는 아버지 운동"이라는 비전으로 아버지들을 격려하여 사회에 선한 영향력을 행사할 수 있도록 노력하고 있다.

(2) 학교 커리큘럼 소개

① 아버지의 영향력

우리는 태어나 주변 환경 등 여러 가지의 영향력을 받고 자라는데, 특히 아버지의 영향력은 삶에 미치는 영향력이 강력하고, 지대함을 알아본다.

② 아버지의 남성

내 삶의 모습 중 사회 질서에 선한 영향력을 미치는 요인과 그렇지 못한 요인을 알아보고, 내가 나답도록 변화하기 위한 사회, 문화적 배경을 알아본다.

③ 아버지의 사명

아버지의 역할을 혼동하면 아버지의 사명을 이루지 못한다. 좋은 아버지가 되려면 먼저 좋은 남편이 되어야 함을 알아본다.

④ 아버지와 가정

행복한 가정에는 대화가 있고, 의사소통이 잘 되며, 함께하는 시간이 많고, 감사와 사랑의 표현이 많다는 것으로, 비전을 공유하는 가정에 대해 알아본다.

(3) 다양한 유형의 아버지학교

① 일반 아버지학교

아버지학교의 모토는 '아름다운 세상 행복한 가정을 위해 땅끝까지 가는 아버지 운동'으로, 가정을 세우는 사람들 아버지학교이다. 개설 목적은 아버지가 살아야 가정이 산다는 것으로, 두란노 아버지학교는 대한민국 아버지들을 격려하여 행복한 가정을 세우고 사회를 아름답게 변화시킨다는 목적으로 시작하였다. 5주 동안 아버지들이 함께 모여 급변하는 사회에서 우리가 원하는 진정한 아버지는 어떤 모습인지 토론하고 고민하며 올바른 길을 모색한다. 아버지들이 남성의 정체성은 아버지 됨에 있다는 사실을 깨달아 진실한 사랑과 관계를 회복하고, 가정에서 아내를 더욱 사랑하고 자녀에게 선한 영향력을 끼치도록 돕고 있다. 나아가 건강한 가치관과 정신적 유산을 물려주어 아름다운 세상, 행복한 가정을 위해 땅끝까지 나아가는 아버지 운동을 펼치고 있다.

② 부부학교

부부학교의 모토는 '친밀한 부부는 건강한 가정의 기초'이다. 학교의 교육목적과 교육내용을 살펴보면 부부학교를 이해하는 데 도움이 된다.

• 부부학교의 목적

아버지학교를 통해 이전과는 다른 새로운 삶을 살기로 결심한 아버지들과 가족들에게 이제 온전한 회복, 치유와 성장을 경험할 수 있는 새로운 프로그램이 절실해졌다. 이에 2006년 문을 연 부부학교는 부부애를 확인하고 서로의 진실된 마음을 찾아가면서 건강한 부부관계로 회복하기 위한 학교이다. 또한 가정 안에서 남편과 아내의 정체성을 회복하고, 부부간의 차이를 발견하고 인정해 주며, 대화를 통한 문제해결로 부부가 하나 되는 무대가 될 것으로 기대하고 있다. 가정생활에서 생기지 않을 수 없는 갈등을 지혜롭게 해소하는 법과 자녀 양육 등 부부에게 일어나는 현안 문제들을 어떻게 다뤄가야 할지를 배운다.

• 커리큘럼(4주간)

부부학교는 모두 네 번의 만남을 갖는다. 이 기간에 부부 차이, 부부 치유, 부부 대화, 부부의 성에 대해 생각해 본다. 결혼의 원리와 가정에 대한 비전을 함께 이야기 나눈다. 4주 과정을 마치면서 새로운 출발을 다짐하는 부부들은 언약예식을 거행한다. 그저 설레기만 했던 결혼식과 달리 '부부 됨'의 의미가 무엇인지 배우고 새롭게 출발하는 부부들을 위해 마음껏 축복하고 축하하는 기념식이다.

③ 교정 아버지학교

• 교정 아버지학교 목적

학교의 모토는 '아버지라는 이름이 새로운 삶의 원동력'이다. 모든 갈등의 원인은 가정에서부터 시작되고, 모든 갈등의 해결 또한 가정에서부터 시작된다는 인식으로 2003년 11월 여주교도소에서 처음 시작된 교정 아버지학교는 수용자들에게 자존감의 회복과 삶에 도전을 주고 용기와 희망을 주고 있다. 지금까지의 삶보다는 지금부터 이루어질 삶을 바라보며 새로운 출발을 준비하는 시간을 만들고 있다.

• 교정 아버지학교 구성 프로그램

구성 프로그램은 다음과 같다. 교정 아버지학교에서는 첫째, 가계에 흐르는 나쁜 영향력은 끊고 좋은 영향력은 유지 계승하도록 돕는 「아버지의 영향력」, 둘째, 올바른 남성문화를 소개하고 남성성결운동을 강조하는 「아버지의 남성」, 셋째, 아버지의 사명은 자녀에게 삶의 지표와 자부심, 미래의 보장임을 가르치는 「아버지의 사명」, 넷째, 아버지학교를 수료한 아버지들이 각 가정의 지도자로 제 역할을 할 수 있도록 돕는「아버지와 가정」을 가르친다.

2) 시 · 도교육청 아버지학교

(1) 광주교육청 아버지학교

① 교육기간: 4회 과정(매주 목요일 19:00 ~ 21:00)

② 교육대상: 자녀가 있는 아버지

③ 교육방법: 온 · 오프라인 병행 실시

④ 교육장소: 광주광역시 교육연구정보원 강당

⑤ 교육내용: 아빠들의 궁금한 자녀 이야기, 좋은 사람, 좋은 부모, 그리고 좋은 대화, 아빠와 터놓고 나누는 성 이야기, 내 마음 들여다보기

(2) 경북교육청 행복한 아버지학교–프랜디 스쿨

행복한 아버지학교는 그동안 학부모교육이 주로 어머니를 대상으로 실시된 데 대한 반성과 성찰에서 출발하였으며, 코로나19의 지속으로 대면 접촉이 줄어들어 자녀들이 아버지를 통해 사회를 배우는 현실을 반영하였다.

① 교육목적: 바람직한 아버지상 정립 및 건강 가족문화 조성, 아버지 역할 이해

② 교육대상: 아버지 80명(1차 40명, 2회차)

③ 교육내용: 아버지다움에 대한 이해, 관계를 돕는 코칭 기본 스킬 이해, 검사지를 활용한 성격 유형 찾기, 성격(기질) 이해의 중요성, 검사지를 통한 자녀 이해, 성격 유형별 특징 및 효과적인 대화법, 자녀를 성장시키는 아빠의 질문법 및 실습 등

④ 교육방법: 온라인 수업

3) 금정초등학교 아버지회

(1) 교육목적

"아빠도 자녀교육에 함께해요!" 아버지에게 학교교육 참여의 기회를 제공하고 자녀와 함께하는 다양한 프로그램을 통해 자녀와의 소통의 시간을 마련하고자 하는 아버지회는 아버지들의 교육 참여를 활성화하고 자녀와의 소통을 증진시키기 위해 구성된 단체이다. '아버지회' 총회가 2021년 6월 30일 금정초등학교 2층 도서실에서 개최되었다.

(2) 참여대상

금정초등학교에 자녀를 둔 아버지 중 희망자를 대상으로 선정하였으며, 아버지회 회원들의 자율적인 협력과 합의를 통해 운영한다. 아버지회 운영에 대한 전반적인 사항에 대해 학교와 긴밀히 상호 협조하며 교육적 효과를 극대화해 나갈 계획이다.

(3) 학교당국자 입장

"아버지회에 참석해 주신 분들에게 진심으로 감사드린다. 최근 연구에 따르면 아버지와 자녀의 소통과 교감이 자녀의 지적, 사회적, 정서적 발전에 지대한 영향을 미친다는 결과가 있다. 과거의 전통적인 아버지상에서 벗어나 이제는 자녀의 가치관 형성에 큰 영향을 끼치는 자녀교육의 한 축으로서 역할을 해야 될 시기가 되었다."(학교장)

(4) 참여 아버지들의 반응

아버지회 총회에 참석한 아버지들은 "코로나19로 어려운 상황인데 학교에서 철저한 준비로 매일 자녀들이 안심하고 학교에 다닐 수 있음에 깊이 감사드린다.", "학교에서 자녀와 함께 참여할 수 있는 다양한 프로그램을 개설해 주시면 아버지회에서 적극 동참하도록 하겠다.", "아버지회가 처음이라 어떤 역할을 하는지 잘 몰랐는데, 다른 아버지들과 함께 적극 참여할 수 있도록 하겠다."는 등 다양한 반응이 있었다.

4) 드림아이 유치원 아버지교육

① 교육목적: 아빠들의 유쾌한 교육 수다를 통한 자녀교육에 적극 참여하기

② 교육대상: 드림아이 유치원생 아버지

③ 교육기간: 4주(매주 1회 2시간)

④ 교육내용: 자녀교육 이론, 자녀교육 사례, 아버지가 원하는 자녀의 미래

⑤ 교육방법: 자녀교육에 대한 이론 강의(20~30분), 아버지들의 교육 수다(90분)

⑥ 교육효과: 자녀교육에 대한 아버지의 역할 인식, 자녀교육의 중요성 이해, 학교교육에의 관심

토론하기

〈1〉 아버지교육의 의미에 대해 이야기 나눠 보고, 자녀교육에서 아버지 역할의 중요성에 대해 토론해 보자.

〈2〉 아버지의 유형을 살펴보고, 좋은 아버지가 되기 위해 필요한 부분은 무엇일지 토론해 보자.

PART II 프로그램편

제 8장 교과 기반 부모교육 프로그램

제 9장 인성 강화 증진 부모교육 프로그램

제10장 의사소통 증진 부모교육 프로그램

제11장 체험활동 기반 부모교육 프로그램

제12장 콘텐츠 중심 부모교육 프로그램

제13장 협업 강화 부모교육 프로그램

CHAPTER 08
교과 기반 부모교육 프로그램

주제	교과 기반 부모교육 프로그램 유아교육! 놀이로 하다 - 부모와 함께하는 놀이	
	활동 내용	PPT 및 자료
도입	■ 2019 개정 누리과정의 배경 및 취지에 대해 이해한다. • **현대사회 변화에 따른 미래사회에 요구되는 인재상에 대해 이해한다.** – 미래사회는 지식이 많은 사람보다는 지식을 잘 활용할 수 있는 사람을 필요로 한다. 또한 자연과 생명을 존중하며 다른 사람과 함께 살아가는 바른 인성을 갖추고, 창조적 사고로 지속 가능한 사회를 만들어 갈 수 있는 역량을 갖춘 사람이 필요하다. • **교육과정 변화의 배경과 개정누리과정의 취지에 대해 알려 준다.** – 최근 국내외 교육과정은 역량을 중심으로 미래사회에 부응하는 방향으로 나아가고 있다. 이러한 역량을 반영하여 개정된 「2015 개정 초·중등학교 교육과정」은 학습자의 경험을 강조하며, 학습 경험의 질 개선을 위하여 '배움을 즐기는 행복교육'을 추구하고 있다. – 개정 누리과정에서는 새로운 시대의 요구에 따라, 교육내용을 간략화하고 유아가 주도하는 놀이를 통해 배움이 구현될 수 있도록 유아·놀이 중심 교육과정으로 나아가고자 하였다	1–3
전개	■ 놀이! 이해하기 • **2019 개정 누리과정의 주요내용에 대하여 알아본다.** – 2019 개정 누리과정의 목적은 유아가 놀이를 통해 심신의 건강과 조화로운 발달을 이루고 바른 인성과 민주 시민의 기초를 형성하는 데에 있다. – 목표 · 자신의 소중함을 알고, 건강하고 안전한 생활 습관을 기른다. · 자신의 일을 스스로 해결하는 기초능력을 기른다. · 호기심과 탐구심을 가지고 상상력과 창의력을 기른다. · 일상에서 아름다움을 느끼고 문화적 감수성을 기른다. · 사람과 자연을 존중하고 배려하며 소통하는 태도를 기른다. – 추구하는 인간상: 건강한 사람, 자주적인 사람, 창의적인 사람, 감성이 풍부한 사람, 더불어 사는 사람 – 유아 놀이의 의미 • **유아교육기관에서 진행하고 있는 누리과정 운영에 대해 소개한다.** – 놀이 환경, 배움으로서 놀이의 가치	4–6

전개	■ 놀이! 지원하기 • 유아교육기관과 가정의 연계 효과에 대해 이해한다. – 가정연계에 참여한 부모는 자녀의 놀이와 발달에 더 많은 관심을 가지고 지원하며, 이는 자녀의 성장과 발달에 긍정적인 영향을 준다. – 부모가 자녀교육에 참여하도록 하는 부모 참여와 협력은 유아의 언어 발달을 돕고 긍정적인 학습태도를 형성하며, 유아의 학업성취와 교육기관에 대한 긍정적인 태도 형성에 긍정적인 영향을 미친다. • 가정연계활동의 예시자료를 보여 주며 사례를 제시한다. – 놀이북, 놀이매체, 놀이방법 자료 등	7
	■ 놀이! 함께하기 • 자녀와 놀이하는 부모의 모습을 담은 영상자료(진짜놀이 & 가짜놀이)를 시청한다. • 나는 어떤 놀이 유형을 가진 부모인지 생각해 본다. – 놀이의 주도권과 놀이방법에 따른 부모의 놀이 유형 알아보기 – 학습형, 주도형, 자율형 • 자녀와 놀이 시 놀이의 주도권, 놀잇감 선택, 놀이에 대한 인정과 격려에 대한 방법을 소개한다. – 놀이의 주도권: 놀이의 선택은 자녀에게, 놀이와 학습 구분하기, 아이의 놀이 기다려 주기 – 놀잇감 선택: 놀잇감은 사용방법이 정해져 있지 않은 것 (자연물, 구성놀잇감, 상상놀잇감, 재활용품 등) – 놀이에 대한 인정과 격려: 자녀가 하는 것을 지켜보고 그대로를 수용하여 격려, 노력과 개선에 대해 이야기	8–9 영상 자료
마무리	■ 부모가 생각하는 놀이 의미와 경험에 대한 이야기를 나눈다. ■ 놀이에 대한 이해자료 및 놀이방법에 대한 자료를 공유할 수 있는 정보를 안내한다. ■ '놀이의 가치를 더하다'에 대해 알아본다.	10 영상 자료

【유아교육! 놀이로 하다】

부모와 함께하는 놀이

1. 부모와 함께하는 놀이

유아교육! 놀이로 하다 – **부모와 함께하는 놀이**

Step 1. 놀이! 이해하기
– 2019 개정 누리과정의 주요 내용과 유아교육기관에서의 놀이

Step 2. 놀이! 지원하기
– 가정연계

Step 3. 놀이! 함께하기
– 부모의 놀이 유형, 함께 진짜 놀이하기

STEP 1. 놀이! 이해하기

1 2019 개정 누리과정의 주요 내용

누리과정 개정의 취지

미래 사회에 요구되는 역량 →
- 지식을 잘 활용할 수 있는 사람
- 자연과 생명을 존중하는 사람
- 다른 사람과 함께 살아가는 바른 인성을 갖춘 사람
- 창조적 사고로 지속 가능한 사회를 만들어 갈 수 있는 사람

「2019 개정 누리과정」에서는 변화하는 시대의 요구에 따라 교육내용을 간략화하고 유아가 주도하는 놀이를 통해 배움이 구현될 수 있도록 유아·놀이 중심 교육과정으로 나아가고자 하였다.

교육과정의 변화

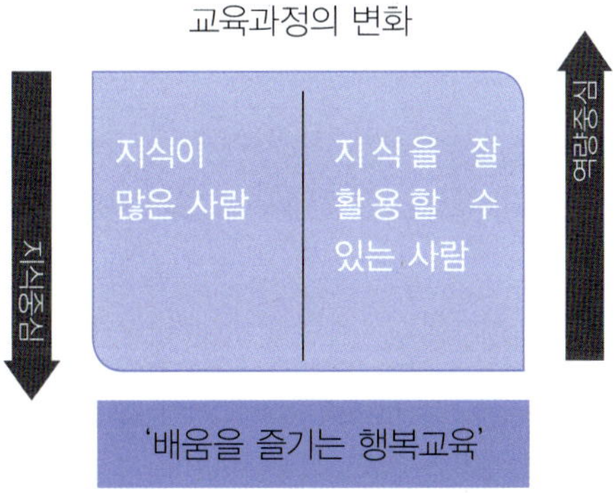

2019 개정 누리과정의 목적과 목표

2019 개정 누리과정의 목적은 유아가 놀이를 통해 심신의 건강과 조화로운 발달을 이루고 바른 인성과 민주 시민의 기초를 형성하는 데에 있다.

이를 실현하기 위한 목표는 다음과 같다.

가. 자신의 소중함을 알고, 건강하고 안전한 생활습관을 기른다.
나. 자신의 일을 스스로 해결하는 기초 능력을 기른다.
다. 호기심과 탐구심을 가지고 상상력과 창의력을 기른다.
라. 일상에서 아름다움을 느끼고 문화적 감수성을 기른다.
마. 사람과 자연을 존중하고 배려하며 소통하는 태도를 기른다

유아기 특성 강조

인간상의 구체적 내용

배움으로서 유아 놀이 경험의 의미와 특성

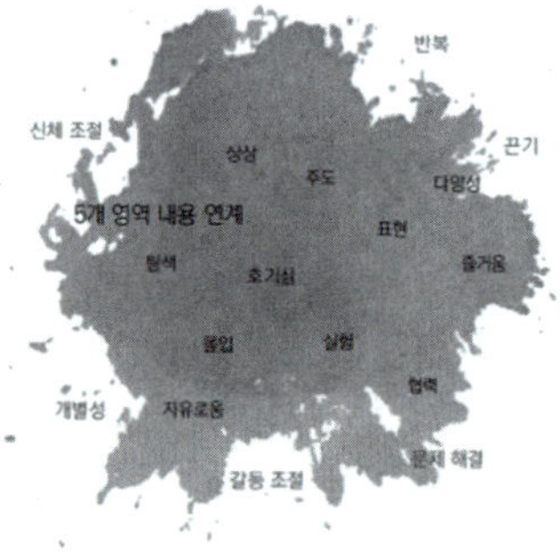

유아 놀이의 의미와 특성

놀이는 자유롭다
- 목적으로부터의 자유
- 규칙으로부터의 자유
- 사실로부터의 자유
- 시간과 공간의 경계로부터의 자유

놀이는 주도적이다
- 자발적 참여
- 능동성
- 내재적 동기

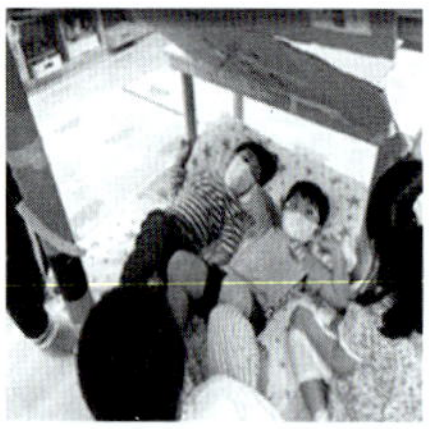

놀이는 즐겁다
- 재미
- 몰입
- 감정의 해소
- 상상과 호기심
- 유머

출처: 2019 개정 누리과정 놀이이해자료.

2 유아교육기관에서의 놀이

유아교육기관에서의 놀이

- 놀이하는 유능한 유아는 풍요롭고 다채로운 놀이를 통해 배우고 성장한다.
- 놀이 의미와 특성은 유아의 놀이에서 나타난다.
- 따라서 유아의 놀이를 따라가면서 배움으로서의 유아 놀이 경험의 의미와 가치를 발견할 수 있다.

STEP 2. 놀이! 지원하기

1 유아교육기관과 가정의 연계

유아교육기관과 가정의 연계 효과

- 자녀의 놀이와 발달에 더 많은 관심을 가지고 지원
  ⇨ 자녀의 성장과 발달에 긍정적인 영향
- 자녀와 효과적인 상호작용
  ⇨ 언어 발달을 돕고 긍정적인 태도를 형성
  ⇨ 성취감과 문제해결 능력 향상
- 교육기관에 대한 긍정적인 태도 형성

2 가정연계 사례

가정연계 사례

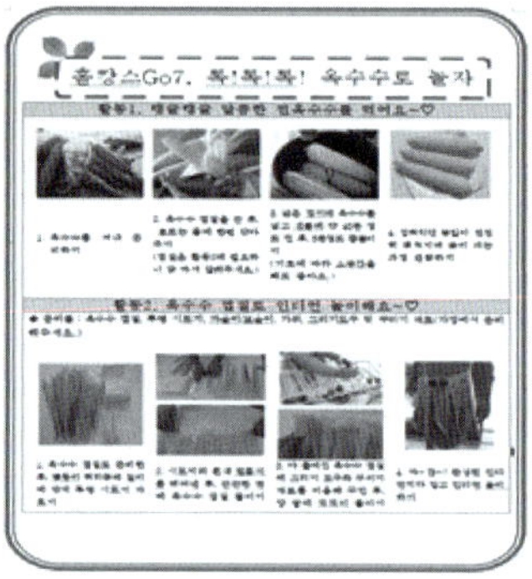

STEP 3. 놀이! 함께하기

1 부모의 놀이 유형

부모의 놀이 유형

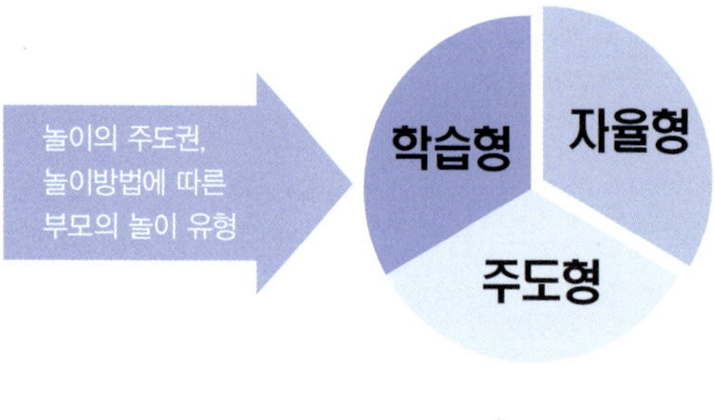

2 함께 진짜놀이 하기

함께 진짜놀이 하기

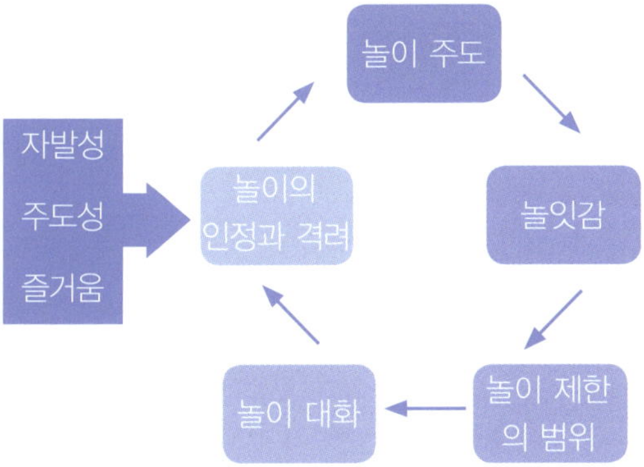

놀이 속 배움과 가치를 더해 주세요

CHAPTER 09

인성 강화 증진 부모교육 프로그램

1. 인성 강화 증진을 위한 부모교육

우리 아이들이 살아갈 미래는 새로운 첨단기술들의 등장과 더불어 로봇이 인간을 대신하게 되어 현존하는 많은 직업들이 사라지게 되는 등 지금보다는 더 빠르고 많은 변화가 예측되고 있다.

앞으로 우리는 일상생활 속에서 AI나 로봇들과 긴밀한 관계를 가지면서 생활하게 될 것이다. AI나 기계나 로봇들이 대신할 수 없는 것- 자주적으로 생각하여 행동하고, 유연한 사고와 직관, 타인과의 커뮤니케이션 등을 통해 아이디어와 혁신을 배양하는 것이 중요하다.

그동안은 바른 생활을 하는 착한 학생을 키우거나 인사를 잘하고 웃어른을 공경하라는 것이 인성교육의 주 내용이었다면, 이제는 타인과 협동을 통해 새로운 아이디어와 기술을 창출하는 인재를 키우기 위한 내용의 인성교육이 필요하다.

자신의 행동에 책임을 질 줄 알고, 타인의 마음과 생각을 귀 기울여 듣고 공감하며, 타인의 권리를 인정하고 존중할 줄 아는 아이로 자랄 수 있도록 가정에서도 함께 교육이 이루어져야 한다.

따라서, 이 장에서는 다양한 부모교육의 이론과 방법 중에서 STEP 교육을 함께 진행하며 자녀를 더욱 잘 이해하고, 스스로 자신감을 갖고 타인과 잘 소통하며 자신의 행동에 책임질 줄 아는 자녀로 양육하기 위해 함께 고민하고 실천하는 시간을 마련해 보고자 한다.

2. STEP 교육의 이해와 실제

《1》 자녀를 이해해요

주 제	자녀를 이해해요
	활동 내용
도입	• 부모교육 진행자가 자신을 소개한다. • 옆에 앉은 학부모끼리 자신을 소개하는 시간을 갖는다. – 이름, 자녀의 반명과 연령, 자녀의 형제관계, 부모교육에서의 기대하는 바 등을 간단하게 소개해 보도록 한다.
전개	• 한 가지 사례를 함께 나눈다. – 다섯 살 드림이는 유치원에 가려고 하면 아침마다 전쟁이다. 씻고 먹고 입는 모든 과정을 엄마가 아무리 이야기해도 스스로 하려고 하지 않는다. 그럴 때마다 엄마는 답답하고 어떻게 해야 할지 모르겠다. • 사례 속에 등장하는 드림이의 속마음은 어떤 것인지, 왜 그런 행동을 하는 것인지 생각을 나누어 본다. • 드라이커스의 잘못된 행동의 이유(목표) 네 가지와 사례를 소개한다. – 관심 끌기 – 힘 행사하기 – 앙갚음(보복) – 무능함 보이기 • 긍정적 관계의 기본 요소를 소개한다. – 상호 존중 – 즐거운 시간 갖기 – 격려 – 사랑의 표시

전개	• 제시하는 각 사례에 따라 행동 이유와 대안방법에 대해 이야기 나눈다. • 자신의 경험 중 나누고 싶은 사례가 있거나 궁금한 점이 있는지 공유한다. 
마무리	• 자녀를 잘 이해하기 위해서 부모 스스로를 잘 알고 이해해야 함을 이야기 나눈다. • 좋은 부모란 어떤 부모일까 생각을 나누어 본다.

《2》 격려를 통해 자신감을 높여요

주 제	격려를 통해 자신감을 높여요
	활동 내용
도입	• 부모교육 진행자가 인사를 하며 칭찬의 시간을 갖는다. – 바쁜 시간을 내어 부모교육에 참석하여 자녀를 잘 양육하고자 하는 마음과 태도를 칭찬한다. • 인사를 나누며 서로를 칭찬하는 시간을 갖는다.

전개	• 평소 자녀에게 칭찬을 많이 하는 편인지, 엄격한 편인지 서로 이야기 나누어 본다. • 자녀를 칭찬할 때는 어떻게 칭찬하는지 이야기 나누어 본다. • 칭찬과 격려의 차이점에 대해 이야기 나눈다. – 칭찬과 격려를 혼동하는 여러 사례들을 소개한다. • 격려의 중요성에 대해 이야기 나눈다. – 자신감과 가치감 길러 주기 • 자녀를 격려하는 부모의 태도에 대해 소개한다. – 자녀를 있는 그대로 수용한다. – 고자질을 무시한다. – 긍정적 태도를 보인다. – 자녀를 믿고 신뢰한다. – 장점과 잘하는 것에 관심을 보인다. – 노력과 성취를 인정한다. – 칭찬하기보다 격려한다 • 격려하는 말의 실례를 소개한다. – 수용을 나타내는 말 – 신뢰를 나타내는 말 – 장점 및 가치 인정에 관한 말 – 노력과 개선을 인정하는 말 – 격려하는 말을 할 때 주의해야 할 점들 
마무리	• 옆의 학부모와 각각의 사례를 듣고, 격려의 말을 연습해 본다. – 자녀가 혼자 옷을 입었는데 옷을 뒤집어 입은 경우 – 부엌에서 설거지를 도우려는 경우 – 발표회에서 잘 못할까 봐 걱정을 하는 경우 등 • 마지막으로 서로 인사하며 격려하는 시간을 갖는다. – 수업 처음에 서로 했던 인사와 마지막으로 하는 격려의 차이를 느껴 본다.

《3》 원만한 의사소통을 위한 방법

주 제	원만한 의사소통을 위한 방법
	활동 내용
도입	• 원만한 의사소통을 위해 어떻게 해야 할지 물어본다. – 의사소통을 할 때 힘들거나 답답했던 경험을 서로 이야기 나누어 본다. – 반대로 어떨 때 의사소통이 원활했다고 느꼈는지 경험을 이야기 나누어 본다.
전개	• '반영적 경청'에 대해 소개한다. – 반영적 경청이란 자녀가 느끼고 의미하는 것을 파악하는 것이며, 어린이의 감정의 의미를 반영하는 개방적인 반응을 의미한다. • 반영적 경청의 방법을 익혀 본다. – 느낌을 나타내는 단어들을 알아본다. – 사례를 소개하며 각 사례에 따라 반영적 경청의 예를 들어 본다. 예) "나는 다시는 그 친구와 안 놀 거야!" "난 그거 못 해요." "나도 가고 싶었는데. 드림이는 또 갔는데." "나 오늘 유치원 가기 싫어." "엄마, 나빠! 미워!" – 반영적 경청을 할 때의 주의점에 대해 알아본다. • '나–메시지'에 대해 소개한다. • '나–메시지' 방법을 익혀 본다. – 행동, 느낌, 결과를 넣어 문장을 만드는 방법을 알아본다. – 사례에 따라 '나–메시지' 전달법을 익혀 본다. 예) 방 안을 어질러 놓고 정리하지 않을 때 집 안을 뛰어다닐 때 동생이랑 서로 먼저 그네를 타겠다고 싸울 때 등 – '나–메시지'로 말할 때 주의해야 할 점에 대해 알아본다.

전개	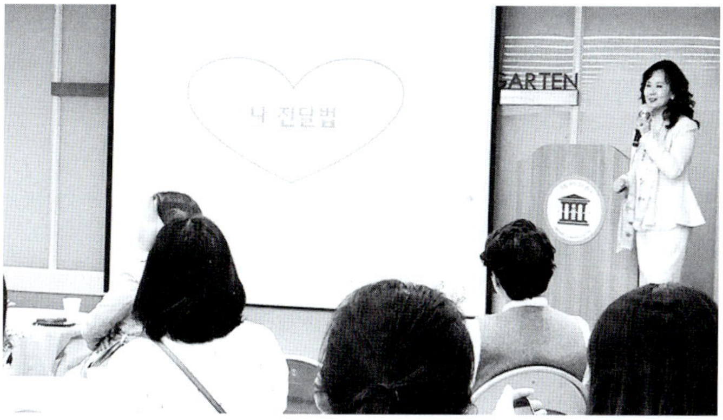 
마무리	• 효과적인 의사소통을 위해서는 듣기와 말하기가 중요함을 이야기 나눈다. – 다음 부모교육 시간까지 가정에서 반영적 경청과 나–메시지를 실천해 보기로 한다.

《4》 논리적 결과의 적용을 통한 책임감 훈육

주 제	논리적 결과의 적용을 통한 책임감 훈육
	활동 내용
도입	• 자녀들에게 벌을 주었던 경험이 있는지 이야기 나눈다. – 자녀들에게 벌을 주었던 경험과 어떤 벌을 주었는지 이야기 나눈다.
전개	• '논리적 결과'에 대해 소개하며 '벌'과의 차이점을 알아본다. – 부모가 아닌 자녀가 자신의 행동에 책임을 진다. – 자녀 스스로 어떤 행동이 적절한가를 결정한다. – 부모의 「바람」에 따르도록 강요당하는 대신 자연적·사회적 사건의 질서로부터 자녀 스스로 배우게 한다. • '논리적 결과'의 기본 원리를 소개한다. – 자녀의 목표·행동·정서를 이해하라. – 엄격하면서도 친절하라. – '완벽한 부모'가 되지 않으려고 애쓰라. – 부모의 행동을 좀 더 일관성 있게 하라. – 행위자와 행위 자체를 분리시켜라. – 독립심을 길러 주어라. – 동정심을 남용하지 말라. – 다른 사람의 생각에 지나친 관심을 두지 말라. – 누구의 문제인지를 인식하라. – 말은 줄이고 행동을 더 많이 하라. – 싸우거나 포기하지 말라. – 자녀에게 책임을 지게 하라. • 다양한 사례를 들어 '논리적 결과'를 적용하여 연습하여 본다. – 자녀의 목표·행동·정서를 이해하라. • '논리적 결과'를 적용할 때 주의해야 할 점들을 소개한다.

전개	
마무리	• 부모교육을 진행하며 느끼게 된 점들과 그동안 실천하면서 변화된 점, 어려웠던 점 등의 소감을 이야기 나눈다.

CHAPTER 10
의사소통 증진 부모교육 프로그램

1. 의사소통 증진을 위한 부모교육

인간은 사회적 관계 속에서 소통하며 살아가고 있다. 유아기의 자녀와 부모의 의사소통은 친사회적 모델로서의 역할로 중요하다. 가정에서 부부간의 의사소통, 부모와 자녀 간의 의사소통, 또래와의 의사소통이 원활하게 이루지지 않을 경우 크고 작은 문제들로 갈등한다.

일반적으로 의사소통을 한다고 하면 언어적으로 대화를 나누어야 의사소통이 가능하다고 생각한다. 영아기의 아이들은 말을 할 줄 모른다. 하지만 엄마와 혹은 주 양육자와 의사소통이 안 된다고 여기지는 않는다. 무엇을 원하는지, 무엇 때문에 불쾌한지, 기분이 좋은지를 부모는 알 수 있다. 즉, 의사소통은 정해진 언어뿐 아니라 눈빛, 표정, 몸짓 등 다양한 방법으로 가능하다. 대화를 하는 것은 언어로 나누는 대화뿐 아니라 비언어적인 소통도 포함된다. 우리 자녀에게 말로 사랑한다고 표현하는 것보다 눈빛으로, 신체로 안아 주면서 엄마가 사랑하고 있음을 전달하는 것이 더 효과적으로 전달되었던 경험이 있는 부모라면 수긍할 것이다.

의사소통에 있어 긍정적인 소통을 하는 것은 매우 중요하다. 훈육을 할 때도 긍정적인 훈육을 하는 것이 긍정적인 결과를 낳을 확률이 높기 때문이다.

따라서, 이 장에서는 자녀를 양육하는 과정에서 누구나 경험해 본 내용으로 일화를 소개하고 이런 상황에서 본인은 어떻게 행동하고 소통했는지를 나누고, 민주적인 의사소통방법을 위한 듣기, 말하기, 공감하기의 의사소통 기법을 훈련하고자 한다.

2. 의사소통 증진을 위한 부모교육의 실제

《1》 내 짝꿍을 소개해요

주 제	내 짝꿍을 소개해요
	활동 내용
도입	• 교수자가 자신을 먼저 소개한다. – 이름, 가족관계, 자녀 관련 요즘 고민되거나 생각하고 있는 내용을 1분 정도 소개한다(시범을 보인다). 
전개	• 둘씩 짝을 지어 자신을 소개한다. – 이 자리에 오게 된 이유와 자신의 이름, 가족관계, 요즈음 관심사와 자녀들에 관한 내용으로 자신을 소개한다. • 짝꿍의 소개 내용을 듣고 짝꿍의 소개를 자신이 한다. – 내 짝꿍은요. 이름이 ○○○이고요. 자녀는 ○명이랍니다. – 부모교육을 위해 이 자리에 오게 된 이유는 ○○○이랍니다.

전개	 • 자신이 소개한 내용을 상대가 잘 듣고 전달하는지 관찰한다. – 상대방의 이야기를 경청해서 듣고 내용을 잘 전달하는 것이 대화의 시작임을 이야기한다. • 소개방법을 바꾸었을 때 기분과 상황을 이야기 나눈다. – 상대방의 이야기를 듣고 전달하는 경험에 대해 느낌을 이야기한다.
마무리	• 상대방의 이야기를 잘 듣는 것의 중요함을 이야기 나눈다. – 상대방의 이야기를 집중해서 듣고 잘 전달할 수 있는 방법은 무엇일까? – 대화는 언어뿐만 아니라 표정과 몸짓, 눈빛으로 전달될 수 있음을 이해한다.

《2》 나의 본심은 무엇인가?

주 제	자신의 속마음 들여다보기
	활동 내용
도입	• 가정에서 일어날 수 있는 상황을 소개한다. 〈상황〉 **A씨는 집에서 두 아이와 씨름하던 중 첫째 아이 유치원 선생님으로부터 전화를 받았다. 두 아이가 통제가 되지 않아 소리를 지르고 화를 내고 있는 상황에서 담임교사의 전화에 갑자기 상냥한 목소리로 인사를 하고 통화한 후 전화를 끊었다. 이 모습을 지켜본 두 아이가 의아하게 쳐다보고 있는 상황에서 과연 A씨는 다음 말을 어떻게 이어 나가야 할까 잠시 고민스러웠다.** • 본인이 이와 같은 상황이었다면 어떻게 했을지 이야기 나눈다. – 위 상황과 같은 경험이 있었나요?

<table>
<tr>
<td>전개</td>
<td>
– 본인은 어떻게 하였나요?

• 아이들에게 화를 내는 모습과 담임교사에게 상냥하게 대응하는 모습 중 어떤 모습이 본심이라고 생각하나요?
– 누구나 이런 상황이면 두 얼굴을 가지고 행동할 것입니다.
• 두 모습이 모두 본심이라면 우리는 이러한 상황에서 자신이 어떤 모습으로 행동할지, 선택을 한다면 어떤 선택을 할지 이야기 나눈다.
– 선택이 가능하다면 어떤 태도를 선택할까요?
• 순간에 나오는 태도가 현재 자신의 자아상태임을 이야기 나눈다.
– 순간적인 상황에서 나오는 태도가 평소 자신이 가지고 있는 자아상태이다.
• 사람들은 누구나 가지고 있는 3가지 자아상태가 있고, 상황에 따라 다른 자아상태로 대응하고 있음을 이야기한다.
– 자신의 자아상태를 돌아볼 수 있도록 이야기한다.
– 위의 상황에서 자신이 사용한 자아상태가 무엇이었는가?
</td>
</tr>
<tr>
<td>마무리</td>
<td>
• 자신이 가지고 있는 자아상태를 진단해 본다.

</td>
</tr>
</table>

《3》 자아상태 알아보기

주 제	교류분석(Transactional Analysis) 소개하기
	활동 내용
도입	• 교류분석을 소개한다. – 미국 정신과 의사 에릭 번(Eric Berne)에 의해 개발된 성격 이론임을 소개한다. – 개인은 자신의 말, 몸짓, 소리를 통해 자신의 성격과 자아상태를 알아볼 수 있음을 이야기한다.
전개	• 교류분석은 인간의 행동과 교류를 세 가지 유형으로 나눈다. 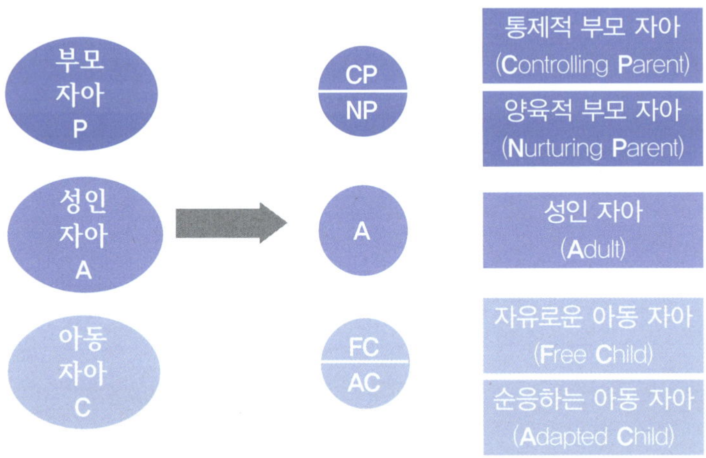 ① 부모 자아(Parent) P (통제적, 양육적) – 교류할 때 무의식적으로 자신의 부모나 양육자의 행동, 감정, 사고를 재연한다.

전개	[통제적 부모 자아(Controlling Parent) CP] ·공격적, 통제적, 보수적, 비판적, 도덕적, 권위적, 편견적, 규제적 [양육적 부모 자아(Nurturing Parent) NP] ·양육적, 보호적, 지지적, 동정적, 남을 위한 마음, 헌신적 ② 성인 자아(Adult) A – 연령과는 무관하며 객관적인 정보를 수집하고 그에 따른 판단으로 움직이는 자아상태이다. – 성인의 자아상태는 부모 자아와 아동 자아의 기능을 조절하고 중재하는 자아상태라고 할 수 있다. ·논리적, 합리적, 이성적, 객관적, 사실적, 현실적, 정보수집 지향, 기계적 ③ 아동 자아(Child) C (자유로운, 순응하는) – 어릴 때부터 자신이 하던 행동과 사고를 재연하는 것으로, 자신이나 타인에 대해 어떤 마음가짐을 가지고 있는지 알 수 있는 자아상태이다. [자유로운 아동 자아(Free Child) FC] ·본능적, 자발적, 적극적, 충동적, 창조적, 반항적, 직관적, 자유분방 [순응하는 아동 자아(Adapted Child) AC] ·순응적, 소극적, 폐쇄적, 억압적, 연민적, 비대결적, 의존적 • 자아상태의 세부적인 특징과 연관되어 나올 수 있는 자아상태에 대해 이야기 나눈다. – 모든 사람(성인, 아동)은 모두 다섯 가지 자아상태(부모 자아–통제적, 양육적, 성인 자아, 아동 자아–자유로운, 순응적)를 가지고 있다. – 나의 부모가 나를 양육하고 교육할 때 주로 어떤 유형의 자아상태에 있었는지 이야기 나눈다. – 다섯 가지 자아상태 중 자신이 가장 많이 기능하는 자아상태 유형을 생각해 본다.
마무리	• 자아상태 기능에 따라 부모–자녀관계에서 일어나는 교류가 달라지는 것에 대해 이야기 나눈다. – 본인이 자녀와 대화에서 주로 기능하는 자아상태가 무엇이었는가?

《4》 효과적인 대화 : 아이의 마음 들여다보기

주 제	적극적 경청
	활동 내용
도입	• 말을 듣는 방법에 대해 이야기 나누기 – 말을 듣는 방법에는 사실에 관심을 가지고 사실만을 주고받는 것이 있다. – 상대가 이야기하는 사실 속에 숨어 있는 상대방의 진의가 있음을 나눈다. (예시) 아이: 선생님이 나만 미워해! 친구들이 나하고 안 놀아 줘. 남편: 회사를 그만두든지 해야지, 못 다니겠어…. 아내: 여보! 내 생일이 며칠 안 남았네요….
전개	• 경청이란? – 상대가 이야기하는 사실 속에 숨어 있는 진의를 포착하고 그 속에 숨어 있는 상대의 기분을 공감하는 것이다. 즉, 귀담아 듣는 것, 경청하는 것이다. – 상대의 이야기를 듣고 내가 당신의(너의) 기분을 공감하고 있음을 알려 주는 것이 적극적 경청의 대화법임을 이야기한다. • 수동적 경청에 대해 이야기 나눈다. – 상대가 이야기하는 중간에 끼어들지 않고 "음", "오~", "아~"와 같은 감탄사를 넣어 내가 당신의 말을 잘 듣고 있다는 것을 전달한다. (예시) 아이: 엄마! 놀이터에서 친구들이랑 놀았는데 엄청 재미있었어요. 엄마: 아~ 재미있게 놀았구나. • 적극적 경청에 대해 이야기 나눈다. – 상대가 이야기하고자 하는 내용의 진의를 파악하여 하고자 하는 내용을 다시 정리해 주는 것이다. 이때는 자신의 의견이나 감정을 넣지 않고 있는 그대로 정리하는 것이 방법이다. (예시) 아이: 엄마! 오늘 선생님께서 00 설명해 주셨는데 잘 이해가 되지 않았어요. 엄마: 오늘 선생님께서 설명해 주신 내용이 이해가 잘 되지 않았구나? 다른 방법으로 생각해 보자.

전개	– 적극적 경청은 상대의 말이나 행동의 뜻이 무엇인가를 확인하고 그 속에 담겨져 있는 느낌을 확인하고 공감해 주는 것이다. • 둘씩 짝을 지어 대화하고 경청의 예를 연습해 본다. – 자녀와의 대화를 예를 들어 해 본다. – 가족과 대화를 예를 들어 해 본다.  
마무리	• 경청은 좋은 대화방법임을 이야기 나눈다. – 상대방의 문제 상황이나 곤란함을 귀 기울여 듣고 관심을 가지는 것은 좋은 대화이다. – 좋은 대화는 적극적으로 실천하는 것이 필요하다.

《5》 나의 감정을 전달해요 : 나–메시지 전달법

주 제	나–메시지 전달하기
	활동 내용
도입	• 나–메시지 전달하기에 대해 이야기 나눈다. – 나–메시지 전달법의 구성요소 " 네가 ~을 하면(행동), 나는 ○○라고 느낀다(감정). 왜냐하면 (영향) ○○○이다". – 자녀의 행동이나 문제 상황을 평가와 비판 없이 있는 그대로 묘사한다. – 자녀의 행동이 왜 방해가 되었는지 혹은 문제가 되었는지, 부모는 어떻게 느끼는지를 말한다.

<table>
<tr><td rowspan="2">전개</td><td colspan="2">• 문제가 되는 상대방의 행동과 상황을 구체적으로 말한다.
평가 비판의 의미나 말은 하지 않고 객관적인 사실만을 말한다.
(예시)
"밥 먹을 때 돌아다니면서 먹으면…."
• 자녀의 행동으로 자신이 느끼는 감정을 솔직히 표현한다.
(예시)
"엄마는 걱정된다."
• 자녀의 행동으로 자신에게 미치는 영향을 이야기한다.
(예시)
"할머니께서 식사예절 잘 못 가르쳤다고 야단하실 것 같거든."
• 상황을 설정하여 나–메시지 전달법을 연습해 본다.
– 옳은 예와 옳지 않은 예를 모두 이야기해 봄으로써 내용을 이해한다.</td></tr>
<tr><td>옳은 예

옳지 않은 예</td><td>"네가 형 물건을 건드리면…."
"네가 놀던 장난감을 치우지 않고 나가면 엄마가 치워야 해."
"네가 엄마한테 말하지 않고 친구 집에 놀러 가서 무슨 일이 생겼나 엄마는 걱정 많이 했어."

"네가 함부로 형 물건을 건드리면…."
"이렇게 놀던 물건을 치우지 않고 어질러져 있으면 공부가 되겠니?"<br>"엄마한테 말도 안 하고 어딜 싸돌아다니다 이제 오니?"</td></tr>
<tr><td>마무리</td><td colspan="2">• 나–메시지 전달법은 자녀, 가족들과의 상호작용 시 문제가 되는 상황을 있는 사실 그대로 전달하고 상대방에 미치는 영향이 아닌 자신에게 미치는 영향을 그대로 표현하는 것이다.</td></tr>
</table>

CHAPTER 11

체험활동 기반 부모교육 프로그램

1. 체험활동 기반 부모교육

현대사회는 여러 가지 산업구조의 변화에 따른 가족구조의 핵가족화와 맞벌이 부부와 기혼여성의 경제활동 참여 증가로 인하여 자녀의 양육 및 교육의 기능이 점차 약화되어 가고 있으므로 부모에게 부모 역할 수행에 대한 정보와 기술습득을 위한 부모교육은 매우 절실하다.

가정과의 협력을 통해 부모의 역량을 키우고 효과적인 자녀 교육방법을 개발하도록 도와주는 다양한 부모교육 프로그램이 제공되어야 한다.

부모교육을 통해 자녀교육에 대한 이해를 도모하고 가정을 중요한 교육의 장으로 구성하여 가정교육자로서 부모 역할을 수행할 수 있도록 한다.

부모교육은 여러 가지 방법으로 이루어지는데, 체험활동은 자녀와 직접 놀이를 체험하면서 유아교육기관에서 이루어지고 있는 교육활동을 이해할 수 있고 자녀의 성장 발달 및 개인차를 파악할 수 있는 효과적인 부모교육방법이다

가정에서 부모와 협력하여 흥미롭고 재미있는 놀이를 통해 경험 속에서 자연스럽게 체험하도록 부모의 역할 내용을 안내하고 실천해 보도록 지속적으로 놀이꾸러미와 놀이방법과 실천내용을 안내해 드린다.

다양한 놀이꾸러미를 가정으로 보내어 부모와 자녀의 상호작용 방법을 제시하여 유아와 함께 직접 오감을 통한 경험 속에서 소통하게 한다. 이를 통해 부모는 교육기관으로부터 자녀의 인성, 창의성 발달을 위해 지원받는다는 느낌을 받게 되며, 자녀 키우는 방법에 대한 지식과 기술을 습득하고 부모 역할을 하므로 자아개념이 생기는 효과가 있을 것이다.

가정에서 자녀와 함께 직접 체험하면서 활동에 참여하는 부모 역할 중심의 부모교육 프로그램에 대하여 살펴보면 다음과 같다.

가정에서 아이와 함께 베고니아 모종 심기 활동을 체험해 보며 다양한 상호작용 방법을 통해 부모의 역할을 수행해 본다

2. 가정 연계 체험활동의 실제

《1》 카나페 만들기

주제	가정과의 연계 부모교육(요리) - 카나페 만들기
활동 목표	가정에서 아이와 함께 카나페 요리활동을 체험해 보며 다양한 상호작용 방법을 통해 부모의 역할을 수행해 본다.
	활동 내용
도입	• 가정으로 부모교육 준비물 및 안내문을 보낸다. 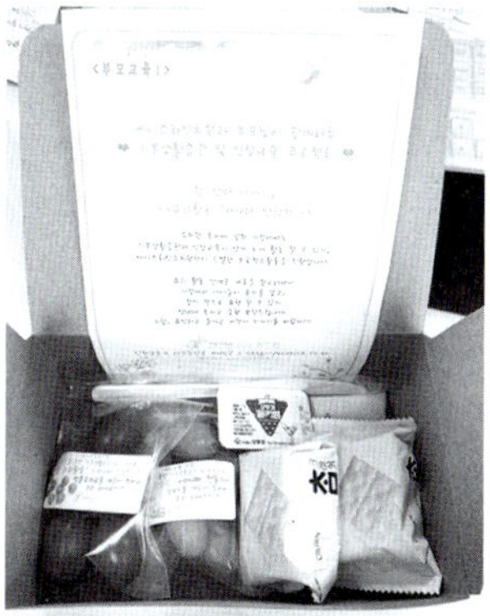 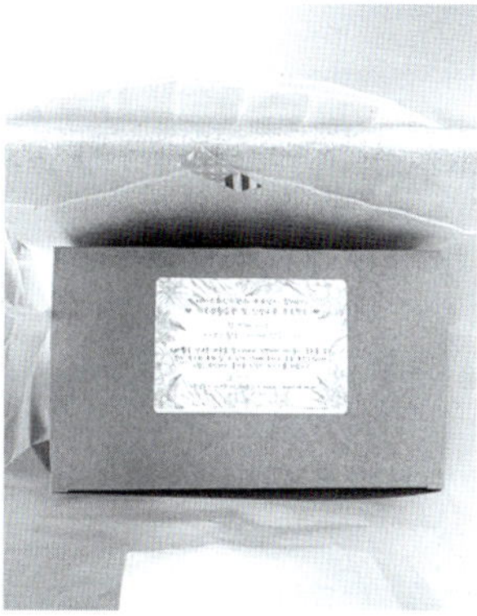 • 'OO유치원과 부모님이 함께하는 기본생활습관 및 인성교육 프로젝트' 안내문을 확인한다.  

도입	 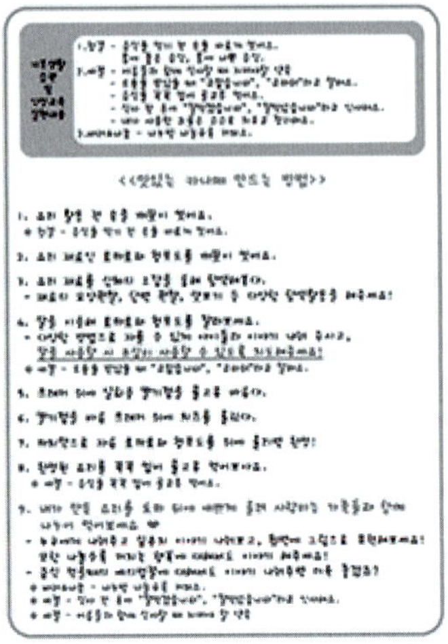
전개	• 아이와 함께 재료를 탐색하여 본다. • 카나페 만드는 법을 참고하여 아이와 함께 카나페를 만든다. (요리활동을 하며, 기본생활습관 및 인성교육을 실천하여 본다.) **기본생활 습관 및 인성교육 실천내용** 1. 청결 – 음식을 먹기 전 손을 바르게 씻어요. 몸에 좋은 음식, 몸에 나쁜 음식. 2. 예절 – 어른들과 함께 식사할 때 지켜야 할 약속 – 도움을 받았을 때 "고맙습니다", "고마워"라고 말해요. – 음식을 꼭꼭 씹어 골고루 먹어요. – 식사 전후에 "잘 먹겠습니다", "잘 먹었습니다"라고 인사해요. – 내가 사용한 그릇은 스스로 치우고 정리해요. 3. 배려 & 나눔 – 나누면 나눌수록 커져요.

<table>
<tr><td rowspan="2">전개</td><td>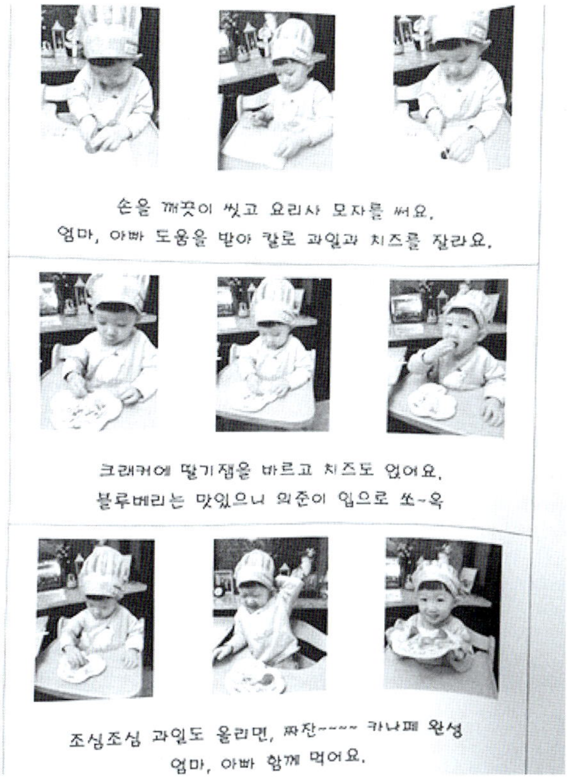
</td></tr>
<tr><td>• 카나페활동 후 먹어 본 맛, 카나페 사진이나 그림, 글 등으로 자유롭게 안내문에 기록한다.
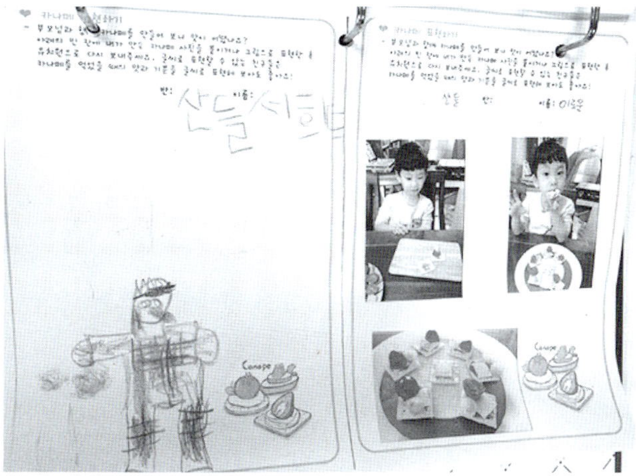</td></tr>
</table>

전개	
마무리	• 안내문을 유치원으로 가져와 유아들의 생각을 발표하여 본다. – 서로의 생각과 느낌을 표현해 본다.  

《2》 베고니아 모종 심기

주제	가정과의 연계 부모교육 (숲) - 베고니아 모종 심기
활동 목표	가정에서 아이와 함께 베고니아 모종 심기 활동을 체험해 보며 다양한 상호작용 방법을 통해 부모의 역할을 수행해 본다.
	활동 내용
도입	• 가정으로 부모교육 준비물 및 안내문을 보낸다.  
전개	• '에이스화인유치원과 부모님이 함께하는 기본생활습관 및 인성교육 프로젝트' 안내문과 관찰일지를 확인한다. 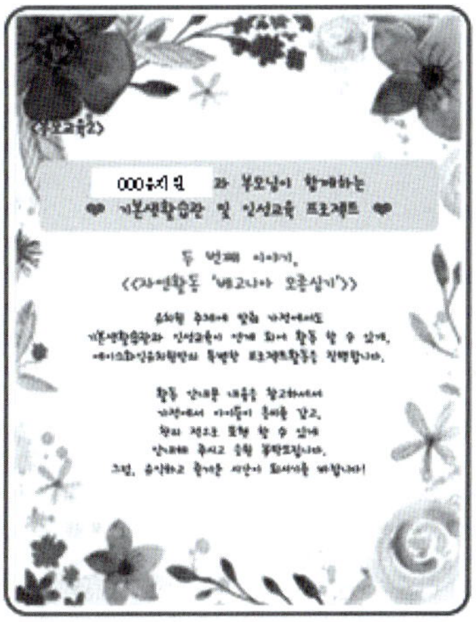

전개

- 관찰일지

베고니아에게 편지를 써보세요!

<부모교육2>
나의 식물 이야기
(베고니아 관찰일지)
베고니아에 대해 알아보고,
내가 심은 베고니아가 어떻게 자라는지
관찰해보고, 기록일지에 기록해보세요 :)
반 :
이름 :

전개

베고니아 (Begonia)
다양한 베고니아의 종류

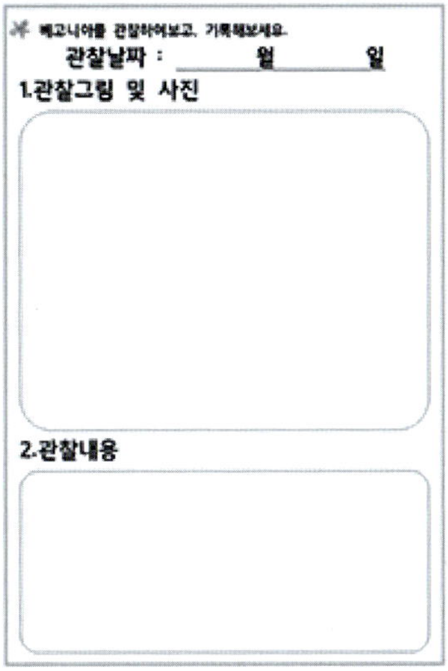
베고니아를 관찰하여보고, 기록해보세요.
관찰날짜 : 월 일
1.관찰그림 및 사진
2.관찰내용

베고니아의 뿌리는 흙속에서 어떤 모습을 하고 있을까요?

베고니아의 꽃잎을 세어보고, 꽃잎의 수만큼 그려보세요.
베고니아의 꽃잎 수는 ?
( )장

전개

- 아이와 함께 재료를 탐색하여 본다.
- 안내문을 참고하여 아이와 함께 모종 심기를 하여 본다.
  (모종 심기 활동을 하며, 기본생활습관 및 인성교육을 실천하여 본다.)

기본생활 습관 및 인성교육 실천내용

1. 생명의 소중함을 알고, 책임감을 갖도록 한다.
2. 자연을 소중히 여기는 태도를 기른다.
3. 우리 주변의 식물에 관심을 가지고, 식물의 중요성을 알아본다.
4. 식물의 성장 과정에 관심을 갖고, 식물의 변화함을 탐색해 본다.
5. 주변에서 볼 수 있는 식물과의 교감을 통해 즐거움을 느낀다.
   (자연과 함께하는 즐거움)
6. 식물이 우리에게 주는 이로움에 대해 알고, 도움을 주는 식물을 보호하는 태도를 기른다.

전개	• 베고니아 성장 과정 및 모습을 관찰하여 관찰일지에 기록한다.  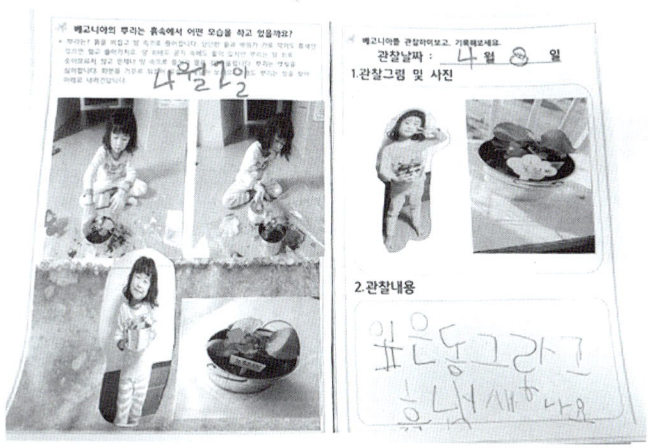
마무리	• 관찰일지를 유치원으로 가져와 유아들의 생각을 발표하여 본다. – 서로의 베고니아 성장 과정 및 모습을 표현해 본다. 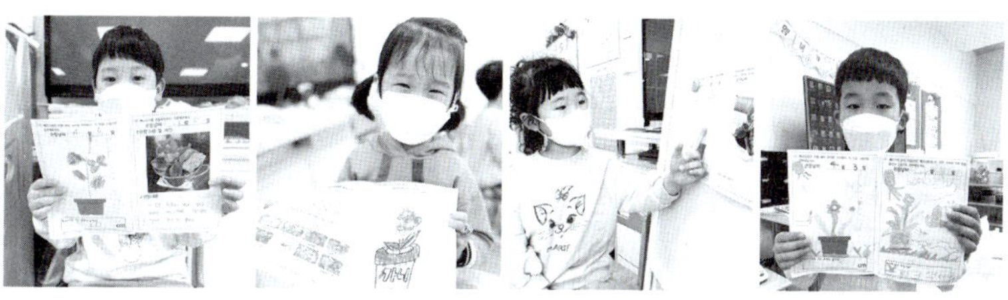

《3》 저축통장 & 프리마켓활동

주제	가정과의 연계 부모교육(경제활동) - 저축통장 & 프리마켓활동
활동 목표	가정에서 아이와 함께 경제활동을 체험해 보며 다양한 상호작용 방법을 통해 부모의 역할을 수행해 본다.
	활동 내용

도입

- 가정으로 부모교육 준비물(통장, 지갑, 돈) 및 안내문을 보낸다.

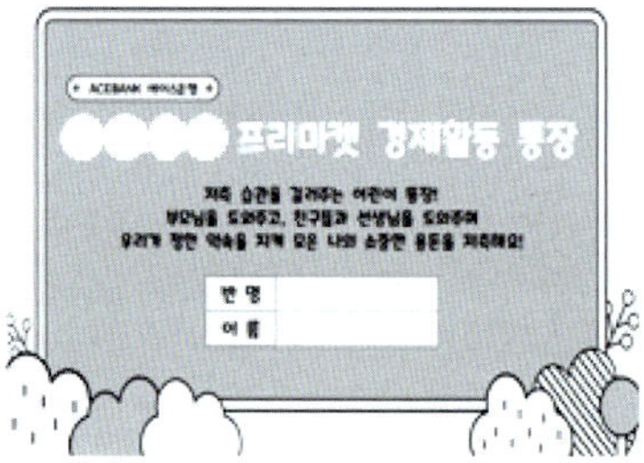

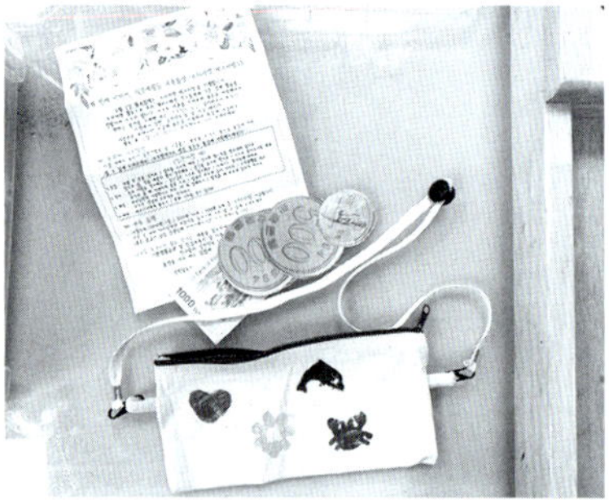

전개

- '유치원과 부모님이 함께하는 기본생활습관 및 인성교육 프로젝트' 안내문과 관찰일지를 확인한다.

〈부모교육3〉

000유치원 과 부모님이 함께하는
기본생활습관 및 인성교육 프로젝트

세 번째 이야기,
《경제활동 저축통장 '프리마켓 페스티벌'》

유치원 주제에 맞춰 가정에서도
기본생활습관과 인성교육이 연계 되어 활동 할 수 있게,
에이스파인유치원만의 특별한 프로젝트활동을 진행합니다.

활동 안내문 내용을 참고하셔서
가정에서 아이들이 흥미를 갖고,
기본생활습관 및 인성교육이 잘 이루어 질수 있도록
안내해 주시고 응원 부탁드립니다.
그럼, 유익하고 즐거운 시간이 되시기를 바랍니다!

전개

- 아이와 함께 재료를 탐색하여 본다.
- 안내문을 참고하여 아이와 함께 경제활동을 하여 본다.
  (경제활동을 하며, 기본생활습관 및 인성교육을 실천하여 본다.)
- 유치원 내에서 활동한 경제활동도 가정과 연계하여 통장에 기록한다.

기본생활 습관 및 인성교육 실천 내용	1. 베풂, 나눔, 협력할 수 있는 기회를 만든다. 2. 화폐 단위의 개념에 관심을 가지고, 알아본다. 3. 경제활동을 경험해 본다. 4. 수입과 소비에 대한 개념을 알아본다. 5. 정해진 규칙과 약속을 지키려고 노력하는 태도를 가진다. 6. 올바른 경제관념을 익힌다. 7. 돈의 소중함을 알 수 있다.

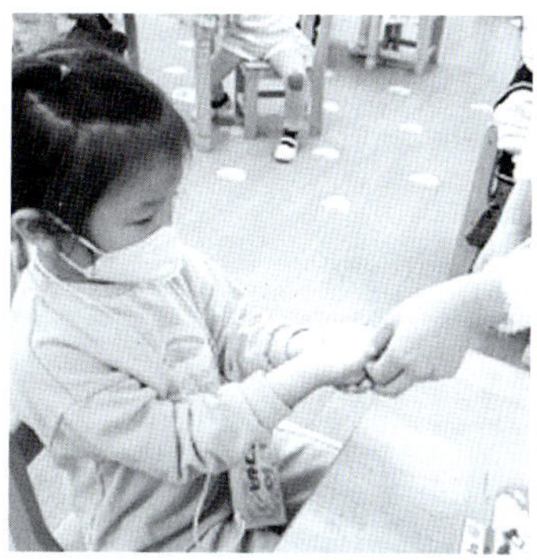
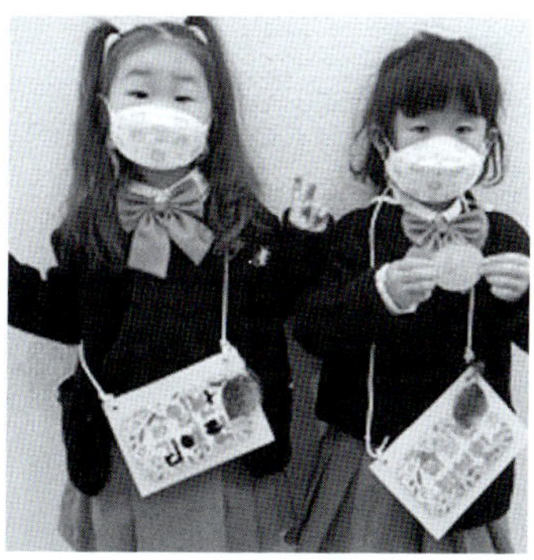

마무리	• 가정과 유치원에서 경제활동으로 얻은 용돈을 이용하여 유치원에서 프리마켓활동을 진행해 본다.     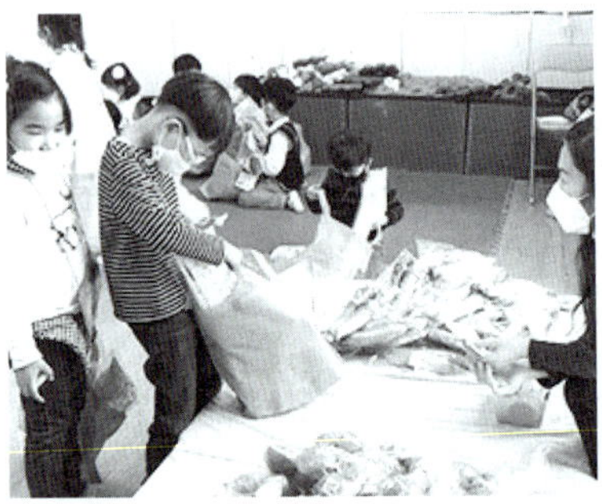   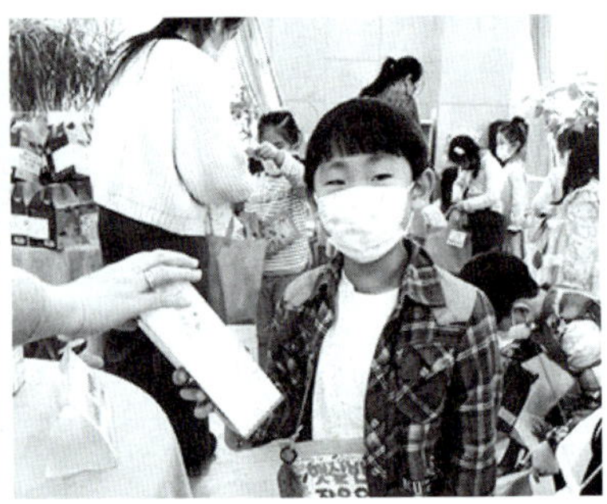

CHAPTER 12

콘텐츠 중심 부모교육 프로그램

4차 산업혁명 시대의 부모교육은 기존의 강연형 부모교육에 더하여 지금 시대의 학부모의 문화적 · 행동적 특성을 고려한 다양한 콘텐츠를 개발하고 활용하여야 한다.

현재 많은 학부모가 유아를 교육하기 위한 정보를 보다 다양한 방법, 즉 맘카페나 블로그, 인스타그램 등을 활용하여 다른 학부모와 소통하며 정보를 찾고 있다.

부모를 위한 강의도 유튜브나 페이스북 등을 통해 듣고 카톡을 통해 서로 공유하며 아이들을 함께 키워 간다. 시대와 소통의 방법이 많이 달라졌고, 이에 따라 다양한 부모교육의 방법이 필요해졌다. 특히 최근 코로나19 팬데믹으로 인해 모든 교육의 방법이 비대면으로 바뀌면서 비대면 교육방법에 대한 연구가 더욱 활발해지고 있다.

시대는 하루가 다르게 변화하는데 기존의 교육이 그 변화의 속도를 따라가기가 힘든 상황이다. 특히 4차 산업혁명 시대는 콘텐츠 중심의 사회로 모든 사회적 · 문화적 변화가 콘텐츠를 중심으로 일어나고 있다. 새로운 시대를 살아갈 유아들을 위해 새로운 부모교육이 절실히 필요한 시대가 되었다.

새로운 시대를 살아갈 아이들을 잘 교육하기 위해서 부모가 함께 교육하는 문화가 필요하고, 특히 SNS 소통에 유능한 신세대 학부모들의 요구와 필요에 의해 콘텐츠를 통한 부모교육의 개발이 필요하다. 아직까지 콘텐츠를 이용한 부모교육은 검증되지 않은 정보도 많으므로 검증된 기관에서 콘텐츠를 제작하거나 선정하여 제공하는 것도 좋은 방법이다. 요사이는 많은 유치원과 어린이집에서 스마트 알림장을 이용하여 유튜브, 안전교육, 영양교육 등의 부모교육 콘텐츠를 제공하고 있다.

따라서 여기에서는 새로운 시대에 맞는 콘텐츠 중심의 부모교육 프로그램에 대하여 소개하도록 하겠다

1. 콘텐츠 중심 부모교육 프로그램

1) 유튜브

유튜브는 영상 콘텐츠에 최적화된 플랫폼이며 가장 눈에 띄게 성장하고 있다. 유튜브는 첫 메인화면에 사용자의 취향을 고려한 맞춤형 컨텐츠를 제공하고 특별한 로그인 없이도 접근에 가능하기 때문에 유용하게 사용한다는 장점이 있다.

많은 부모가 자신이 가진 육아에 대한 고민이나 궁금증을 유튜브에서 찾아서 서로 소통하고 배우고 있다.

2) 인스타그램, 트위터

인스타그램은 사진이나 이미지를 통해 소통하는 대표적인 SNS로, 부모들은 같이 육아를 하며 아이들을 키우는 부모들과 사진과 이야기를 나누며 소통한다. 정보 공유와 육아 소통을 주로 하며 육아에 대한 많은 이야기를 나누는 사이버 공간이 된다.

트위터는 보다 간단한 채팅의 형태로 보다 쉽게 정보를 올릴 수 있다. 반응도 보다 즉각적이며 대화형으로 소통이 가능하다.

3) 페이스북, 블로그, 포스트, 브런치

보다 더 긴 글이나 스토리 정보는 블로그나 브런치 등의 매체를 활용한다. 부모교육용 자료도 보다 수월하게 얻을 수 있고 다양한 정보를 찾을 수 있다는 장점이 있다.

4) 줌으로 하는 부모교육

비대면시대에 맞추어 다양한 교육들에서 비대면수업이 가능해지고 있다. 온라인을 이용하지만 실시간 소통이 가능하고, 표정 변화도 볼 수 있고 교육에 대한 질문 등이 가능하고 생생한 쌍방향교육이 가능하다는 장점이 있다. 출석 등도 체크하기 좋고, 특히 어린아이들이 있어서 강연에 참석하기 어려운 학부모들이 매우 좋아하고 참석률이 높다.

5) 앱을 이용한 부모교육

핸드폰으로 모든 것이 가능해진 시대이므로 핸드폰의 다양한 앱(애플리케이션)들이 생활과 교육에 활용되고 있다. 특히 대부분의 어린이집이나 유치원은 종이류 알림장을 거의 사용하지 않고 스마트알림장을 활용한다. 이러한 스마트알림장은 다양한 정보뿐 아니라 교육도 가능하기 때문에 다양하게 활용 가능하다.

6) 방송매체를 통한 콘텐츠 부모교육

요사이는 TV 방송매체도 콘텐츠별로 다양한 채널이 있고, 통신사에 따라 다른 콘텐츠들을 보유하고 있다. 특히 다양한 부모교육 콘텐츠들이 제공되고 있으니 아이들과 함께 검색해서 시청 가능하다.

2. 콘텐츠 중심 부모교육 프로그램의 실제

《1》 유튜브

주제	유튜브 중심 부모교육
	활동 내용
도입	• 유튜브에 부모교육 카테고리를 찾는다. 상단에 찾고자 하는 단어를 입력한다.  [부모교육]-어쩌다 부모 (부모교육이 필요한 이유) 라임부모TV · 조회수 1.5천회 · 2년 전  상위 1% 영재 엄마들의 공통특성[049] 이신동영재교육연구소 · 조회수 1.4만회 · 1년 전

<table>
<tr>
<td>전개</td>
<td>

• 관심 있는 주제를 찾아본다.
  – 신학기 어린이집 선택하기
  – 배변훈련

• 유튜브 동영상을 시청한다.

• 새롭게 알게 된 사실이나 교육적인 내용을 기록한다.
  – 동영상을 통해 배운 점을 정리해 둔다.

• 비슷한 제목의 동영상들을 2개 이상 찾아보고 공통되는 지식을 정리한다.
  – 비슷한 제목의 동영상을 다시 찾아본다.

</td>
</tr>
<tr>
<td>마무리</td>
<td>• 유익했다고 생각했던 점들을 기록하고 다른 학부모와 정보를 교환한다.</td>
</tr>
</table>

《2》 인스타그램

<table>
<tr><td>주제</td><td>인스타그램 중심 부모교육</td></tr>
<tr><td></td><td>활동 내용</td></tr>
<tr><td>도입</td><td>• 인스타그램에 해시태그를 활용하여 부모교육 카테고리를 찾는다.
#부모교육#육아#유아소통

</td></tr>
<tr><td>전개</td><td>• 부모교육 관련 사진이나 이미지 중 관심 있는 내용을 클릭한다.

</td></tr>
</table>

<table>
<tr><td>전개</td><td>• 계정에 도움 되는 내용이 많으면 팔로우한다.
• 좋아요, 댓글 등을 남겨 소통한다.
• 궁금한 점 등을 질문한다.
– 댓글 사진
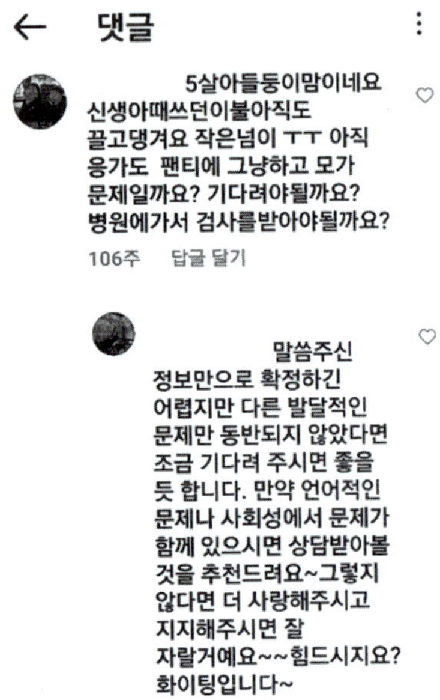
</td></tr>
<tr><td>마무리</td><td>• 지속적으로 소통하여 교육에 활용한다.</td></tr>
</table>

《3》 TV 콘텐츠

주제	TV 콘텐츠 중심 부모교육
	활동 내용
도입	• LG유플러스에서 부모교육 카테고리를 찾는다. 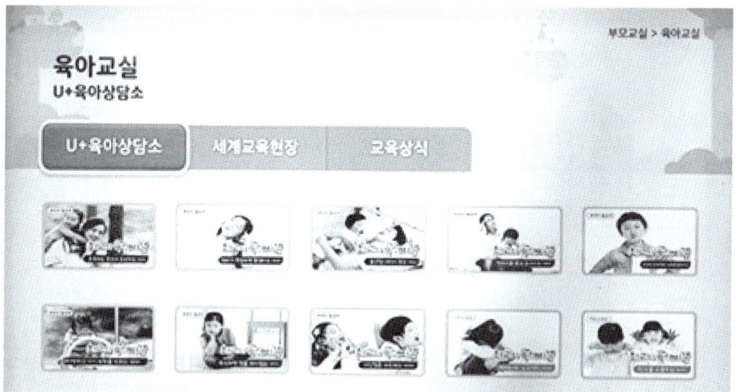
전개	• 다양한 카테고리 중 내가 관심 있는 콘텐츠를 선택한다. • 선택한 콘텐츠를 시청한다.  • 시청하면서 새롭게 알게 된 사실이나 궁금한 점을 기록해 둔다. • 비슷한 주제의 콘텐츠를 다시 한번 시청한다.
마무리	• 쌍방향 콘텐츠 활용법을 잘 익혀 소통하는 시청을 하도록 노력한다.

《4》 키즈노트

주제	키즈노트 중심 부모교육
	활동 내용
도입	• 신학기에 모든 학부모에게 키즈노트 앱을 설치하도록 한다. – 키즈노트 웹사진, 키즈노트 초대장 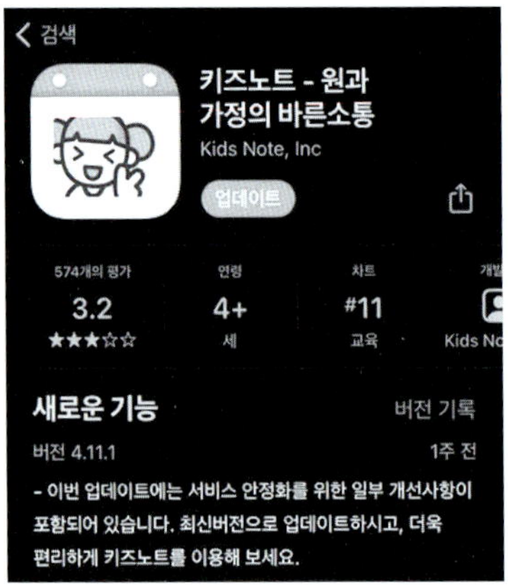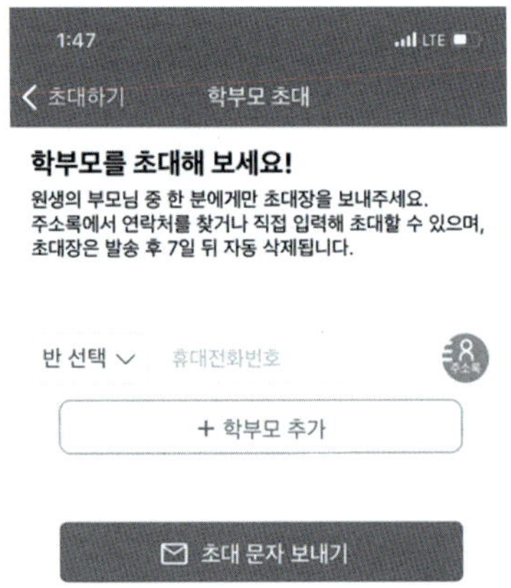
전개	• 키즈노트를 통해 일상을 소통한다. – 오늘의 사진 – 내일의 준비물 – 교육계획 – 수업내용
	• 키즈노트를 활용해 부모교육을 한다. – 영양교육 – 안전교육 – 부모교육 될 만한 동영상 – 도서나 유용한 육아 팁

<table>
<tr>
<td>전개</td>
<td>
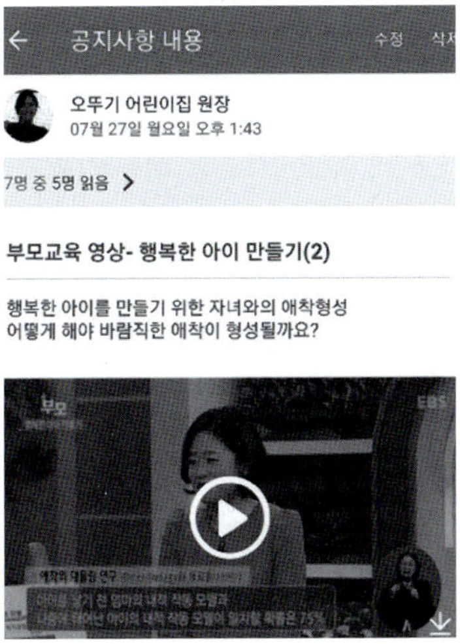

• 부모들이 육아를 하는 중 필요한 정보나 질문을 키즈노트를 통해 하도록 한다.
– 부모의 질문에 키즈노트를 활용해 답변한다.
• 키즈노트를 활용한 가정학습에 대해서도 안내한다.
– 주말 동안 가족들과 한 활동을 키즈노트를 통해 교사와 소통한다.
</td>
</tr>
<tr>
<td>마무리</td>
<td>• 키즈노트를 다양하게 활용하여 부모교육을 한다.</td>
</tr>
</table>

《5》 줌

주제	줌을 활용한 부모교육
	활동 내용
도입	• 줌을 활용할 수 있도록 웹캠이 장착된 노트북을 준비한다. 
전개	• 주제를 안내하고 참석자를 확인하고 서로 인사한다. • 강의를 듣는다.  • 궁금한 점들을 메모해 둔다

전개	• 질문을 한다. 
마무리	• 받은 교육에 대한 이야기를 정리하고 인사를 나눈다.

CHAPTER 13

협업 강화 부모교육 프로그램

1. 협업 강화 부모교육

미래사회는 창의성의 시대이며 더불어 함께 소통하며 살아가는 세상이다. 자녀가 성장해 나가는 과정 곳곳에 혼자 또는 함께 풀어야 할 문제들이 산재해 있을 것이다. 그러한 문제를 해결하기 위해 자녀들은 관계 속에서 새롭게 지속적으로 창의력을 요구받게 될 것이다. 자녀를 키우는 대부분의 부모 역시 창의성교육에 대한 관심이 높다. 하지만 부모는 자녀와 어떻게 애착을 형성하고 어떻게 창의적으로 놀아 주어야 하는지에 대해서는 상당히 어려워하는 편이다.

따라서 관계 속에서 창의적인 문제를 해결하는 해법을 바로 '협업' 강화로 보았다. 부모와 함께하는 '협업'은 진부함이 느껴질 정도로 익숙한 주제라 할지라도, 수행해 나가는 과정에서 자녀를 이해하는 기회를 가질 뿐만 아니라 부모로서 역할의 중요성도 인식할 수 있다고 본다.

요즈음 대부분의 사람들이 협력, 협동, 협업, 파트너십 등 다양한 용어를 사용하고 있지만 간혹 용어의 차이를 구분하기 어려워한다. '협동'은 서로 마음과 힘을 하나로 합치는 것을 의미한다. 예를 들어, 벌이 놀라운 협동의 힘으로 건축가보다도 더 정교한 벌집을 지을 때 사용하는 용어이다. '협력'은 힘을 합쳐 서로를 돕는다는 의미이다. 예를 들어, 두 정상이 양국 간 교류협력 방안을 모색하는 데에 사용되는 용어이다. '협업'은 소통을 통해 공동의 목표를 계획하여 뛰어난 시너지 효과를 창출해 내는 것을 의미한다. UC 버클리대의 한센(Hanssen) 교수는, '협업이란 각 이해 관계자들이 소통과 협력을 통해 공동의 목표를 달성하고 성과를 창출하는 행동'이라고 정의했다.

이러한 정의로 비추어 볼 때 이번 장에 소개되는 협업 강화 부모교육 프로그램은 하나의 제시된 미션을 통해 부모와 자녀가 함께 의논, 계획, 추진하면서 서로 맞추어 나가 목표를 달성하는 것으로 이해할 수 있다. 결국 단순한 '협력'을 뛰어넘어서 부모와 함께 공동의 목표를 달성할 수 있는 '협업'이야말로 미래사회를 준비하는 기술일 것이다. 덧붙여 '협업'을 달성할 수 있는 힘이 바로 '협업력'이라고 할 수 있겠다.

이 장에서 소개하는 '협업' 강화 부모교육 프로그램은 하나의 미션을 통해 가정에서 가족 간에 창의적인 방법으로 계획하고 활동하여 미션을 수행해 나가는 과정을 보여 준다.

2. 협업 강화 부모교육 프로그램의 실제

《1》 미션 수행하기

<table>
<tr><td>주제</td><td>태극기 휘날리며</td></tr>
<tr><td></td><td>활동 내용</td></tr>
<tr><td>도입</td><td>

• 부모와 자녀가 함께 수행할 미션을 탐색한다.
- 교사가 준비한 영상을 가정에서 보고 미션활동 인지하기

스마트폰 템플릿 발송

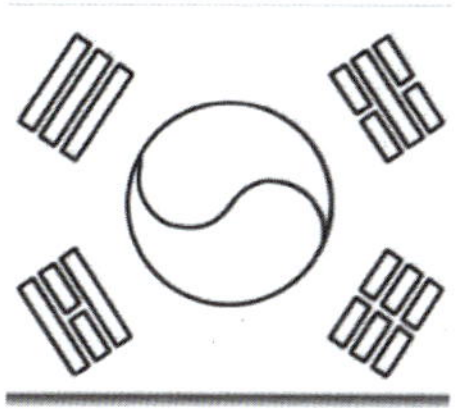
태극기 각 가정별 배부

QR코드 발송

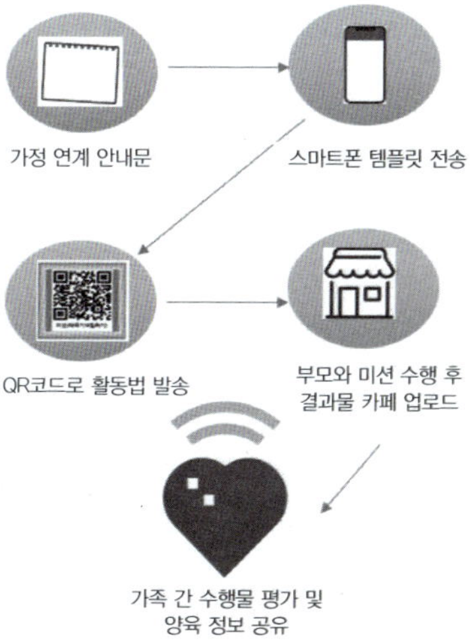

</td></tr>
</table>

전개	• 부모는 수행할 미션에 대해 자녀와 함께 이야기를 나눈다. • 목표 달성을 위해 계획하고 논의한다. – 미션 수행을 위하여 수행방법, 활동시간 정하기, 다양한 재료 준비하기 • 계획을 바탕으로 가족 모두 힘을 합쳐 미션을 수행한다. – 미션 수행을 위해 역할을 분담하기 – 미션 수행 과정에서 화합과 결속력을 경험하기 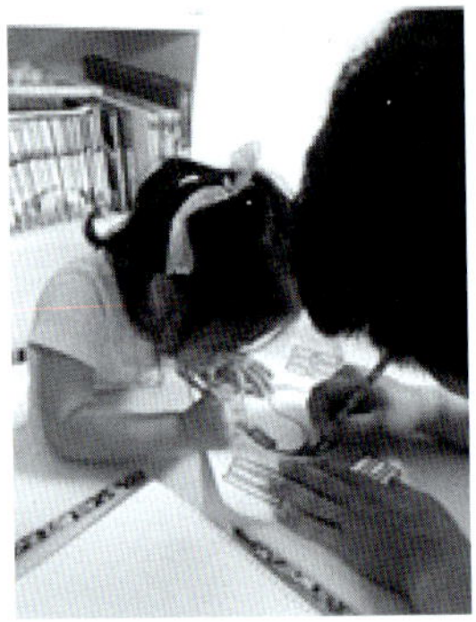 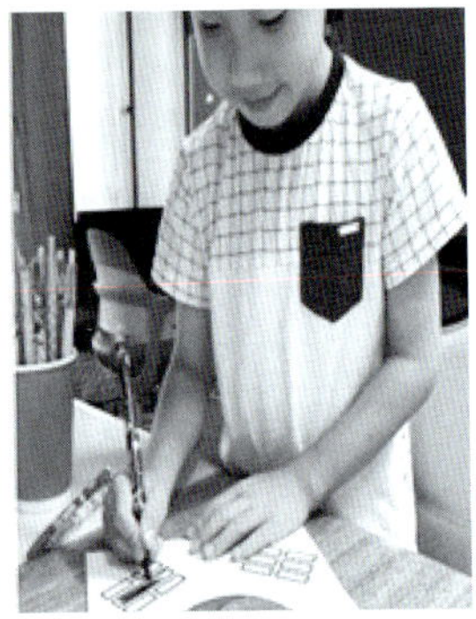 • 부모는 자녀와 함께 미션 수행 이후 소감을 이야기해 본다. – 성공 미션을 완성하기 위해 작업 활동하는 동안의 느낀 점 공유하기
마무리	• 부모는 미션활동 사진을 카페 〈협업 & 미션〉에 업로드한다. – 카페에 올라온 미션 결과물을 공유하고 이야기를 나누어 보기 – 양육에 도움이 될 만한 정보를 공유하기    

《2》 원예활동 & 균형 식단 구성하기

<table>
<tr><td>주제</td><td>부모와 함께 새싹보리를 키워 균형 식단 구성하기</td></tr>
<tr><td></td><td>활동 내용</td></tr>
<tr><td>도입</td><td>• 정서교육의 일환인 원예활동(새싹 심기)을 교실에서 수행한다.
– 직접 심은 새싹보리는 가정으로 가져가기
• 부모는 자녀와 함께 수행해야 할 성공 미션을 탐색한다.
– 교사가 준비한 영상을 가정에서 보고 미션활동 인지하기</td></tr>
<tr><td>전개</td><td>• 목표 달성을 위해 계획하고 논의한다.
– 부모와 함께 새싹보리를 정성과 사랑으로 키워 나가기

• 계획을 바탕으로 가족 모두 힘을 합쳐 미션을 수행한다.
– 미션 수행을 위해 잘 자란 새싹보리를 수확하기

</td></tr>
</table>

전개	– 수확한 새싹보리를 활용하여 부모와 함께 균형 있는 식단 구성하기  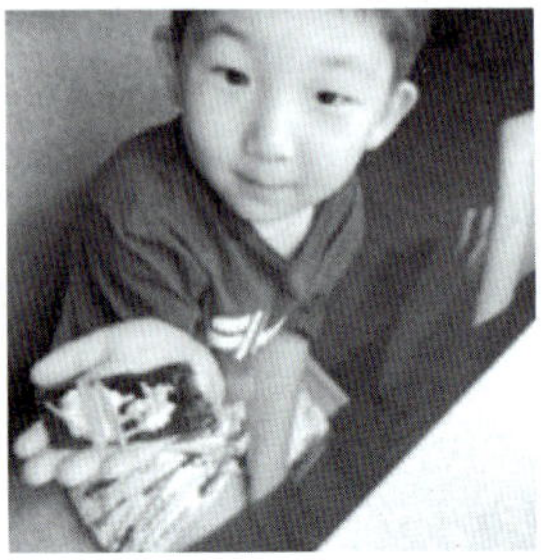 • 부모는 자녀와 함께 미션 수행 이후 경험에 대해 이야기를 나눈다. – 다양한 요리활동을 통해 느낀 점을 공유하며 가족애를 경험하기
마무리	• 부모는 미션활동 사진을 카페 〈협업 & 미션〉에 업로드한다. – 카페에 올라온 미션 결과물을 공유하고 이야기를 나누어 보기 – 양육에 도움이 될 만한 정보를 공유하기

《3》 두뇌 발달 실뜨기

주제	부모와 함께 도전하는 두뇌 발달 실뜨기
	활동 내용
도입	• 부모는 함께 수행해야 할 성공 미션을 탐색한다. – 머리가 좋아지고 두뇌 발달에 최고의 놀이인 실뜨기 영상을 가정에서 보고 미션활동 인지하기
전개	• 목표 달성을 위한 계획을 논의하고 수행한다. – 미션 수행을 위하여 가족 구성원과 실뜨기하는 시간 정하기 – 실뜨기하는 과정에서 부모와의 애착 형성 및 사랑 경험하기 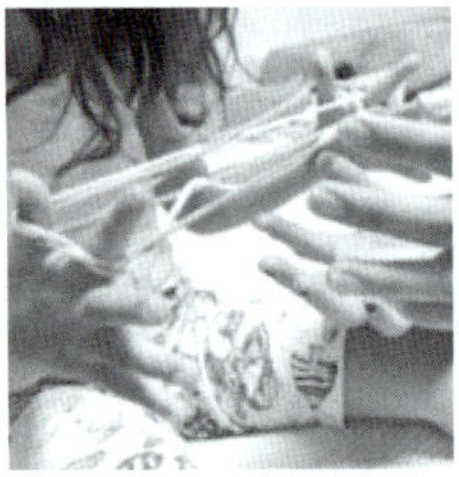 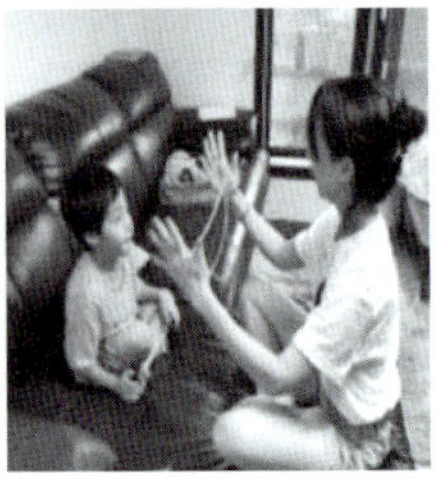 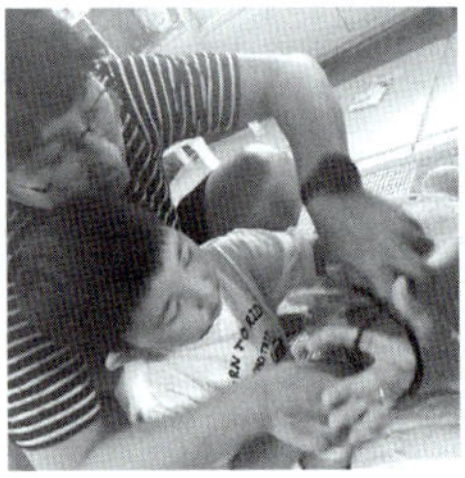

전개	• 부모는 자녀와 함께 미션 수행 이후 경험에 대해 이야기를 나눈다. – 실뜨기 활동을 통해 느낀 점을 공유하며 실패에 대해 격려하기 – 실패를 통한 도전에 대해 용기 주기 – 인내심을 발휘해 많은 연습을 통해 성공 경험하기 – 성공 후 가족 간에 칭찬과 격려하기
마무리	• 부모는 미션활동 사진을 카페 〈협업 & 미션〉에 업로드한다. – 카페에 올라온 미션 결과물을 공유하고 이야기를 나누어 보기 – 양육에 도움이 될 만한 정보를 공유하기

《4》 연날리기

주제	3세대 하모니 연날리기
	활동 내용
도입	• 3세대 가족 간에 협업 강화를 위해 방패연을 제공한다. • 부모는 자녀와 함께 수행해야 할 성공 미션을 탐색한다. – 방패연과 실을 연결하여 연을 완성하는 방법이 담긴 영상 보기
전개	• 부모는 수행할 미션에 대해 자녀와 함께 이야기를 나눈다. • 목표 달성을 위한 계획을 논의하고 수행한다. – 미션 수행을 위하여 가족 구성원과 연날리기 시간과 장소 정하기 – 천혜의 제주 자연 환경에서 3세대 간 화합과 결속력을 경험하기   

전개	• 부모는 자녀와 함께 미션 수행 이후 경험에 대해 이야기를 나눈다. – 성공 미션을 통해 느낀 감정을 공유하기 – 조부모와 함께 방패연 날리기를 통해 가족애를 경험하기
마무리	• 부모는 미션활동 사진을 카페 〈협업 & 미션〉에 업로드한다. – 카페에 올라온 미션 결과물을 공유하고 이야기를 나누어 보기 – 양육에 도움이 될 만한 정보를 공유하기

《5》 건강 요가

주제	부모와 함께하는 투게더(Together) 건강 요가
	활동 내용
도입	• 교사가 직접 준비한 요가 영상을 시청한다. – 동화를 통한 어린이 요가 탐색하기 – 화합하는 부모의 모습을 자녀에게 보여 주기 위한 부부 요가 영상 시청하기 – 애착 형성을 위한 부모와 자녀의 커플 영상 시청하기
도입	 어린이 요가동화  부부 요가  부모 & 자녀 커플 요가

전개	• 부모와 함께 목표 달성을 위한 계획을 논의하고 수행한다. – 미션 수행을 위하여 가족 구성원과 요가 시간 및 장소 정하기 – 미션 수행 과정에서 화합과 결속력을 경험하기 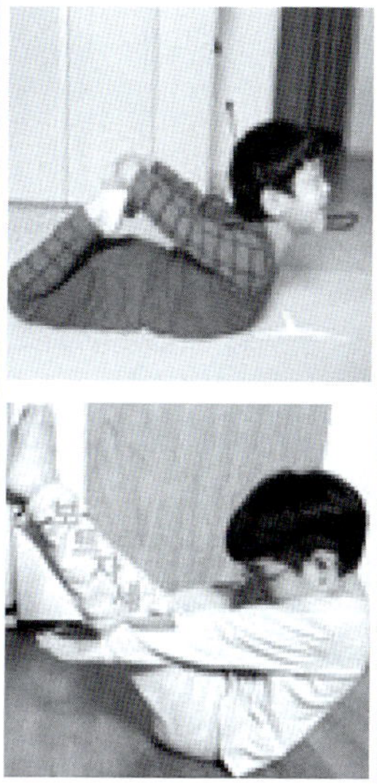 어린이 요가  부부 요가 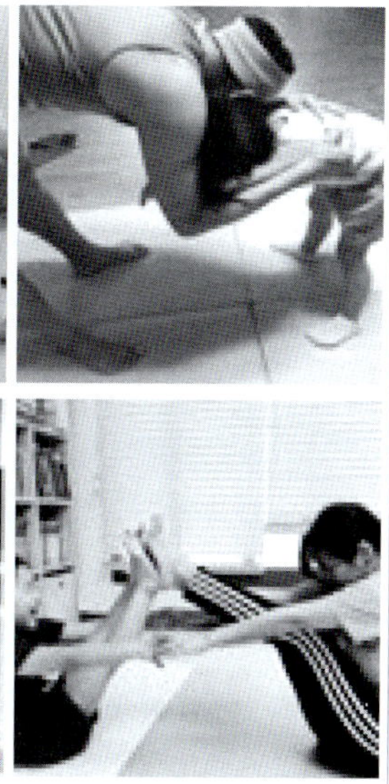 자녀 & 부부 요가
마무리	• 부모는 요가활동 사진을 카페 〈건강 요가〉에 업로드한다. – 요가를 통해 각 가족 간에 화합되는 모습을 감상해 보기 – 몸과 마음이 하나 되는 요가를 통해 가족애를 느끼기 – 양육에 도움이 될 만한 정보 공유하기

《6》 자생력 교육

주제	부모와 함께 이겨 내는 자생력 교육
	활동 내용
도입	• 코로나19를 이겨 내 보기 위한 교육의 일환으로 동화책 『로빈슨 크루소』를 선정하여 자생력교육을 실천할 수 있도록 소개한다. – 책 속 '로빈슨 크루소' 라는 인물 탐색하기 – 어려운 역경을 극복해 내는 힘(인내, 용기, 희망)에 대해 인지하기   도입: 로빈슨 크루소 인물 탐색, 동화 & 영상 상영 • 원에서 코로나19로 변화된 환경과 경험에 대해 탐색한다. – 줄을 설 때는 간격을 유지하고, 손은 흐르는 물에 씻도록 안내하기  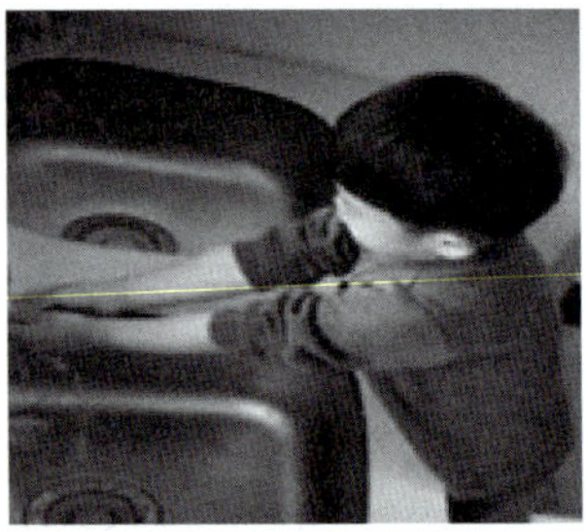 • 마스크를 계속 착용했을 때의 어려움에 대한 경험을 이야기한다. – 체육시간 및 간식과 점심시간에 말을 하지 않고 먹을 때 격려하기

도입	  • '로빈슨 크루소' 상을 기획해서 시상한다. – 마스크 착용 및 손 씻기를 잘해서 주는 상에 대해 소개하기 – 로빈슨 크루소처럼 힘들지만 참고 인내한 어린이, 용기를 잃지 않고 어려움을 이겨 내는 아이에게 보상하기 – 상을 수여함으로써 정서적인 만족감 느끼기 – 상은 부모와 함께하는 미션(마이 하우스, 이글루 완성) 수행하기 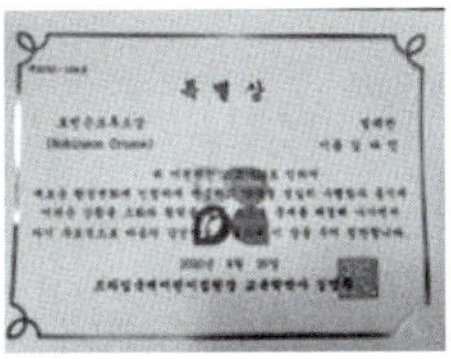 로빈슨 크루소상  포토 존  상장 및 상품 시상일 – 미션 수행활동 요령 보내기 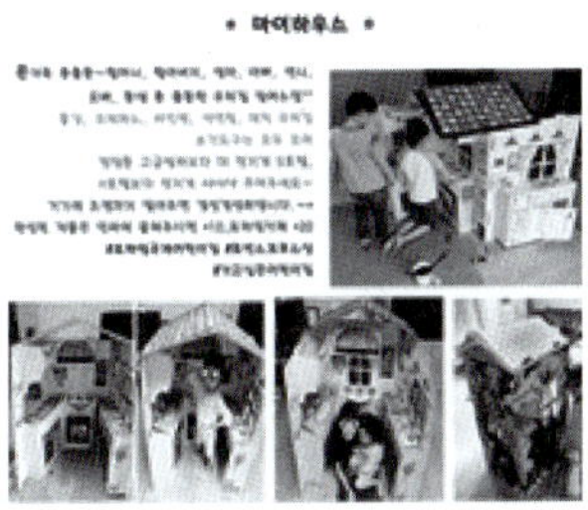 
전개	• 목표 달성을 위한 계획을 논의하고 수행한다. – 미션 수행을 위하여 가족 구성원과 미션 수행 시간 정하기 – 미션 수행 과정에서 화합과 결속력을 경험하기

전개	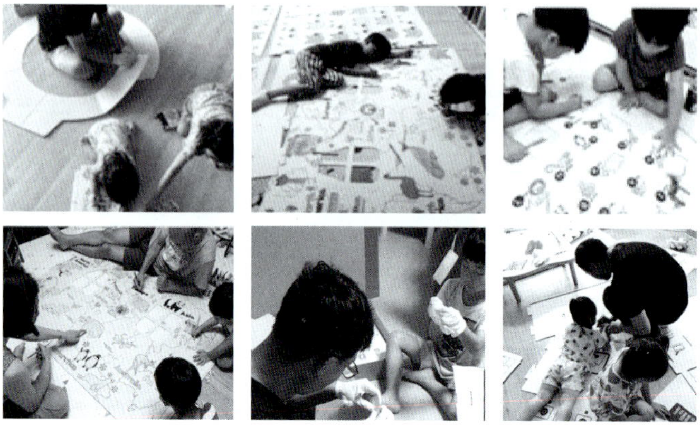
마무리	• 부모는 특별상품(마이 하우스& 이글루)을 통해 가족과 활동한 사진이나 동영상을 카페에 업로드한다. – 카페에 올라온 미션 결과물을 공유하고 이야기 나누어 보기 – 양육에 도움이 될 만한 정보를 공유하기 

참고문헌

가트맨, 존, 최성애, 조벽(2011). (존 가트맨 · 최성애 박사의) 내 아이를 위한 감정코칭. 서울: 한국경제신문.

강주희(2017). 미술영재 부모교육 프로그램 개발 연구. 미술교육논총, 31(1), 31-60.

강현식(2011). 아이를 행복하게 만드는 아빠 양육. 소울메이트.

강현식(2016). 아빠효과 Father effect. 도래할 책.

고인숙, 이숙희(2010). 열린부모교육. 교육아카데미.

고인숙, 이정아, 최은혜, 홍혜정(2018). 부모교육. 교육아카데미.

공선영(2000). 모자가족의 경험과 적응에 관한 연구. 이화여자대학교 박사학위논문.

곽윤정(2013). 내 아이를 위한 두뇌발달 보고서. 서울: 지식너머.

곽윤정, 김민수, 이지혜, 엄채윤(2013). 내 아이의 강점지능. 21세기북스.

교육부(2017). 영재교육진흥법.

교육부(2019). 장애인 등에 대한 특수교육법.

교육부, 보건복지부(2019). 2019개정누리과정 놀이이해자료.

교육부, 보건복지부(2019). 2019개정누리과정 해설서.

국민일보. 나는 어떤 아버지일까?. http://news.kmib.co.kr/article/view.asp?arcid=0007823511

권건일, 이주영, 이연실, 최순자, 김창숙, 이근주(2011). 글로벌 시대 부모교육. 파주: 양서원.

권민균 외(2016). 아동발달. 서울: 창지사.

김경은(2013). 다문화 가정 아동이 경험하는 가정, 사회, 문화적 어려움에 대한 아동과 교사의 인식 비교. 연세대학교 석사학위논문.

김경의, 문혁준, 김선영, 김신영, 김지은, 김혜금, 서소정, 안선희, 안효진, 이희경, 정선아, 황혜원(2014). 보육학개론. 서울: 창지사.

김광수, 정태희(2010). 다문화 가정 학생 지도를 위한 학교상담의 방향과 과제. 한국초등교육, 20(2), 197-213.

김미정, 전혜정, 신혜원, 정지나, 김균량, 박귀엽, 이선영, 차미영(2015). 건강하고 행복한 워킹맘 · 대디 지원 프로그램. 근로복지공단.

김민선(2014). 이해를 위한 교수(Teaching for Understanding)를 적용한 아버지 유아과학교육 프로그램 개발. 한양대학교 대학원 박사학위논문.

김승권, 김태진, 김유경, 송수경(2001). 최근 가족해체의 실태와 정책방안에 관한 연구. 연구보고서 2001-02. 서울: 한국보건사회연구원.

김승희(2020). 부모교육. 동문사.

김연(2011). 유아의 인지, 사회, 정서 발달에 영향을 미치는 맞벌이 부부의 환경 변인에 관한 연구. 유아교육연구, 31(6), 95-120.

김영옥(2016). 부모교육. 서울: 공동체.

김영훈(2020). 엄마와 갈등을 일으키는 아빠의 유형. https://www.korea.kr/news/cultureColumnView.do?newsId=148877807

김용수(2015). 아버지교육 참여자 경험에 대한 현상학적 연구: 두란노아버지학교 중심으로. 평택대학교 대학원 석사학위논문.

김은설 외(2011). 영유아기 자녀 부모특성별 부모교육 강화방안. 육아정책연구소, 33-37.

김정원(1999). 부모교육 프로그램의 개발과정에 관한 연구. 이화여자대학교 박사학위청구논문.

김정원, 전선옥(2016). 영유아교육기관의 부모교육. 창지사.

김지현, 정지나, 조윤주, 한준아(2008). 부모교육. 파주: 양서원.

김진영, 김정원, 전선옥(2000). 유아 · 부모 · 교사를 위한 부모교육. 서울: 창지사.

김진희(2007). 부모역할 지능이 유아의 정서조절 능력 및 자아개념에 미치는 영향. 한양대학교 교육대학원 석사학위 논문.

돈 딩크마이어(2009). 당신도 유능한 부모가 될 수 있다. (이경우 역). 창지사.

로라 벅(2015). 아동발달. (이종숙 역). 시그마프레스.

뮤리엘 제임스, 도로시 종그워드(2011). 아이는 성공하기 위해 태어난다. (이원영 역). 샘터.

민하영, 이윤주, 김경화(2008). 여성 한부모 및 양부모 가정의 모-자녀 의사소통과 청소년 자녀의 심리적 소외감. 한국가정관리학회지, 26(3), 15-23.

박성희(2010). 아동청소년의 행복권 보장을 위한 독일의 교육 복지적 가족지원과 부모교육방법의 의의. 한국교육, 37(1).

방은주(2018). 영아기 자녀를 둔 어머니의 양육스트레스, 양육지식, 양육효능감과의 관계. 유아교육: 이론과 실천, 3(12), 61-81.

방한별(2007). 기혼남성의 양육태도와 양육스트레스에 따른 아버지교육 요구도에 관한 연구. 유아기 자녀를 둔 아버지를 중심으로. 중앙대학교 대학원 석사학위논문.

사상구육아종합지원센터(2020). '놀이에 가치를 더하다' 공모전 대상작.

설동훈(2005). 국제결혼 이주여성 실태조사 및 보건 · 복지 지원정책방안. 서울: 보건복지부.

성현란, 이현진, 김혜리, 박영신, 박선미, 유연옥, 손영숙(2001). 인지발달. 학지사.

성혜미, 송주미, 장미경(1995). 아버지도 부모인가. 서울: 샘터사.

소영란(2019). 가정연계활동을 포함한 유아 회복탄력성 프로그램의 개발 및 적용 효과. 원광대학교 박사학위논문.

손상혁(2016). 지식의 지평21. 비평, 1-17.

송혜림(2012). 남성의 일-가정 양립 실태와 요구도. 한국가족자원경영학회지, 16(2), 1-18.

스테판 폴터(2018). 모든 인간관계의 핵심요소 아버지. (송종용 역). 비전북.

신라대학교 가족상담센터(2005). 이혼조정 매뉴얼. 서울: 양서원.

신성숙(2016). 영아기 자녀를 둔 아버지를 대상으로 한 아버지교육 현황 및 요구도 조사. 총신대학교 교육대학원 석사학위논문.

신소라(1999). 뇌성마비아의 포테이지 프로그램 적용 효과. 우석대학교 석사학위논문.

신은영(2018). 부모교육. 서울: 동문사.

신혜원, 이영(2005). 3-4세 유아의 애착 행동과 어머니에 대한 표상 간의 관계. 한국아동학회지, 26(6), 89-110.

신효미, 유미숙(2015). 유아기 자녀를 둔 부모의 자기성찰, 부모역할 만족도 및 양육태도 간의 관계. 가족과 문화, 27(1), 117-151.

안선희, 문혁준, 김연하, 김정희, 임연진, 한세영(2017). 영유아발달. 창지사.

안종배(2017). 4차 산업혁명에서의 교육 패러다임의 변화. 미디어와 교육, 1(1), 21-34.

양옥승, 김정림, 양유진(2017). 뇌과학 관점에서 본 영유아의 자기조절 발달. 열린부모교육연구, 9(2), 135-156.

양장애(1999). 아버지의 역할수행에 관한 탐색적 연구I: 아버지의 역할참여와 아동의 성 역할 지향. 아동학회지, 20(1), 135-145.

양진희(2018). 유아기 자녀를 둔 아버지의 부모역할 만족도 평가 척도 개발. 열린유아교육연구, 23(1), 347-368.

여성가족부(2013). 다문화 가족정책과 보도자료.

연미희, 김지은, 김진숙(2020). 예비부모교육. 동문사.

오영희, 송영란, 강영식(2003). 부모교육의 이론과 실제. 서울: 동문사.

왕순주 · 윤성용(2019). 미세먼지의 개인적 대처방안에 대한 연구. (사)한국재난정보학회 정기학술대회 논문집, 293-294.

유아교육학회(2013). 유아교육사전. 민중서관.

유안진, 김연진(2005). 부모교육의 이론과 실제. 서울: 동문사.

유효순(2004). 부모교육. 서울: 정민사.

윤혜경(2014). 부모교육의 이론과 실제. 동문사.

이경우(1986). 부모교육 프로그램의 방법 및 전략 방향, 한국교육학회 유아교육 연구회(편). 부모교육 프로그램 탐색. 서울: 창지사, 179-230.

이경화, 김연진, 고진영(2008). 결혼과 가족관계를 위한 부모교육. 서울: 학지사.

이경화, 성영혜, 윤선희, 이신동(1999). 부모교육-사랑 · 결혼 · 부모-. 서울: 학문사.

이경화, 김연진, 고진영(2008). 결혼과 가족 관계를 위한 부모교육. 서울: 학지사.

이근애, 전효정(2019). 유아기 자녀를 둔 어머니의 부모역할 과부하가 양육스트레스에 미치는 영향: 공허함과 진정성의 이중매개효과. 한국아동학회발표논문집, 203-204.

이미화, 김은설, 이진화, 김길숙, 윤지연, 김의향, 신윤승, 신혜원, 신영아, 배성연, 김영란(2015). 부모교육 제도화를 위한 시스템 구축 및 표준교육과정 개발. 경제 · 인문사회연구회 미래사회 협동연구총서, 15-09-01.

이사라, 박지숙, 이혜린, 김은진, 권정임, 김수진(2008). 자녀의 발달단계별 부모교육 프로그램의 요구도 조사연구 학령기 아동의 부모를 대상으로. 한국아동학회 학술발표논문집, 150-151.

이샛별(2012). 다문화 가정 초등학교 저학년 아동의 사회성 향상 집단상담 프로그램 개발. 한국교원대학교 석사학위논문.

이선미(2009). 유아교육기관에서의 아버지교육에 대한 운영실태 및 인식. 성결대학교 교육대학원 석사학위논문.

이소희(1998). 현대 가족 복지론. 서울: 양서원.

이순형, 민하영, 권혜진, 정윤주, 한유진, 최윤경, 권기남(2010). 부모교육. 서울: 학지사.

이순형, 민하영, 이소은, 이완정, 황혜신, 이영미, 이혜승, 한유진, 이옥경, 권혜진, 성미영(2008). 아동복지-이론과 실천. 서울: 학지사.

이신동, 김진호, 이상희, 이경숙, 차재경, 황은진, 주소영(2017). 다문화 가정과 부모교육. 서울: 창지사.

이신동, 이정규, 박춘성(2009). 최신영재교육학개론. 서울: 학지사.

이원영(2006). 100년 후에도 변하지 않는 소중한 육아지혜. 샘터.

이원영, 이태영, 전우경, 강정원(2017). 부모교육. 서울: 학지사.

이은경(2013). 다문화 가정 어머니의 부모역량강화 프로그램 개발 및 적용. 중앙대학교 박사학위논문.

이재림, 손서희(2013). 미취학 자녀를 둔 맞벌이 여성의 일-가족 갈등: 직장 및 자녀양육 관련 자원과 지각을 중심으로. 한국가족관계학회지, 18(1), 93-114.

이재연(1990). 부모교육. 서울: 양서원.

이재연, 황옥경, 이완정, 한유미, 김연하, 문의정(2019). 부모교육. 경기: 파워북.

이호준(2007), 부모교육 프로그램 평가의 성찰과 전망: 참가자 관점을 중심으로. 아시아교육.

임지영 외(2017). 영유아발달. 공동체.

장원동, 류현수(2012). 부모교육. 서울: 태영출판사.

정문자(1992). 유치원 교사와 어머니의 부모교육 내용 요구 조사. 유아교육연구, 12, 163-185.

정미리(2018). 대한민국의 현시대가 요구하는 부모교육. 서울: 공동체.

정옥분(2004). 아동발달의 이론. 서울: 학지사.

정옥분 · 정순화(2016). 부모교육. 서울: 학지사.

정태연, 노현정(2005). 어머니의 취업유무에 따른 양육죄책감과 양육행동의 차이. 한국심리학회지: 여성, 10(2), 211-231.

정하성, 우룡(2007). 다문화 가정 청소년의 사회적응실태 및 사회적응 프로그램 개발방안. 한국청소년정책연구원, 54, 9-21.

정현백(2017). 부모교육 매뉴얼 총론. 여성가족부 가족정책과. 11-1383000-000870-01.

정희영, 최영해, 장은희, 이선경, 신현정, 정희정(2014). 영아발달. 서울: 파워북.

조난심(2017). 제4차 산업혁명과 교육. 교육비평, (39), 330-347.

조복희(2014). 영아발달. 교육과학사.

조복희, 박혜원(2004). 한국Bayley영유아발달검사(K-BSID-Ⅱ)표준화연구(1): 지역 성별 LAC 모의 교육수준에 따른 K-BSID-Ⅱ 수행분석. 한국심리학회지: 발달, 17(1), 191-206.

최해옥, 김성길(2015). 부모교육 프로그램 이수자의 전환적 배움. 미래교육연구, 5(1), 43-59.

최형윤(2007). 유아교육기관의 부모교육, 부모참여에 대한 맞벌이 부모의 인식 및 요구. 이화여자대학교 대학원 석사학위논문.

최혜순(2011). 부모교육. 동문사.

최혜순, 이미현(2019). 현대사회의 변화와 함께하는 영유아교육기관 부모교육. 고양: 어가.

태진미, 이혜경, 이숙영, 홍인혜, 신은숙, 양현숙(2020). 영유아 문제행동의 이해와 지도. 동문사.

통계청(2007). 한국의 사회지표.

통계청(2016). 가구원 성별 성 역할 태도.

한기순, 서영철, 태진미, 송수지, 양태연, 이정훈, 박순홍, 김경희, 송경미, 허정문, 김성춘(2012). 행복한 영재를 위한 부모 지침서: 행복한 영재, 함께하는 부모(연구자료 CRM 2012-14-5). 서울: 한국교육개발원.

홍길회, 이혜란, 왕영희, 정미자(2016). 사회 · 가족 변화에 따른 부모교육. 서울: 창지사.

홍정아(2010). 유아의 성별, 월령 및 어머니의 양육지식, 양육효능감과 아동발달과의 관계. 경희대학교 교육대학원 석사학위논문.

황희숙, 이희영, 이경화, 이정화, 신경숙, 윤경미 외(2008). *아동발달과 교육*. 서울: 학지사.

광주광역시교육청. http://hakbumo.gen.go.kr/

두란노 아버지학교. https://www.father.or.kr/index.action

드림아이 유치원. https://dreami.uriweb.kr/

경기도 남양주시 시립별마루어린이집

경기도 하남시 시립별가람어린이집

Adelson, J. L., & Wilson, H. E. (2009). *Letting go of perfect: Overcoming perfectionism in kids*. Waco, TX: Prufrock Press.

Ainsworth, M.D.S. (1979). Attachment as related to mother-infant interaction. In J. G. Rosenblatt, R. A. Hinde, C. Beer, & M. Busnel (Eds.), *Advances in the study of behavior, 9*. Orlando, FL: Academic Press.

Amato, P., & Booth, A. (1996). A prospective study of divorce and parent child relationships. *Journal of Marriage and Family, 62*(4), 1269-1287.

Berk, L. E. (1996). *Child development*(3th ed). MA: Allyn & Bacon.

Berk, L. E. (2000). *Child development*(5th ed). MA: Allyn & Bacon.

Berne, E. (1961). *Transactional analysis in psychotheraphy*. New York: Grove press.

Berne, E. (1972). *What do you say after you say hello?: The psychology of human destiny*. New York: Grove Press.

Berrett, R. D. (1975). Adlerian mother study groups: An evaluation. *Journal of Individual Psychology, 31*, 1979-1982.

Bowlby, J. (1969). *Attachment and loss*. N.Y.: Basic Book.

Boyle, P. G.(1981). *Planning better program*. New York: McGraw-Hill Book Co.

Bruner, J. S. (1964). The course of cognitive growth. *American psychologist, 19*(1), 1.

Calgary Immigrant Women's Association. (2005). Cross Cultural Parenting Program. Facilitator's Guide & Participant's Notes Second Edition.

Calkins, S. D. (2007). The Emergence of Self-regulation: Biological and Behavioral Control Mechaisms Supporting Toddler Competencies. In C. A. Brownell & C. B. Kopp (Eds.), *Sociomotional development in the toddler years: transitions and transformations* (pp. 261-284). New York: The Guilford Press.

Calkins, S. D., & Leekers, E. M. (2013). Early attachment processes and the development of emotional self-regulation. In D. V. Kathleen & R. F. Baumeister (Eds), *Handbook of Self-regulation* (pp. 355-373). New York: The Guilford Press.

Coles, E. K. T. (1977). Planning for parent participation in school for young children ERIC Diest(EDO-PS-91-1).

Cowan, P. A., Powell, D., & Cowan, C. P. (1998). Parenting interventions: A family systems perspective. In W. Damon, I. E. Sigel, & K. A. Renninger (Eds.), *Handbook of child psychology: Child psychology in practice* (pp. 3-72). John Wiley & Sons Inc.

Cross, T. L. (2018). *On the social and emotional lives of gifted children* (5th ed.). Waco, TX: Prufrock Press.

Davis, G. A. (2004). *Creativity is forever* (5th ed.). Dubuque, IA: Kendall Hunt.

Davis, G. A., Rimm, S. B., & Siegle, D. (2011). *Education of the gifted and talented* (6th ed.). Upper Saddle River, NJ: Pearson.

Dickie, J. R., & Gerber, S. C. (1980). Training in social competence: The effect on mothers, fathers and infants. *Child Development 51*, 1248-1251.

Dreikurs, R., & Stolz, V.(1964). *Children: the Challenge*. New York: Howthorn Books Inc.

Dreikurs, R., & Stolz, V. (1991). *Children: the Challenge*. 김선경 역(2012). (세계적인 교육학자 루돌프 드라이커스의) 민주적인 부모가 된다는 것. 서울: 우듬지.

Duke TIP. (2012). Social and emotional characteristics of gifted children: Smooth sailing, rough seas. [Video file]. Retrieved from https://vimeo.com/41707896

EBS 〈마더쇼크〉제작팀(2012). 마더쇼크. 중앙books.

EBS (2019). 놀이의 힘 2부 진짜놀이 가짜놀이.

Erickson, E. (1950). *Childhood and Society*. NY: Norton.

Fine, M. J. (1980). *The Second Handbook on Parent Education: Contemporary perspectives*. San Diego, CA: Academic Press.

Fine, M. J., & Henry, S. A. (1989). Professional issues in parent education. In M. J. Fine (Ed.), *Handbook on Parent Education* (pp. 3-20). Sandiego, CA: Academic Press.

Flouri, E., & Buchanan, A. (2004). Early father's and mother's involvement and child's later educational outcomes. *British J of Educational Psychology, 74*, 141-153.

Fonagy, P., Gergely, G., Jurist, E., and Target, M. (2002). *Affect Regulation, Mentalization and the Development of the Self*. New York: Other Press.

Fonagy, P., Steele, M., Steele, H., Leigh, T., Kennedy, R., Mattoon, G., and Target, M. (1995). *Attachment, the reflective self, and borderline states: The predictive specificity of the adult attachment interview and pathological emotional development*. NJ: The Analytic Press.

Gagne, F. (1985). Giftedness and talent: Reexamining a reexamination of the definitions. *Gifted Child Quarterly, 29*, 103-112.

Gagne, F. (2004). Transforming gifts into talents: The DMGT as a developmental theory. *High Ability Studies, 15*(2), 119-148.

Geary, D. C. (2000). Evolution and Proximate Expression of Human Paternal Investment. *Psychological Bulletin, 126*(1), 55-77.

Ginott, H. G.(1965). *Between parent and child*. 신홍민 역(2003). 부모와 아이 사이. 서울: 양철북.

Goertzel, V., Goertzel, M. G., Goertzel, T. G., & Hansen, A. M. W. (2004). *Cradles of eminence: Childhoods of more than 700 famous men and women* (2nd ed.). Scottsdale, AZ: Great Potential Press.

Goodnow, J. J. (1998). Parent's idea, actions, and feelings, models and methods from developmental and social psychology. *Child Development, 59*, 296.

Gordon, T. (1975). *P.E.T.work book*. 김인자 역(1989). 효과적인 부모역할훈련 Work Book. 서울: 한국심리상담소.

Gottman, J. M., Katz, L. F., & Hooven, C. (1996). Parental meta-emotion philosophy and the emotional life of families: Theoretical models and preliminary data. *Journal of Family Psychology, 10*(3), 243.

Harris, T. A. (1969). *I'm OK-You're OK*. New york: Haper&Row Publisher.

Haydon, K. P., & Harvey, J. (2015). *Creativity for everybody*. New York, NY: Sparkitivity.

Hetherington, E. M., Cox, M., & Cox, R. (1976). Diverced fathers. *The Family Coordinator, 25*(4), 417-427.

Johnsen, S. K. (Ed.). (2018). *Identifying gifted students: A practical guide* (3rd ed). Waco, TX: Prufrock Press.

Kidd. J. R. (1976). *How adult learn*. NY: Association Press.

Knowles, M. S. (1970). *The modern practice of adult education: Andragogy versus pedagogy*. NY: Association Press.

Kogan, K. L., & Gordon, B. M. (1975). A mother instruction program: Documenting change in mother-child interactions. *Child Psychiatry and Human Development, 5*, 189-200.

Lamb, M. E. (1997). *The role of the father in child development*. New York: Wiley.

Leboyer, F. (1975). *Birth without violence*. New York: Knopf.

Leung, J. T. Y., & Sheck, D. T. L. (2015). Parental attributions of children's success and failure and family processes in poor Chinese families. *Journal child family study, 24*(8), 2191-2203.

Matthews, D., & Foster, J. (2014). *Beyond intelligence: Secrets for raising happily productive kids*. Toronto, ON: House of Anansi Press.

Merewood, A.(1998). Sperm under seige: More than we ever guessed, having a healthy baby may depend on dad, In K. L. Freiberg (Ed.), *Annual editions: Human development* (26th ed.,pp. 37-41). New York: McGraw-Hill.

Moore & Persaud(1998). *The Developing Human. Clinically Oriented Embryology*. WB Saunders Company, Toronto.

Morgan, B. & Gibson, K. R. (1991). National and enviroment interactions in brain development. In K. R. Gibson & A.C. Peterson(Eds.), *Brain maturation and cognitive development* (pp. 91-106). New York: McGraw-hill.

Perlman, S. B., & Pelphrey, K. A. (2010). Regulatory brain development: Balancing emotion and cognition. *Soc Neurosci, 5*(pp. 5–6), 533–542.

Piechowski, M. M. (1991). Emotional development and emotional giftedness. In N. Colangelo & G. A. Davis (Eds.), *Handbook of gifted education* (pp. 285–306). Boston, MA: Allyn & Bacon.

Powell, D. R. (1984). Enhancing the effectiveness of parent educatiion: An analysis of program assumptions. In L. Katz(Ed.). *Current topics in early childhood education*. NJ: Ablex.

Renzulli, J. S. (1978). What makes giftedness? Re–examining a definition. *Phi Delta Kappa, 60*, 180–181.

Schwab, J. J. (1983). The Practical 4: Something for Curriculum Professors To Do, *Curriculum Inquiry, 13*(3).

Shearer, M., & Shearer, D. (1972). The Portage Project: A Model for Early Childhood Education. *Exceptional Children, 39*, 210 – 217.

Smutny, J., & von Fremd, S. E. (2009). *Igniting creativity in gifted learners, K-6: Strategies for every teachers*. Thousand Oaks, CA: Corwin Press.

Stow, C., & Dodd, B. (2003). Providing an equitable service to bilingual children in the UK: areview. *International Journal of Language and Communication Disorders, 38*, 351–377.

Subotnik, R., Olzewski–Kubilius, P., & Worrell, F. (2011). Rethinking giftedness and gifted education: A proposed direction forward based on psychological science. *Psychological Science in the Public Interest, 12*(1), 3–54. doi: 10.1177/1529100611418056

Taba, H. (1962). *Curriculum development: theory and practice*. New York, NY: Harcourt, Brace & World.

Takanoa., Shinji Sakamotob and Yoshihiko Tannoa(2011). Ruminative and reflective forms of self–focus: their relationships with interpersonal skills and emotional reactivity under interpersonal stress. *Personality and Individual Differences, 51*(4), 515–520.

Tyler, R. W. (1949). *Basic principles of curriculum and instruction*. Chicago, IL: University of Chicago Press.

VanTassel–Baska, J., & Baska, A. (2019). *Curriculum planning and instructional design for gifted learners* (3re ed). Waco, TX: Prufrock Press.

Walker, D. F. (1971). A naturalistic model for curriculum development. In P. H. Taylor & K. A. Tye.(Eds), *Curriculum, School and Society*. LA: NFER.

Watson, J. B. (1927). *Can psychology help me rear my child*. McCall's, 44.

Weikert, D., & Lambie, D. (1969). *Ypsilanti-Carnegie Infant Education Project Progress Report*. Ypsilanti, MI: Ypsilanti Public Scho.

저자 소개

이신동

고려대학교 교육학박사
순천향대학교 특수교육과 교수
한국유아영재교육학회 회장

구자억

베이징사범대학 교육학박사
서경대학교 혁신부총장
한국창업교육학회 회장

이정기

캔사스주립대학교 교육학박사
백석대학교 사범학부 교수, 교육대학원장
한국기독교교육학회 회장

윤성경

이화여자대학교 문학박사(교육철학 전공)
명지대학교 교육대학원 영재교육전공 주임교수
명지대학교 미래교육원 아동학과정 주임교수

고운정

순천향대학교 교육학박사
강남대학교 교양교수부 부교수

조은영

순천향대학교 교육학박사
고려대학교 세종캠퍼스 교육혁신처 연구교수

이애리

순천향대학교 교육학박사
순천향대학교 교육대학원 강사
온양천도초등학교 교사

주소영

순천향대학교 교육학박사
서울과학기술대학교 교육혁신처 초빙조교수

이정아

중앙대학교 문학박사
건국대학교 유아교육과 겸임교수
드림아이 유치원 원장

김현미

중앙대학교 유아교육학과 석사수료
대림대학교 유아교육학과 겸임교수
에이스화인 유치원 원장

송명숙

성신여자대학교 유아교육과 박사수료
부천대학교 유아교육과 겸임교수

이현옥

서울여자대학교 아동학과 박사수료
라임교육연구소 대표

유성희

성균관대학교 교육학박사
남양주시육아종합지원센터 센터장

김영주

인천대학교 교육학박사
프라임국제어린이집 원장

새로운 유아부모교육

초 판 1쇄 인쇄 2022년 9월 16일
초 판 1쇄 발행 2022년 9월 23일

지 은 이 | 이신동 · 구자억 · 이정기 · 윤성경 · 고운정 · 조은영 · 이애리
주소영 · 이정아 · 김현미 · 송명숙 · 이현옥 · 유성희 · 김영주
펴 낸 이 | 김기섭
편 집 인 | 이윤희 · 최창숙
펴 낸 곳 | 창지사 www.changjisa.com
08589 서울시 금천구 가산디지털 1로 83 파트너스타워 1차 9층
전화 (02)719-2211~3
팩스 (02)701-9386
등　　록 | 1977년 4월 28일 · 제1-421호

ISBN 978-89-426-1534-6 (93370)

값 17,000원